W0377128

Matthias Flügge

H. Zille
Berliner Leben

Zeichnungen, Photographien und Druckgraphiken
1890–1914

Akademie der Künste, Berlin in Zusammenarbeit
mit Schirmer/Mosel München

Diese Publikation erscheint anlässlich des 150. Geburtstags von Heinrich Zille am 10. Januar 2008. Sie begleitet folgende Ausstellungen:

Heinrich Zille. Kinder der Straße. Zeichnung, Grafik, Fotografie

Berlin, Akademie der Künste
in Zusammenarbeit mit der
Stiftung Stadtmuseum Berlin

Akademie der Künste
11. Januar bis 24. März 2008
und Ephraim-Palais
11. Januar bis 2. März 2008

Altenburg, Lindenau-Museum
6. April bis 8. Juni 2008

Villingen-Schwenningen, Städtische Galerie
22. Juni bis 31. August 2008

und

Heinrich Zille. Zeichnungen und Fotografien

Dresden, Leonhardi-Museum
12. Januar bis 9. März 2008

Mit Unterstützung der
Stiftung Deutsche Klassenlotterie Berlin

Die Ausstellung in Villingen-Schwenningen wurde gefördert von:

Villingen-Schwenningen
.hess
Sparkasse Schwarzwald-Baar
Biedermann Motech
Kendrion Electromagnetic

Ein Berliner Leben

Heinrich Zilles Werk vor dem Ersten Weltkrieg

Er war stolz, sich zu den „Rinnsteinkünstlern“ zählen zu dürfen, und schrieb 1902 das Wort „Rinnsteinkunst“ auf eines seiner besten Bilder. Das Verdikt Kaiser Wilhelms II., die Kunst solle gefälligst den Menschen zum Idealen erheben, anstatt in den Rinnstein hinabzusteigen, hat er ins Gegenteil verkehrt, indem er die Menschen, die gleichsam im Rinnstein lebten, in die Kunst erhob. So lautet das Klischee, mit dem Zilles Werk jahrzehntelang erklärt worden ist: Ein „Proletarier, der schöpferisch ward“, ein Kind der Armut, das es zu unvergleichlicher Berühmtheit (allerdings nicht zu wirklichem Reichtum) brachte, weil nahezu alle Schichten der Gesellschaft seiner Zeit in dem Werk etwas lesen konnten, von dem sie meinten, dass es sie betreffe. Sei es aus der beobachtend sicheren Distanz des Berliner Westens oder aus eigenem Erleben in den Mietskasernen des Nordens und Ostens. Doch jenseits aller Raster, in die er sich in seinen späten Jahren einfügen ließ, war Zille ein Phänomen, eine Figur voller Widersprüche im Persönlichen wie im Künstlerischen. Lange Zeit galt er als der Stifter berlinischer Identität, in jener kulturellen und wirtschaftlichen Hausse der Jahrhundertwende, die diese Stadt formte und zugleich die Voraussetzungen ihres Niedergangs schuf. Berlin ist ein welthistorischer Parvenue. Bis heute. Eine seit der Gründerzeit viel zu schnell gewachsene Stadt, einer der europäischen Kerne der Industrialisierung, ein kulturelles Kraftzentrum, in dem Künstler Erfindungen weniger machten als durchsetzten. Ein Gravitationsfeld, in dem die unterschiedlichsten Bestrebungen zu einem Ausgleich fanden. Berlin ist die Hauptstadt des Vergessens, alle paar Lustren erfindet es sich neu. Das hat auch Vorteile, und gerade ist es mal wieder soweit. In den Fabriketagen, in denen Zilles Gestalten schufteten, sind Lofts für die postindustrielle Elite entstanden, die Höfe wurden begrünt und die ehedem gefürchteten finsteren Quergebäude heißen jetzt Gartenhäuser. „Aus’m Hinterhaus gucken Kinder raus“, sang Claire Waldoff. Auch das ist vorbei. Wer denkt noch an das „Zille-Milljöh“, das allenfalls in ein paar Berliner Kneipen überlebt, zu denen er selbst schon keinen Zugang mehr hätte, weil er um keinen Preis auf seine Zigarre verzichten würde? Und doch hat das wüste Gemisch aus Spekulation, kultureller Verrohung, Minderheitenunterdrückung, hybrider Stadtplanung, politischer Großmannssucht und sozialem Niedergang von den Rändern her, dessen Zeuge Zille war, eine Parallele im Jetzt. In den Formen ist nichts vergleichbar, die Armut heute hat andere Kriterien, nur der Missbrauch des Alkohols und die ungesunde Ernährung haben den zivilisatorischen Fortschritt überdauert. Mangel an Nahrung wurde durch billigste Überproduktion abgeschafft, materielle Verelendung verkehrte sich in die kulturelle der Massenmedien, Computerschlächtereien und Pornographie. Die wieder aufgekommene Rede von der „Unterschicht" teilt die Gesellschaft in unverbundene Lager und die einst gehegten Hoffnungen auf Gleichheit der Chancen werden von beiden Seiten nur noch zynisch belächelt. Zu Zilles Zeit nannte man die Ausgegrenzten, die keine Aussicht hatten, wieder einen Anschluss zu finden, „Lumpenproletariat". Die Lumpen kommen jetzt aus China, das Proletariat wurde mit der Industrie ausgelagert.

Sollen wir uns mit Zille nur deshalb befassen, weil er als ein ungewöhnlicher Vorfall der Kulturgeschichte Interesse weckt? Hat er „noch etwas zu sagen"? Oder ist das Werk längst sedimentiert in den Höhlen der Vergangenheit, wenn schon nicht in den Büchern der Kunsthistoriker? Die Frage ist, um mit Gottfried Benn zu sprechen, der Zille sehr schätzte, „überwältigend unbeantwortbar". Aber es ist Zeit für eine Revision. Dass sie nur die Jahre vor dem Ersten Weltkrieg umfasst, liegt darin begründet, dass die Ausstellung „Kinder der Straße" und dieses Buch erstmals den Versuch unternehmen, Zilles photographisches und sein graphisches Werk um die Wende zum 20. Jahrhundert in einen sinnfälligen Zusammenhang zu setzen. 1907, mit Zilles Ausscheiden aus der „Photographischen Gesellschaft" endet seine photographische Arbeit. Der Weltkrieg bringt einen tiefen Einschnitt in das graphische Werk. Zwar entstehen die wichtigen Zyklen, wie die *Zwanglosen Geschichten und Bilder* und die unvergleichlichen *Hurengespräche* zwischen 1918 und 1921, doch sind sie als Reflexe von Erfahrungen der Vergangenheit ihrer Zeit nicht mehr zugehörig. Der Bruch, den der Krieg bedeutete, brachte Zille den wirklichen Ruhm, der auf der Erinnerung an vermeintlich bessere Zeiten beruhte. Er war bis zu seinem Ende damit beschäftigt, ihn zu verwalten. Er war damit einverstanden, doch hat es ihn krank gemacht.

Kinder der Straße – Großstadtdokumente

1908. In Wien bläst Adolf Loos mit der Schrift *Ornament und Verbrechen* zum Angriff auf die Stilkunst und läutet eine neue Moderne ein. In Berlin, im Verlag der *Lustigen Blätter* von Dr. Otto Eysler erscheint ein Buch, auf dessen Umschlag in leuchtendem Gelb zwei bullige Polizisten zu sehen sind, die eine sich schreiend wehrende Frau festnehmen. Der Titel ist: *Kinder der*

Straße. 100 Berliner Bilder. Heinrich Zille ist fünfzig Jahre alt und es ist seine erste Buchveröffentlichung. Sie versammelt eine Reihe von Bildern, die zuvor schon in der Zeitschrift *Lustige Blätter*, im *Simplicissimus*, in der *Jugend* oder der *Berliner Illustrirten Zeitung* veröffentlicht waren. Eine ganze Reihe von Arbeiten ist jedoch neu. Der Verlag rührt die Werbetrommel und scheut keine Übertreibung: „Meister Zille", so heißt es in einer Anzeige, „ist als sozialer Künstler weltbekannt."[1] Dann fährt der Text mit einem Zitat aus Hans Ostwalds Vorwort fort: „Seine Blätter sind nicht von der Art, daß sie in gewissen Organen Furore machen könnten. Sie sind nicht für die lüsternen Augen unreifer und verwahrloster Großstadtjugend gemacht, um die zu amüsieren. Dazu steckt in ihnen zu viel künstlerischer und menschlicher Ernst. Sie verlangen alle ein ernsthaftes Nachdenken. Sie fordern auf zur tätigen Mithilfe, um aus unserer Welt eine bessere Welt zu machen, als sie jetzt ist. Vor diesem Werk muß jede Voreingenommenheit verstummen. Denn darüber kann kein Zweifel sein: Der Künstler hat all diese Blätter mit blutendem Herzen geschaffen."[2] Damit ist der Tenor vorgegeben, der die Rezeption von Zilles Werk fortan bestimmen wird. Zugleich grenzt sich der Verlag von der Welle des Elendsvoyeurismus ab, die im Gefolge des literarischen Naturalismus auch die visuelle Publizistik erfasst hat. „Menschlichen und künstlerischen Ernst" gegen Amüsement, Lüsternheit und Verwahrlosung zu mobilisieren: 1908 ist das ein werbliches Argument. Zilles Titelzeichnung trägt dem vollkommen Rechnung. Die vitale Gegenwehr der Dirne gegen die tumben Massen der Staatsgewalt auf dem harten Pflaster der Großstadt ist ein zu dieser Zeit durchaus mutiger Aufruf zum Ungehorsam, für die Freiheit der menschlichen Affekte.

Der Buchtitel, der nicht motivisch, sondern metaphorisch gemeint war, ist eine ironische Variation des Titels von Paul Heyses seinerzeit hochgerühmtem Roman *Kinder der Welt* (1873), den Zille in einer Ausgabe von 1902 besaß.[3] Der „Dichterfürst", der einige Zeit als revolutionärer Schilderer eines säkularen Lebens galt, war bei den Naturalisten unter anderem wegen seiner ästhetisierenden Verklärung der Armut in die Kritik geraten, was seinem heute kaum noch nachvollziehbaren Ruhm keinen Abbruch tat. Dieser Ästhetisierung will Zille entgegentreten.

Die *100 Berliner Bilder* der *Kinder der Straße* reihen sich ungeordnet und übergangslos aneinander: naturalistisches Erbe und berlinische Bilderbogen-Folklore, Studien von der Straße stehen neben ausgearbeiteten Blättern, freie Erfindungen aus dem Geist der Secession neben Auftragsarbeiten für Zeitschriften. Auch inhaltlich gesellen sich, wie in Zilles ganzem Werk, eher harmlose Beobachtungen zu bestürzend lapidar formulierten Einsichten in den komplexen Zusammenhang von Ausbeutung, Armut,

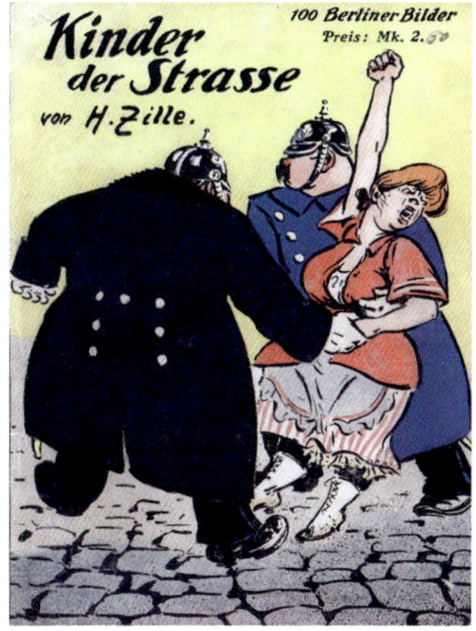

Titelseite des Buches *Kinder der Straße*, Berlin 1908

[1] Verlagsanzeige für *Kinder der Straße*, 1908, Archiv des Verfassers
[2] Hans Ostwald, Vorwort. In: Heinrich Zille, *Kinder der Straße*. Berlin 1908, S. 5
[3] Von Zille mit seinem Namen versehenes Exemplar, Archiv des Verfassers. Die Bibliothek Zilles, die recht umfangreich gewesen sein muss, wie Zeugen bestätigen, ist nur rudimentär erhalten.

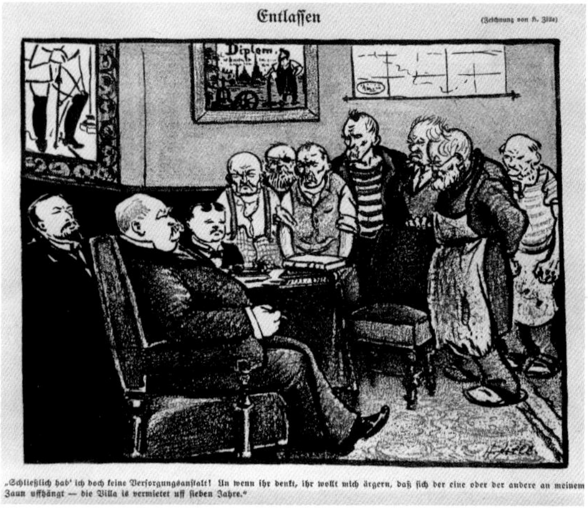

Entlassen. Aus: *Simplicissimus*, München 1908, Jg. 13, H. 10, S. 179

Wohnungselend und moralischem Verfall. Zille und sein Verlag legen ein „Bilderbuch" vor, das noch heute wie ein visueller Großessay zur Problematik der Großstadt und den Möglichkeiten wie den Grenzen der Kunst, sich ihr zu nähern, anzuschauen ist. Eine vergleichbare Dichte und Konzentration in aller hier schon deutlichen Vielfalt seiner Ausdrucksformen hat Zille in den vielen darauffolgenden Bildanthologien seiner Werke kaum mehr erreicht.

1908 ist für Heinrich Zille ein wichtiges Jahr. Im Jahr zuvor hat er seine langjährige Arbeitsstelle in der „Photographischen Gesellschaft" in Charlottenburg verloren. Es ist der Beginn seiner selbständigen Tätigkeit als freier Künstler auf dem prosperierenden, gleichwohl hart umkämpften Markt der Illustratoren, die für Verlage und Zeitschriften arbeiten. Die Frage, wie es zu der Beendigung seines vergleichsweise gutbezahlten Arbeitsverhältnisses gekommen sei, hat verschiedene Autoren beschäftigt. Gesicherte Quellen gibt es dazu nicht. Zille selbst hat später seine Entlassung als ein überraschend hereingebrochenes Ereignis dargestellt. Hans Ostwald übermittelt in einer 1930 erschienenen Nachlese von Zille-Aussprüchen: „Zwei Tage lang lag ich dort auf der alten Pritsche und stierte die Stubendecke an. Was nun? Meine Frau wußte noch nach Tagen nichts von meiner Kündigung."[4] Selbst wenn wir die „alte Pritsche" in Zilles bürgerlicher Behausung als seelische Elendsmetapher durchgehen lassen: Unvermittelt kommt die Trennung von der „Photographischen Gesellschaft" gewiss nicht. Und sie hat auch keine politischen Gründe, wie Otto Nagel später behauptet: „Das Los des älteren Arbeiters: Jüngere waren billiger – nebenbei war seine Linksrichtung, seit 1875 Sozi, störend."[5] Der *Simplicissimus* veröffentlicht 1908 Zilles Zeichnung *Entlassen.* Sie zeigt eine Gruppe von Arbeitern, die bedrückt vor ihrem Chef stehen. Die zentrale Figur kann man als ein Selbstbildnis als alter Mann deuten. Der Untertext lässt den Fabrikanten sprechen: „Schließlich hab' ich doch keine Versorgungsanstalt! Un wenn ihr denkt, ihr wollt mich ärgern, daß sich der eine oder der andere an meinen Zaun uffhängt – die Villa is vermietet uff sieben Jahre."[6]

Obwohl Zille sich von seiner Kündigung tief verletzt zeigt, weiß er doch, dass dieser Schnitt sowohl biographisch wie künstlerisch einen Neuanfang bringen wird. Die Freunde ermutigen ihn. Dass der Trennungsschmerz nur kurz währt, belegt das alsbaldige Erscheinen des Buches, das hier als der Kristallisationskern von Zilles Werk betrachtet werden soll.

1908 ist Heinrich Zille zwar nicht weltbekannt, wie sein Verlag annonciert, er ist ein angesehener und zugleich umstrittener Künstler, der bei

[4] Hans Ostwald, *Zille's Vermächtnis.* Berlin 1930, S. 68. Den gleichen Satz zitiert Otto Nagel in *Für Alle*, das kurz zuvor erschienen war und dessen Drucklegung unmittelbar vor Zilles Tod erfolgte, noch in unpersönlicher Rede.

[5] Otto Nagel, *Für Alle. Ernstes und Heiteres von Heinrich Zille.* Berlin 1929, unpag.

[6] *Simplicissimus.* München 13 (8.6.1908) 10, S. 179

den „Modernen“ in hoher Achtung steht, Mitglied der Berliner Secession, gefördert von deren Präsidenten Max Liebermann, Freund vieler Künstler, erfahren in den Finessen der modernen Reproduktionstechniken und auf eine allerdings überschaubare Weise auch wohlhabend. Er stellt regelmäßig in der Secession aus und hat in wenigstens sieben verschiedenen Zeitschriften – darunter sind die führenden der Zeit – bereits weit über hundert Blätter veröffentlicht.[7] Sein druckgraphisches Werk umfasst bereits 47 verschiedene Blätter. Vor allem aber verfügt er von seinen unermüdlichen Beobachtungsgängen durch die Stadt und entlang ihrem Weichbild über ein bedeutendes Bildreservoir an Zeichnungen, Studien, Skizzen und Notizen. Und in der Dreizimmerwohnung im vierten Stock des Hauses Sophie-Charlotte-Straße 88 lagert ein Archiv von knapp fünfhundert Photographien, die zusammen mit den Zeichnungen den materiellen Grundstock seiner Arbeit bilden. Bis sie an die Öffentlichkeit kommen, sollten allerdings noch fast sechzig Jahre vergehen.[8]

Für das Vorwort zu *Kinder der Straße* kann der Verlag den bekannten Schriftsteller und Journalisten Hans Ostwald gewinnen. Dies ist eine naheliegende Wahl. Der „Ethnograph des dunklen Berlin“[9], der seine Kindheit unter ärmlichen Verhältnissen im Norden Berlins verbracht hatte und dann einige Jahre als Handwerksbursche auf der Walz gewesen war, hatte sich mit Fleiß und einer genauen Beobachtungsgabe zu einem der meistpublizierten Kenner der Vagabundenszene ebenso wie vieler Randbereiche großstädtischer Existenz emporgearbeitet. 1908 hatte er sein unter mannigfachen Schwierigkeiten entstandenes Hauptwerk, die Sammlung *Großstadtdokumente* beendet. Zwischen 1904 und 1908 schrieben darin vierzig Autoren in 51 Bänden auf ca. 5.000 Buchseiten Erlebnisse, Beobachtungen, Protokolle und Reportagen über Themen wie *Dunkle Winkel in Berlin*, *Berliner Tanzlokale*, *Zuhältertum in Berlin*, *Berliner Kaffeehäuser* und *Berliner Spielertum*, um zuerst die von Ostwald selbst verfassten Bände zu nennen. Daneben gab es Studien über die Bohème, über *Varieté und Tingeltangel*, uneheliche Mütter und *Sittlichkeitsdelikte der Großstadt*. Neben *Zehn Lebensläufe Berliner Kontrollmädchen* erschienen Abhandlungen über das Wohnungselend, Obdachlosigkeit und den internationalen Mädchenhandel. Als Band 3 war Magnus Hirschfelds aufsehenerregendes Buch *Berlins drittes Geschlecht* veröffentlicht worden, später folgte aus seiner Feder eine Studie über den Alkoholismus. Zwar waren diese Themen durch den literarischen Naturalismus wie durch Reportagen in der Presse längst öffentliches Gut, aber der sozialdokumentarische Anspruch, den Ostwald erhob, war neu.

Es ist anzunehmen, dass Zille, der zwar nicht regelmäßig die Theater und modernen Kabaretts, wie das „Überbrettl“ oder die „Silberne Punschterrine“ seines Freundes Hans Hyan, besuchte, aber viel las, zumindest ei-

7 Vgl. Winfried Ranke, *Vom Milljöh ins Milieu. Heinrich Zilles Aufstieg in der Berliner Gesellschaft.* Hannover 1979, S. 195

8 Vgl. Friedrich Luft, *Mein Photo-Milljöh.* Hannover 1967

9 Vgl. Ralf Thies, *Ethnograph des dunklen Berlin. Hans Ostwald und die „Großstadtdokumente“ 1904 bis 1908.* Köln, Weimar, Wien 2006; darin ist der heutige Kenntnisstand über Ostwald und seine Publikationen ausgebreitet.

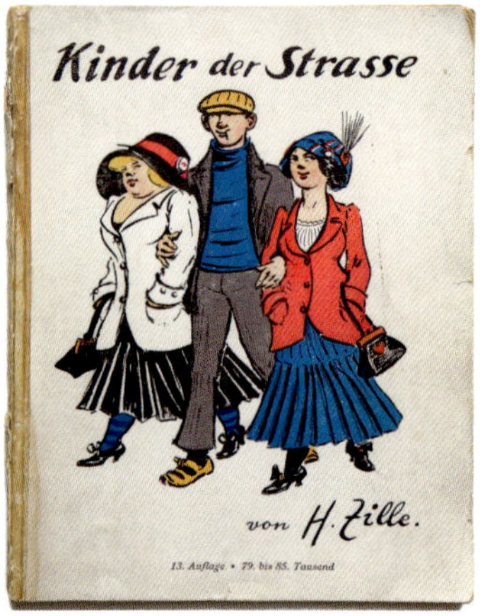

Titelseite des Buches *Kinder der Straße*, zweite und folgende Auflagen

nige Bände der *Großstadtdokumente* gekannt hat. Ihre Themen sind deckungsgleich mit denen, die er seit den späten 1890er Jahren immer wieder aufgegriffen hat. Ostwalds Vorwort zu *Kinder der Straße* geht auf diesen Zusammenhang jedoch nicht ein. Der dokumentarische Wert von Zilles Arbeiten spielt für ihn keine Rolle. Ostwald sieht auch nicht die Themen als das Wichtige, sondern die Art ihrer Darstellung und weist Zille einen Platz außerhalb seiner eigenen Bemühungen zu: „Es ist eine ganz eigene Kunst, mit der Zille vor uns hintritt und unser Interesse herausfordert. Seine Stoffe sind ganz gewiß nicht immer erquickend. Auch seine Manier ist […] enthüllend und entblößend. Es ist fast, als ziehe er manchmal mit einem Ruck irgend einen Schleier fort. Aber die Art und Weise, in der das geschieht, ist doch immer versöhnlich und meist erheiternd. Sonst wäre wahrlich dieses Stoffgebiet nicht zu ertragen."[10] Und an anderer Stelle: „Er hat es möglich gemacht, daß wir über die ernsten Erscheinungen des modernen Lebens der deutschen Zentralstadt lachen können, herzhaft lachen können."[11]

Das sehen nicht alle Zeitgenossen so. 1908 können Zilles Zeichnungen noch provozieren. Die vielgelesene Wochenzeitung *Die Standarte* beklagt auf ihrer Titelseite gar die Zurückhaltung des Staatsanwalts: „Und gegen so etwas gibt es keinen Schutz. Der Polizist hat das Recht, Böcklins ‚Spiel der Wellen' und Rubens' ‚Andromeda' zu konfiszieren. […] Aber gegen diesen Schmutz, der wirklich Schmutz ist, gibt es kein Mittel. […] So sind wir schutzlos. […] Und müssen dulden, wie die Franzosen, auf deren Boulevards das Blatt zu haben ist, zu der Meinung kommen, das vielgerühmte Berlin sei eine Kloake und seine Bewohner eine Horde vertierter Kannibalen."[12]

Den Verlag mag die nationale Überschätzung von Zilles Wirkmacht unter den Franzosen gefreut haben, trotzdem sieht er Gründe, die folgenden Ausgaben der *Kinder der Straße* abzumildern. Schon in der zweiten Auflage wird das Titelbild verändert: Nicht mehr die kampfesmutig erhobene Dirnenfaust ziert nun den Buchumschlag, sondern ein schlaksiger Lude mit zwei Mädchen im Arm, ein Bild, das es zu großer Bekanntheit bringt und das Zille später mehrfach replizieren wird.

Vom Lithographen zum Photograveur

Bis zum Erscheinen seines ersten Buches, 1908, hat Zille einen langen Weg hinter sich gebracht. Aus der sächsischen Kleinstadt Radeburg war die Familie 1867 nach Berlin gezogen, einem Treck verarmter Bauern, Handwerker und Kleinbürger folgend, der aus vielen Gegenden des Reiches in die Hauptstadt strömte. Das ins Industriezeitalter eingetretene Berlin versprach Arbeit, Auskommen und manchem auch Abenteuer. Zu vielen Ge-

[10] Hans Ostwald, Vorwort. In: Heinrich Zille, *Kinder der Straße*. Berlin 1908, S. 4
[11] Ebd., S. 3
[12] *Die Standarte*. Montagszeitung für Berlin und Vororte, 3 (8.2.1909), S. 1

legenheiten hat Zille die Geschichte seiner Jugend erzählt, seine private Initiation zum Künstlerdasein. Sein Vater ist ein vielseitig begabter Handwerker gewesen, der – aus welchen Gründen, das wissen wir nicht genau – in die „Schuldenfalle" geraten war und in Berlin eine neue Existenz suchte und schließlich auch fand.[13] Der neunjährige Heinrich muss ein aufgewecktes Kind gewesen sein, dass er zum Unterhalt der Familie beizutragen hatte, verstand sich von selbst. Die Schule nahm nicht viel Zeit in Anspruch, und so lernte er die neue Heimat schnell kennen beim Austragen der Heimarbeiten der Mutter, beim Verteilen von Werbezetteln für Theater und dergleichen Gelegenheitsarbeiten mehr. Als der Vater schließlich eine Anstellung als Mechaniker bei Siemens & Halske findet, bessert sich die Lage. Mit Hilfe einer Erbschaft baut sich die Familie 1872 ein kleines Haus in der „Colonie Lichtenberger Kiez", die 1889 der Landgemeinde Boxhagen-Rummelsburg zugeschlagen wird.[14]

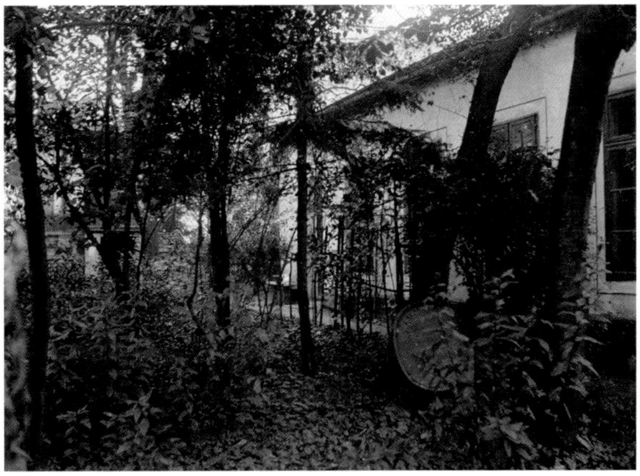

Seitenansicht des Elternhauses, 1898. Photographie, Vintage print. WV 207

Zille beendet den Besuch der Volksschule, nimmt nebenher Zeichenunterricht und beginnt eine Lithographenlehre, die ihm die handwerklichen Voraussetzungen für seine spätere künstlerische Tätigkeit verschafft. In der „Königlichen Kunstschule" besucht er den Abendunterricht und gewinnt die Zuneigung seines Lehrers Theodor Hosemann, der ihn in die Kunstgeschichte der illustrativen Graphik einführt. In den Gebührenlisten der Akademie, die Zilles Teilnahme am Abendunterricht im Aktzeichnen für die Jahre 1877 und 1878 bezeugen, findet sich der Eintrag, dass er jeweils 15 Mark entrichtet habe. Max Klinger, der 1877 gleichfalls am Aktzeichnen teilnahm, zahlte 60 Mark.[15] Über eine persönliche Verbindung Zilles mit dem ein Jahr älteren Klinger, der die Akademie 1876 mit Auszeichnung absolviert hatte, ist nichts bekannt. Wir wissen überhaupt nicht sehr viel über die Heranbildung des Lithographengesellen Heinrich Zille zum Künstler. Die wenigen erhaltenen Proportionsstudien und anatomischen Übungen aus dieser Zeit zeugen von akademischem Bemühen.[16] In seinen späteren Selbstzeugnissen[17] erwähnt er, dass er von den Stichen Hogarths beeindruckt gewesen sei, die er in billigen Reproduktionen kennenlernte. Zilles Selbstverständnis war lange Zeit das eines Handwerkers. Noch viel später, als berühmter Mann, hat er die Preise seiner Arbeiten vor allem nach dem Zeitaufwand ihrer Herstellung bemessen.

Als Geselle arbeitet Zille in verschiedenen Werkstätten, auch auf dem Gebiet des lithographischen Farbendrucks. Otto Nagel berichtet: „Die Lithographen trugen große schwarze Schlapphüte und nannten diese Ka-

[13] Vgl. Lothar Fischer: „In Dresden waren wir arm geworden. Auf den Spuren Heinrich Zilles in Sachsen". In: *Sächsische Heimatblätter*, Heft 6/2002, S.368-377.
[14] Zu Zilles Zeit im Lichtenberger Kiez und in Rummelsburg vgl. Günter Möschner, *Auf den Spuren Heinrich Zilles in Berlin-Lichtenberg*. Museum Lichtenberg im Stadthaus, Berlin 2006
[15] Akademie der Künste, Berlin, Historisches Archiv, PrAdK 429
[16] Renate Altner hat sich ausführlich mit dem Frühwerk Zilles befasst und die Prägungen seines Zeichenlehrers Carl Domschke durch Johann Gottfried Schadow untersucht; vgl. Renate Altner u. a. (Hg.), *Heinrich Zille 1858–1929*. Ausstellungskatalog Märkisches Museum Berlin 1980, S. 38ff., und: Renate Altner, „Ein braver, ehrlicher, bescheidener Zeichner". In: Flügge/Neyer (Hg.), *Heinrich Zille. Zeichner der Großstadt* …, S. 9ff.
[17] Heinrich Zille, *Lebensbericht an die „Kunstschule"*, Akademie der Künste, Berlin, Historisches Archiv, PrAdK, Pers. BK 577

labreser ‚Die Helme der Farbigen'. Es wurde viel Geld verdient und viele von den ‚Farbigen' fuhren mit der Droschke erster Güte ins Atelier."[18]

Anfang Oktober 1877 wird Heinrich Zille als Mitarbeiter der „Photographischen Gesellschaft" eingestellt. Nur vom Militärdienst unterbrochen, wird er hier dreißig Jahre tätig sein. Die erste eigene Lithographie entsteht in diesem Jahr, *Das schöne Pfingstfest*, ein Erinnerungs- und Widmungsblatt für seine Cousine Helene Zwahr in Zittau. Erst zehn Jahre später macht Zille seine erste, noch sehr unbeholfene Radierung – und dann wird es weitere fünf Jahre dauern, bis mit dem *Bierkeller Eiergasse* ein radiertes Blatt entsteht, das schon etwas davon spüren lässt, was Zilles Besonderheit fürderhin ausmachen wird.

Das ist eine lange Inkubationszeit für einen Künstler. Schnell geht ihm nichts von der Hand. Sein Beruf nimmt ihn in Anspruch. Freie Zeit nutzt er zum Zeichnen. Später wird er zu Protokoll geben: „Ja, wenn ich meine eigene Arbeit nicht für mich gehabt hätte – dann hätte ich es wohl kaum ausgehalten – jahrzehntelang in der Tretmühle. Aber wenn ich morgens so ein bißchen nach der Natur gezeichnet hatte, dann hatte ich Ruhe für die Brotarbeit. [...] Und abends? Ja, da konnte es vorkommen, daß ich bis vier in der Nacht arbeitete."[19] Dafür bietet die „Tretmühle" vielfältige Anregungen, technisch wie künstlerisch. Der Lithograph erlernt die seinerzeit modernsten Druckverfahren, vor allem die Photogravüre, was die Hinwendung zum Tiefdruck in der eigenen Arbeit begründet. Vom reproduzierenden Zeichner lithographischer Druckvorlagen wurde er zum Spezialisten der Reprographie. Später wird ihm das beim Zeichnen für illustrierte Zeitschriften von großem Nutzen sein. Allmählich kommt er mit Künstlern in Kontakt und sieht täglich Bilder. Das sind nicht mehr die lithographischen Pfennigerzeugnisse früherer Jahre, sondern Blätter von Max Klinger, Karl Stauffer-Bern und anderen Künstlern, die in den 1880er Jahren die Techniken der Radierung zu einer neuen Blüte führen.[20] Die „Photographische Gesellschaft" wird Zilles Akademie.

Der 1862 gegründete Betrieb steht in jenen Jahren in der ersten Reihe der prosperierenden „Kunstanstalten". Er hatte sich auf die photographische Reproduktion vor allem von klassischen Kunstwerken aus den Museen konzentriert und profitierte anfangs von der weitverbreiteten Mode der Visitkarten-Photographie, aus der André Adolphe Disdéri in Paris ein bedeutendes Geschäft gemacht hatte. Disdéri hatte 1854 mit der Patentierung des Verfahrens zur Mehrfachbelichtung von Negativen, der sogenannten „Carte de Visite", die Photographie für weite Kreise der Bevölkerung erschwinglich gemacht und zugleich die Voraussetzungen geschaffen, mit einem vergleichsweise geringen Zeitaufwand unbegrenzte Mengen von Abzügen herzustellen.[21] Disdéri war es auch, der damit be-

[18] Nagel, *Für Alle* ..., unpag.

[19] Hans Ostwald, *Das Zillebuch*. Unter Mitarbeit von Heinrich Zille. Berlin 1929, S. 26

[20] Heinrich Zille hatte die Mappe „Intermezzi" (Opus IV, München 1881) von Max Klinger in seinem Besitz. Interieuraufnahmen seiner Wohnung zeigen, dass Karl Stauffer-Berns Radierung *Mädchenakt* (1886) über dem Vertiko hing.

[21] Durch eine Kamera mit vier Objektiven und einen verschiebbaren Negativhalter konnten acht Negative im Format von 2,5 x 4 Zoll (6,4 x 10,2 cm) auf eine Glasplatte von 10 x 8 Zoll (25,4 x 20,3 cm) belichtet und von dieser kopiert werden. Die einzelnen Bilder wurden auf Pappkarten montiert. Erstmals wurde es so möglich, Photographien zu versenden, zu sammeln usw. Nach 1860 wurde das Visitkartenformat durch das Cabinetformat, den Vorläufer der heutigen Postkarte, abgelöst.

gann, Kunstwerke des Louvre photographisch zu vervielfältigen. Wie andere europäische Reproduktionsanstalten und Verlage griff auch die „Photographische Gesellschaft“ diesen Trend auf und brachte neben einzelnen Bildern ganze Sammlungen von Photographien etwa der Dresdener Galerie oder der Berliner Museen auf den schnell wachsenden Markt.[22] Als Zille zur „Photographischen Gesellschaft“ stieß, war die technische Entwicklung schon weiter fortgeschritten. Die technologische Differenzierung der Chromolithographie und die Vervollkommnung des heliographischen Dreifarbendrucks ermöglichten farbige Drucke von hoher Qualität. Aber für die originalgetreue Reproduktion von Gemälden waren sie noch nicht geeignet. 1879 meldete Karel Klíč (Karl Klietsch) in Wien ein neues photographisches Tiefdruckverfahren zum Patent an. Es wurde – wohl wegen des Reichtums seiner Halb- und Zwischentöne – unter dem Namen „Rembrandt-Heliogravüre“ bekannt und ermöglichte nicht nur außerordentlich differenzierte Drucke, sondern auch hohe Auflagen. Die „Photographische Gesellschaft“ nahm eine Lizenz, und es gibt die Übermittlung, dass Zille eigens nach Wien reiste, um sich in das Verfahren einweisen zu lassen.[23] Ob dies unmittelbar vor oder nach seiner Militärzeit (1880 bis 1882) war, wissen wir nicht. Zille, der sich zeitlebens auf die handwerklichen Voraussetzungen seines Tuns viel zugute hielt und sich darin eins mit dem bewunderten Adolph Menzel wusste, hat über diese bedeutende Wandlung vom Lithographen zum Photograveur nie ein Wort verloren. Im Lebenslauf für die Akademie gibt er 1924 nur zu Protokoll: „Der Lehre folgte die Gehilfenzeit; ich kam in gute Werkstätten arbeitete mit R. Friese[24] und Frenzel[25], den späteren Tiermalern, und vielen tüchtigen Lithographen zusammen und erlernte den Buntdruck. Nach der Militärzeit ging ich zum graphischen Gewerbe, wie Lichtdruck, Zinkographie, Photogravüre usw. über, da hat mir das etwas Zeichnen können geholfen gute Arbeit zu machen.“[26]

Zeichnen können musste er als Lithograph, die Photogravüre erforderte allenfalls Retuschen an den Glasdiapositiven oder Korrekturen an den Druckplatten. Nun ging es vor allem um höchst subtiles Handwerk und um die Beherrschung photographischer Techniken. Die Heliogravüre basiert auf der Aquatintatechnik: Feiner Asphaltstaub auf den Kupferdruckplatten erzeugt die Körnung, die im Tiefdruck die Farbe in unterschiedlicher Dichte auf das Papier überträgt. Die Platten werden mit einer lichtempfindlichen Gelatineschicht überzogen, von den Positiven belichtet und in mehreren Stufen geätzt. Ein Vorgang, der Geschick, Erfahrung und Gefühl erfordert, weniger künstlerische Begabung. Auch in diesem Gewerbe wurde gut bezahlt. Winfried Ranke hat aus Zilles Notizen in seinem Skizzenbuch herausgelesen, dass Zille im Herbst 1882 ein Monats-

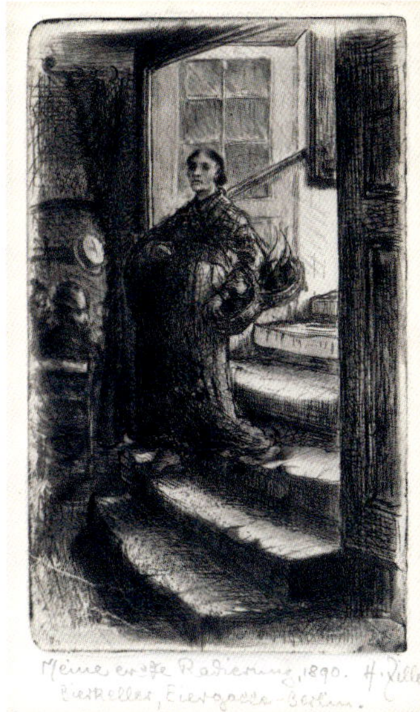

Bierkeller Eiergasse, 1892/93. Radierung, 13,7 x 8,3 cm. WV 7 II

[22] Vgl. Christa Pieske, *Bilder für jedermann*. München 1988
[23] Vgl. Rudolf Danke, *Heinrich Zille erzählt. Gespräche und Erlebnisse mit dem Meister*. Dresden 1928, S. 142f.
[24] Richard Friese, 1854–1918, Tiermaler, Jagdmaler, Tierbildhauer
[25] Oskar Frenzel, 1855–1915, Maler und Lithograph, 1884–89 Studium an der Berliner Akademie bei Paul Meyerheim und Eugen Bracht, 1898 Mitbegründer und Vorstandsmitglied der Berliner Secession (1902 Austritt mit fünfzehn weiteren Künstlern), 1904 Mitglied der Akademie der Künste
[26] Heinrich Zille, *Eigenhändig geschriebener Lebenslauf*, März 1924, Akademie der Künste, Berlin, Historisches Archiv, PrAdK, Pers. BK 577

gehalt von 120 Mark bezog, das sich 1886 auf 145 Mark erhöht hat und damit etwa um ein Drittel über den Durchschnittslöhnen der Buchdrucker und Lithographen in Berlin lag.[27] Wenn es stimmt, dass Zille später, wie Otto Nagel berichtet, eine Abteilung leitete und „die Aufsicht über das Drucken" führte, dann dürften sich diese Einkünfte in den folgenden Jahren weiter erhöht haben. Allerdings zitiert der Autor den Künstler wenige Zeilen später: „So verließ ich die Stätte, wo ich noch nachts gedacht, gewacht und gesorgt habe, Versuche zum besseren Gelingen neuer technischer Verbesserungen mir Kraft und Ruhe raubten."[28] Aber das gehört wohl schon zum Mythos vom ausgebeuteten Proletarier Zille. Besser beschreibt Friedrich Engels' Begriff der „Arbeiteraristokratie" als einer durch hohe Qualifikation privilegierten Schicht des Proletariats die soziale Stellung, die Zille einnahm. Das reprographische Gewerbe hatte mit dem industriellen Proletariat fast nichts zu tun. Diese herausgehobene Position ist zugleich die Voraussetzung dafür, dass Zille aus dem autodidaktischen Zeichnen sein künstlerisches Ziel absteckt.

Aufstieg

Heinrich Zille ist nun wirtschaftlich unabhängig, er kann seine Eltern unterstützen und seinen Kindern eine Ausbildung ermöglichen. Als die „Photographische Gesellschaft" 1892 von der Krausenstraße am Dönhoffplatz in der Berliner Mitte nach Charlottenburg-Westend umzieht, verlässt er Rummelsburg und nimmt sich eine Wohnung im vierten Stock eines nicht lange zuvor erbauten Mietshauses in der Sophie-Charlotte-Straße 88, aus deren Fenstern er seine Arbeitsstätte sehen kann. In dieser Wohnung wird er 37 Jahre bis zu seinem Ende bleiben. Im Lebenslauf für die Akademie schreibt er 1924: „Meine erste eigene Wohnung war im Osten Berlins im Keller; nun sitze ich schon im Berliner Westen, 4 Treppen hoch, bin also auch gestiegen."[29]

Winfried Ranke hat den Begriff „Aufsteigen" zur zentralen Kategorie seiner bis heute gültigen Monographie gemacht: *Vom Milljöh ins Milieu. Heinrich Zilles Aufstieg in der Berliner Gesellschaft.* Diese Formel ist griffig, beschreibt aber nur die halbe Wahrheit. Ranke hat sie in Abgrenzung zu Adolf Behnes Wort vom „schöpferisch gewordenen Proletarier" entwikkelt.[30] Zille selbst hat seinen Aufstieg nur ironisch gesehen. Er wusste, wieviel Zeit es gebraucht hatte, ehe aus dem ambitioniert aquarellierenden Autodidakten der Routinier des Presse- und Verlagswesens wurde. Doch die Selbstzweifel, die er immer wieder äußert – „Das kommt doch alles in den großen Müllkasten der Zeit." – und die heute etwas larmoyant klingen, haben ihn wohl tatsächlich ein Leben lang verfolgt. Heinrich Zilles

[27] Vgl. Ranke, *Vom Milljöh* …, S. 80
[28] Nagel, *Für Alle* …, unpag.
[29] Zille, *Eigenhändig geschriebener Lebenslauf* …
[30] Vgl. Adolf Behne, *Graphiker der Gegenwart.* Berlin 1925, unpag.

Karriere ist erstaunlich, im Milieu des Berliner Westens ist er jedoch nie wirklich angekommen.

Die Arbeit in der „Photographischen Gesellschaft" ist die Grundlage zu allem Weiteren. Hier knüpft er die Kontakte zu den späteren Künstlerfreunden, hier gewinnt er Selbstbewusstsein. Nach dem Militärdienst heiratet er 1883 Hulda Frieske, die Verwandte eines Arbeitskollegen, im Jahr darauf wird die Tochter Margarete geboren. Nun erst beginnt Zille die Landschafts- und Familienaquarelle zu malen, die man als sein Frühwerk bezeichnen kann und in denen er seine Fähigkeiten zur Menschen-, Natur- und Raumdarstellung autodidaktisch weiterbildet.

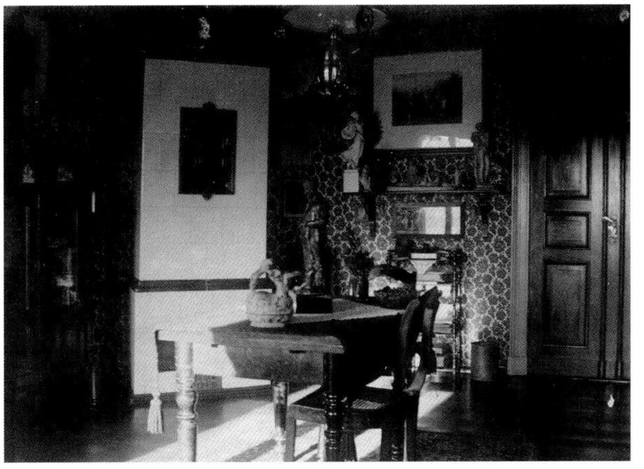

Interieur von Zilles Wohnung, um 1897. Photographie, Vintage print. WV 254

Der Lichtenberger Kiez ist damals eine noch ländliche Idylle. Auf sonntäglichen Ausflügen in die Umgebung entstehen diese Studien (Tafel S. 36), ganz im spätbiedermeierlichen Sinn seines Lehrers Hosemann aquarelliert Zille seine Kinder, vor allem immer wieder die Tochter Margarete (Tafel S. 37, 38). Hosemann hatte ihm geraten, die Natur zu studieren, nichts sei zu gering, um dargestellt zu werden. Zille zeichnet und malt mit Wasserfarben, was er sieht – bis spät in die 1880er Jahre. Von der Spannkraft der geschwungenen Linien, den Abbreviaturen flüchtiger Bewegungen, die seine Zeichnungen der kommenden Jahre unverwechselbar machen werden, ist noch ebensowenig zu spüren wie von einer sozialen Thematik.

Dabei ist das nahe gelegene Rummelsburg ein sozialer Brennpunkt vor den Toren der Großstadt. Hier gibt es Arbeits- und Waisenhäuser, ein Gefängnis und etliche Industrieansiedlungen, hier werden die Lebensmittel umgeschlagen, die den Bedarf der expandierenden Großstadt decken; in künstlichen Seen wird das Eis für die Kühlung der Vorräte gewonnen. Der Ort hat einen schlechten Ruf. Mit dem Aufstieg des Berliner Westens wird der Osten zur „Abstellkammer Berlins". „Denn vieles von dem, was die Stadt dringend brauchte, aber im Stadtbild störend wirkte, wurde einfach nach Rummelsburg abgeschoben."[31] Nichts davon findet sich auf Zilles Blättern aus dieser Zeit.

Als 1928 in der Ausstellung „Zilles Werdegang" im Berliner Märkischen Museum diese Arbeiten erstmalig der Öffentlichkeit gezeigt werden, ist die Kritik überrascht, dass hier „ein braver, ehrlicher, bescheidener Zeichner" (Franz Servaes) zum Vorschein kam, der noch eine Strecke Wegs vor sich hatte. Das Märkische Museum kauft zu diesem Anlass etwa hundertdreißig Blätter, die Hälfte davon solche privaten Arbeiten der 1880er und frühen 1890er Jahre, für seine Sammlung. Sie zählen sämtlich zu den im Zweiten Weltkrieg verlorenen Werken.[32] Es mag aus heutiger

[31] Möschner, *Auf den Spuren Heinrich Zilles in Berlin-Lichtenberg*. Berlin 2006, S. 13

[32] Liste der verschollenen Werke Heinrich Zilles, Stiftung Stadtmuseum Berlin, Archiv

Sicht erstaunen, dass Museumsdirektor Walter Stengel ein derart deutliches Augenmerk auf den „Zille vor Zille" legte. Da sich von diesen frühen Blättern nur einige wenige in verschiedenen Sammlungen erhalten haben, ist es heute schwierig nachzuvollziehen, wie Zille aus der Hosemann-Schule zu einer eigenen Form fand.

Entdeckung der Stadt und erste Photographien

Dagegen kann man den Beginn der sozialen Thematik in Zilles Werk recht genau datieren. Von der neuen Wohnung sind die Mitte und der Norden Berlins unschwer zu erreichen. So wie Zille jahrelang von Rummelsburg nach Köpenick, Karlshorst und Biesdorf gewandert ist, geht er nun in seiner freien Zeit in die Großstadt, die unaufhörlich wächst. Mit den neuen Räumen erwirbt die „Photographische Gesellschaft" auch neue Geräte und Technologien, die insbesondere für größere Formate der heliographischen Reproduktionen geeignet sind. Die Druckplatten sind nun bis zu 1,50 Meter groß, das erfordert eine neue Aufnahmetechnik und neue Tiefdruckpressen. Zille photographiert 1892 ein Selbstportrait mit Anzug, Weste und Krawatte, das ihn stolz und selbstbewusst zeigt, den Blick leicht erhoben in unbekannte Ferne.[33] Da sitzt ein 34-Jähriger, der sich seiner Kraft und Fähigkeiten bewusst ist, der sozusagen ein Bild von sich, man will meinen, von seinem Beginnen, geben will. Das unten offene Jackett, das den Blick auf den westenbewehrten Bauch freigibt, scheint die repräsentative Konvention des Bildnisses mutwillig brechen zu wollen. Können wir Zille Selbstironie unterstellen, wenn er sich im Bild des Künstlers als unordentlicher Bürger inszeniert? Ist es schon ein Rollenspiel, wie er es später vielfach mit gleichsam hypochondrischem Understatement treibt? War es ein kompositorischer Kunstgriff? All das trifft nicht zu. Vielmehr wollte Zille nur ein Portrait seines Kopfes machen, da mussten Krawatte und Revers im Bild sein, der Rest wurde beim Vergrößern abgedeckt, deshalb konnte die Jacke ruhig offen bleiben. So ist gleichsam gegen Zilles Intention eine Photographie überliefert, die uns heute als Inkunabel seiner vielen Selbstbildnisse erscheint, in denen er sich später als proletarisch infizierter Bürger, als bourgeoiser Bohémien, kurz als Mann mit leicht befremdlichen Eigenschaften in Szene setzt (Tafel S. 2).

An seinem 35. Geburtstag, am 10. Januar 1893, belichtet er eine Photographie im neuen Atelier, die ihn in herausgehobener Position im Kreise seiner Arbeitskollegen vor einigen ihrer Produkte zeigt.[34] Die Photogravüre nach Raffaels *Sixtinischer Madonna* im „Extraformat", vor der sie sich aufgebaut haben, galt Julius Lessing, dem Direktor des Berliner Kunstgewerbemuseums, als „ein wahres Wunder an Schönheit", aus dem „uns

[33] Enno Kaufhold, *Heinrich Zille. Photograph der Moderne. Verzeichnis des photographischen Nachlasses*. Hg. von der Berlinischen Galerie, München 1995 (WV); WV 20 gibt als Aufnahmeort das Atelier am Dönhoffplatz an.

[34] WV 19 datiert das Photo auf 1892, es gibt aber weder ein Vintage noch ein Negativ, das diese Datierung stützt. Zilles Äußeres hat sich im Vergleich zu WV 20 verändert. Es ist anzunehmen, dass die Aufnahme im Jahr darauf in den neuen Räumen entstand. Der Wandkalender zeigt eine 10, was auf den 10. Januar, Zilles Geburtstag, hinweist. Die Remarque auf der Heliogravüre-Platte zeigt die Jahreszahl 1893. Zille hat diese Heliogravüre an Freunde und Kollegen verteilt.

der Geist des Originals in seiner vollen Macht anweht".[35] Der Druck kostete 1907 fünfzig Mark, zehn Wochenlöhne einer Wäscherin. Zille verwendet das Photo für eine eigene Photogravüre, deren Plattenrand er mit einer radierten Remarque in Gestalt eines Buches versieht, die man als eine Art Kodex der Photographischen Gesellschafter lesen kann.

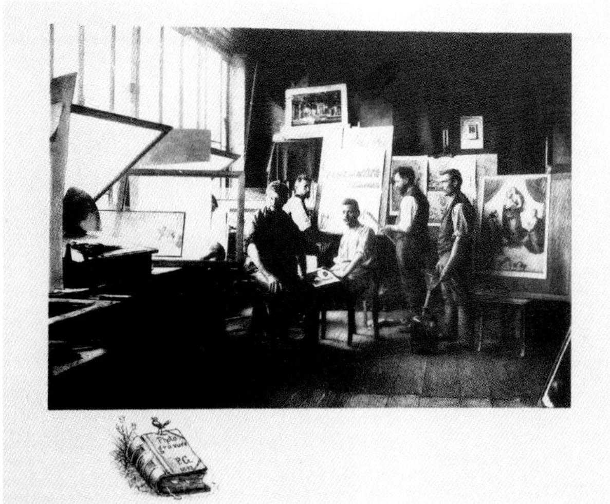

Atelier der „Photographischen Gesellschaft", 1893. Photogravüre und Radierung, 16,2 x 19,3 cm. WV 8

Etwa zur gleichen Zeit beginnt Heinrich Zille zu photographieren. Seit den späten 1880er Jahren gibt es Handkameras, die „Momentphotographie" beginnt ihren Siegeszug. Vermutlich leiht Zille sich die Kameras am Wochenende aus. Selbst wenn sich nicht alle seine Photographien erhalten haben sollten, entwickelt sich die photographische Arbeit eher zaghaft. Es entstehen Einzelbilder. Zille, der zuvor seine Motive nur im engsten Familienkreis suchte und fand, richtet die Kamera nun auf anderes – zuerst die Arbeitskollegen, dann auf das noch freie Feld vor dem Haus, über das die Berliner Ringbahn fährt. Photographisch beginnt Zille 1893, die ihn umgebende Wirklichkeit aus seinem Fenster zu entdecken: die auf Leinen trocknende Wäsche, die Rauchfahnen der Lokomotiven. Zeichen von Bewegung und Stadt. Das Brachland, an dessen Horizont das Gebäude der „Photographischen Gesellschaft" zu erkennen ist, wird neben dem „alten Berlin" für einige Jahre zu einem bestimmenden Motiv seiner Photographien ebenso wie seiner Zeichnungen.

Die Überwindung des Privaten, das Durchbrechen des bislang engen Zirkels einer bürgerlichen Existenz geschieht in beiden bildnerischen Formen zur gleichen Zeit. 1893 entsteht die erste Landschaftsaufnahme, der kein privates Motiv mehr zugrunde liegt. Wann Heinrich Zille dann erstmals mit der Kamera in die Stadt geht, lässt sich nicht genau rekonstruieren. Enno Kaufhold gibt für die Bilder von der Jungfernbrücke und vom Krögelhof (Tafel S. 178, 179, 182) die Jahre zwischen 1893 und 1896 an.[36] Das ist ein weiter Zeitrahmen, und so bleibt im Dunkel, wann Zille genau beginnt, sich die Photographie als Ausdrucksmittel und Erinnerungsspeicher zunutze zu machen.[37]

Die ersten Bilder vom Krögel entstehen noch aus einer Perspektive, die seit den 1880er Jahren zum Klischee der Berliner Stadtphotographie zu werden beginnt. Die Berliner Altstadt, für die der Krögel mit seinen verschachtelten Hinterhöfen und den engen, lichtlosen Wohnungen geradezu phänotypisch wurde, avanciert zum beliebten Postkartenmotiv. F. Albert Schwarz, der den Aufstieg Berlins zur Weltstadt „im Wettlauf mit der Spitz-

[35] *Bestellkatalog der Photographischen Gesellschaft.* Berlin 1907, S. 1
[36] Die nur selten gesicherten Datierungen von Zilles Photographien folgen dem auf gründlichen Recherchen und zumeist nachvollziehbaren Vermutungen fußenden Werkverzeichnis von Enno Kaufhold.
[37] Die Zeichnung *Im Hausflur*, die auf ein Photo aus den Krögelhöfen zurückgeht (Tafel S. 150, 151) und die Ranke als Datierungshilfe zu Rate zieht, wurde, wie ein Signaturen- und Stilvergleich zeigt, von Zille viele Jahre später mit dem Datum 1891 versehen.
[38] Harald Brost, Laurenz Demps, *Berlin wird Weltstadt. Photographien von F. Albert Schwarz.* Leipzig 1981, S. 43

hacke“[38] photographisch begleitete, hat die schmale Gasse zwischen Molkenmarkt und Spree mehrfach aufgenommen. Ihm folgten später Waldemar Titzenthaler, Max Missmann und viele andere.[39] Zille photographiert anfangs die gewohnten Blicke, erst bei weiteren Exkursionen findet er andere Sehweisen. Es ist, als wollte er den photographischen Blick an einem gesicherten Motiv ausprobieren. Noch 1897 hat er den Reichstag und die Siegessäule in höchst konventionellen Ansichten festgehalten. Doch entstehen in diesem Jahr auch die ersten Photographien, die Zilles eigene Sicht zeigen: Die „Kleine Alexanderstraße“, der „Bretterzaun Kaiser-Wilhelm-Straße“ (Tafel S. 81) und die Dreifachbelichtung, die einen kauernden Mann in einem Hauseingang zeigt, simultan die Türme der Nikolaikirche und, ganz schwach, das Ladenschild einer Destillation. Dieses Bild, bei dem nicht restlos auszuschließen ist, dass es sich um eine technische Fehlleistung handelt, ist – gewollt oder nicht – eine erstaunliche Zusammenfassung Zillescher Intentionen. Der Mann im Eingang des großbürgerlichen Stadthauses, die Kirchturmsilhouette vor offenem Himmel, die aus der Krögelgasse heraus photographiert wurde, und der Hinweis auf den Alkoholausschank, der die Ursache für das Kauern abgeben könnte, bilden den Prospekt für Zilles künftiges Werk. Als Photograph war er routiniert genug, um das Wechseln der Platten seiner Handkamera nicht zu vergessen. Wenn man zudem bedenkt, dass dieselbe Platte an drei voneinander entfernt gelegenen Orten belichtet wurde, liegt die Vermutung nahe, Zille habe die Motiv-Überblendung gewollt.[40]

In diesem Jahr 1897 reißt Zille photographisch sein ganzes Themenspektrum auf. Es entstehen die ersten Bilder im Freibad, zwei Serien der „Reisigsammlerinnen“, die ersten Markt- und die frühesten Rummelplatzbilder. Zu diesen Motiven wird er in den folgenden Jahren immer wieder zurückkehren. Zilles Modernität als Photograph erweist sich vor allem an diesen Bildern, weniger an denen vom „alten Berlin“. Dass er in Serien photographiert, ist neu. Die Handkamera gestattet schnellen Plattenwechsel. Er kann sie spontan auslösen, wenn ihm ein Bild vor Augen gerät, das etwas Charakteristisches über die Situation mitteilt. Fast jede Photographie, die nun entsteht, weist solche sprechenden Details auf, die Zille zuweilen in seine Zeichnungen übernimmt, die aber vor allem Atmosphärisches festhalten, den Authentizitätsanspruch nachweisen, der für die graphische Arbeit bestimmend wird. Zille war nicht bewusst, dass er damit der zeitgenössischen photographischen Ästhetik weit voraus war. Dass diese Bilder uns heute so modern, zupackend, realitätsnah erscheinen wie keine anderen Zeugnisse aus dieser Zeit, ist einer der nicht aufzulösenden Widersprüche, die mit Zilles ganzem Werk verbunden bleiben. Ohne Zweifel ist er deren interessantester.

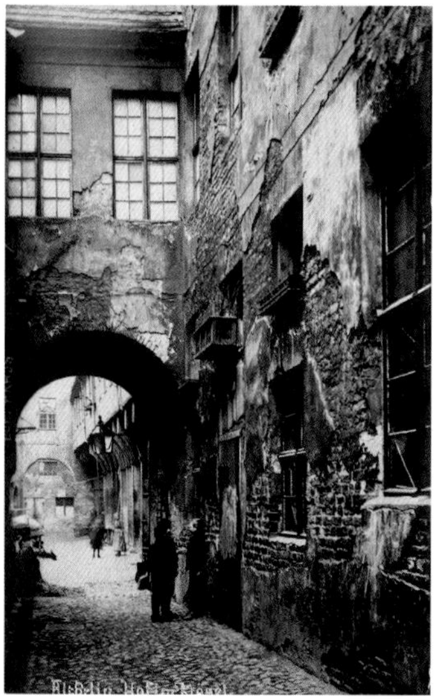

A. J. Schuh, *Krögelhof*, 1907. Postkarte aus Zilles Nachlass

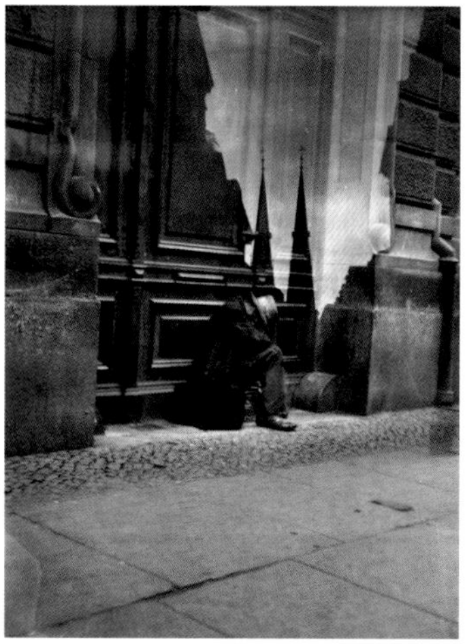

Kauernder Mann vor einem Hauseingang, 1897. Photographie, Dreifachbelichtung. WV 47

[39] Vgl. Susanne Gänshirt-Heinemann, *Der Krögel. Die Entdeckung und Ästhetisierung der Altstadt Berlins in Fotografien 1887 bis 1938*. Berlin 2003

[40] Von diesem Motiv ist keine Kopie Zilles nachweisbar, er hat aber das Negativ aufbewahrt.

Es sind vor allem die Reisigsammlerinnen, die den Künstler zu jener Zeit faszinieren. Das Thema liegt ihm vor Augen. Auf dem Brachland vor seinem Wohnhaus, das sich bis an den Rand des Grunewalds erstreckt, kann er die Frauen sehen, die im Herbst mit Kinderwagen oder in Kiepen und Säcken Bruchholz für den Winter herbeischaffen. 1895 hatte Zille die Aquatintaradierung *Herbst* (Tafel S. 60) gemacht, die zu den wichtigsten graphischen Blättern des Œuvres zählt. Das Thema ist einerseits sinnfällig, andererseits steht es in einem kunsthistorischen Kontext. Die Maler der Barbizon-Schule haben es dargestellt, von Max Liebermann gibt es eine Radierung aus dem Jahr 1896. Zille hat das Motiv systematisch bearbeitet, etliche Studien, einige teils farbige Zeichnungen und drei Radierungen waren neben den Photographien die künstlerische Ausbeute seiner Beobachtungen (Tafel S. 50, 55, 59, 60). Man kann ihm dabei durchaus auch symbolische Absichten unterstellen. Der Herbst als Spätzeitmetapher, das Anlegen von Vorräten für kalte Zeiten, das Sich-Selbst-Helfen, um drohender Not vorzubeugen: Solche symbolträchtigen Konstruktionen haben ihn gewiss berührt. Natürlich kennt er die Vorbilder und ist bemüht, zum kunstgeschichtlich gesicherten Sinnbild zu steigern, was auf den Photographien in manchmal atemberaubender Verve der Komposition festgehalten ist. Zille mag anfangs die „Reisigsammlerinnen" als Bewegungsstudien lastgebeugter Körper und der Anstrengung, beladene Wagen durch den Sandboden zu ziehen, verstanden haben. Aber er erkennt die Kraft des Motivs und beginnt sich für das Miteinander der Frauen und ihr Selbstbewusstsein zu interessieren. Erstmals wagt er sich mit der Kamera nahe an sie heran. Die Frauen blicken manchmal zurück, sie lassen ihn ohne Scheu gewähren, es ist keine Distanz, keine Skepsis, kein beschämtes Sich-Abwenden der Photographierten zu erkennen. Wenn Zille, die Sonne im Rücken, im Abendlicht photographiert, ist auf dem ins Bild geratenen Schatten deutlich zu erkennen, dass er in seinem bürgerlichen Habit daherkommt, mit Mantel und Hut. Das scheint keinen Abstand zu schaffen, und für den Photographen ist der Schatten kein Zeichen des Dilettantismus, sondern eines der teilnehmenden Anwesenheit. Zille muss ein Charisma besessen haben, das Zutrauen hervorrief und das ihm immer gestattet hat, photographisch wie zeichnerisch die intimen Momente im Ausdruck seines Gegenübers zu erfassen. Es war der Gestus der Empathie, der es ihm ermöglichte, tiefer und unangefochtener in bestimmte Bereiche der sozialen Wirklichkeit vorzudringen als andere Künstler, die sich aus der Ferne eine mehr oder minder idealisierte Vorstellung von der Realität machten.

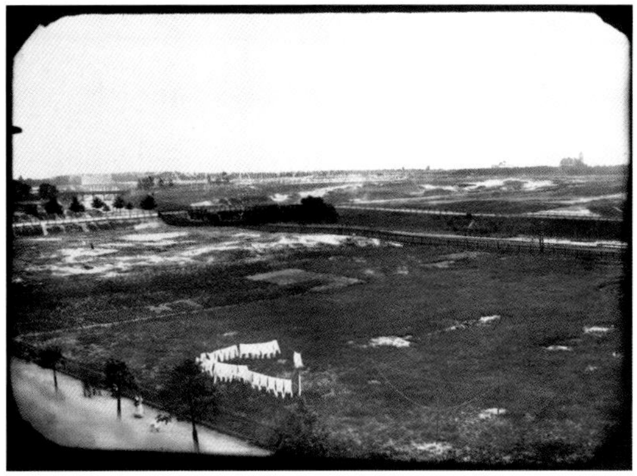

Blick aus Zilles Wohnung, Richtung Südwesten, 1893. Photographie. WV 22

Großstadt

Berlin ist am Ende des 19. Jahrhunderts ein viel zu schnell gewachsener urbaner Zyklop. Nicht nur Arbeiter strömen in die Stadt, sie zieht Glücksuchende aller Couleur an, allein die Zahl der jungen Frauen, die in Berlin auf eine Beschäftigung als Dienstmädchen hoffen und die „Reservearmee“ der Prostitution bilden, wird auf jährlich 40.000 geschätzt. Und Berlin hat seine Wachstumsgrenzen noch lange nicht erreicht. Zwischen 1880 und 1910 steigt die Einwohnerzahl von einer auf über zwei Millionen an. Die mitwachsenden Vororte sind nicht inbegriffen. Charlottenburgs Einwohnerzahl beträgt 1875 ca. 25.000, zur Jahrhundertwende sind es über 190.000 und 1910 dann schon mehr als 300.000. „Als wildwüchsiges und verkehrsmäßig zunächst nur mangelhaft erschlossenes Agglomerat existierte ‚Groß-Berlin‘ lange, bevor es 1920 per Verwaltungsakt bestätigt wurde.“[41] Die Industrie siedelt sich vor allem in den Vororten an. Zwischen 1890 und 1905 verdoppelt sich die Zahl der Fabriken und Industrieanlagen in Charlottenburg nahezu, ebenso die der hier tätigen Arbeiter. Bodenspekulanten erschließen immer neue Areale, legen Straßen und Plätze an und veräußern die Parzellen an Bauunternehmer, die die hochverschuldeten Häuser weiterverkaufen. Auf diese Weise fließt viel Geld aus dem ganzen Reich nach Berlin, dessen Rendite im feinen Westen aus den Mieten der Bemittelten erwirtschaftet wird, im Norden und Osten aber durch die enorme Verdichtung sowohl der Bausubstanz als auch der Belegung der Wohnungen. Nicht Arbeitslosigkeit ist in jenen Jahren die Ursache der sozialen Probleme, sondern die zu geringen Einkommen. Die Proletarierfamilien müssen zumeist durch Heimarbeit und Untervermietungen hinzuverdienen, um nicht in das Lumpenproletariat abzusinken. Vor allem durch Nähen in Heimarbeit erarbeiten viele Frauen kargen Verdienst unter zumeist unwürdigsten und die Gesundheit ruinierenden Bedingungen für einen Wochenlohn von oftmals unter sechs Mark.[42]

Nachdem 1896 die Berliner Konfektionsarbeiterinnen gegen diese Zustände gestreikt hatten, zeichnet Zille eine Radierung, die den Zusammenhang von mangelndem Einkommen und Prostitution auf abgründige Weise vor Augen führt. Dieses und das gleichzeitig entstandene Blatt *Die Entbindung* zeigen ihn jetzt auf der Höhe seiner graphischen Kunst. Souverän handhabt er die Technik, und auch die Probleme, die er oft hatte, Raum und Figur in einen perspektivischen Zusammenhang zu bringen, sind überwunden. Während sich *Die Entbindung* noch als eine Bildidee aus spätnaturalistischem Geist betrachten lässt, schlägt die *Mantelnäherin* einen neuen Ton an. Mit der Darstellung sexueller Verkehrsformen hatte Zille

[41] Ranke, *Vom Milljöh* …, S. 169
[42] Vgl. Moritz Loeb, *Berliner Konfektion.* Berlin, Leipzig 1906 (Großstadtdokumente, Band 15)

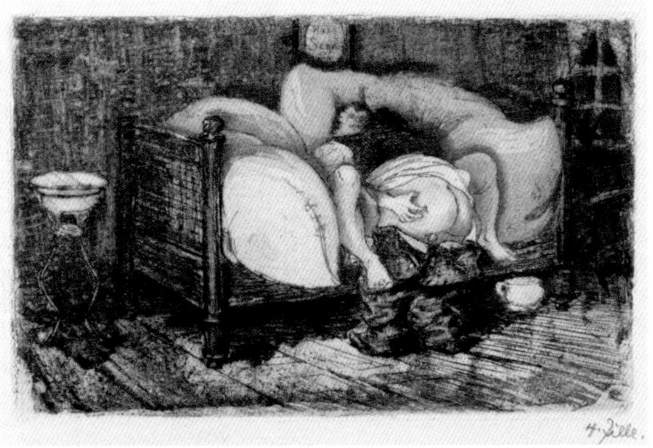

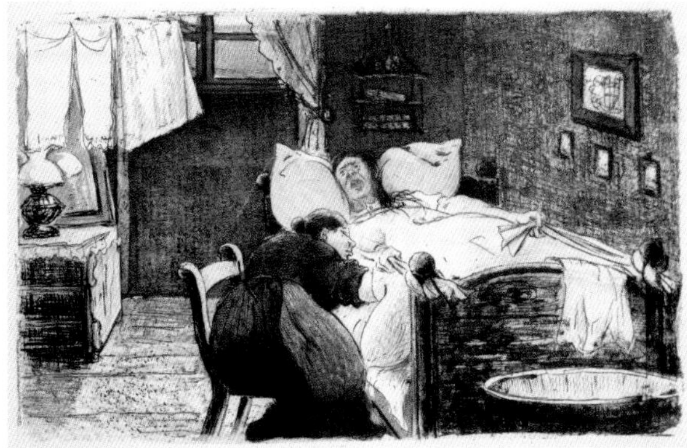

Die Mantelnäherin während des Konfektionsstreiks, 1896/97. Radierung und Aquatinta, 9,4 x 14,8 cm. WV 17

Die Entbindung, 1896/97. Radierung und Aquatinta, 9,4 x 14,8 cm. WV 1

sich bislang nicht befasst, selbst die Prostitution, die die liberalen Geister seiner Zeit in ihren hygienischen und sozialen Kontexten eifrig diskutieren, war ihm noch nicht explizit ins Blickfeld geraten. Die Komik, die in der lustbetonten Umnutzung streikbedingten Freizeitgewinns in eine Einnahmequelle liegt, ist von moralischer Attitüde ebenso weit entfernt wie von sozialer Anklage. Zille treibt sein Thema zur Groteske, er stilisiert sich selbst zum teilnehmenden Voyeur – und das durchaus voller Freude. Er macht sozusagen Ernst mit dem Sittenbild. Allerdings behält er das Blatt vorerst für sich. Den einen oder anderen Abzug mag er an Freunde weitergereicht haben, eine Auflage drucken zu lassen, wagt er erst in den 1920er Jahren. Da ist er durch die *Hurengespräche* (erschienen 1921) längst als profunder Kenner der Materie bekannt.

Neue Freundschaften in der Secession

Auf welche Weise Heinrich Zilles lebenslange Freundschaft mit den zehn Jahre jüngeren Bildhauern August Gaul und August Kraus zustande kommt, ist nicht bekannt. Der Beginn ist, folgt man den erhaltenen Briefen und Postkarten, in den Jahren 1896/97 zu vermuten. Durch Kraus und Gaul findet Zille Anschluss an Berliner Künstlerkreise, vor allem mit Bildhauern aus der Schule von Reinhold Begas verbinden ihn gemeinsames Aktzeichnen, Kegelabende und Atelierfeste, zu denen Zille hin und wieder mit der Kamera erscheint. In diesem neuen persönlichen Umfeld wird er ermutigt, sein Talent auszubauen, sich auf das zu konzentrieren, was er kann und weiß und letztlich auch will. Er wird zum Spezialisten des „dunklen Berlin", der Zugang zu Bereichen des Lebens hat, die seinen Freunden, den aus bürgerlichen Häusern stammenden, akademisch gebildeten Künstlern, verschlossen bleiben. Dass er spätestens seit dem Beginn der 1890er Jahre die virulenten ästhetischen Debatten verfolgte, belegt unter anderem eine Pastellstudie, in der er auf den Munch-Skandal

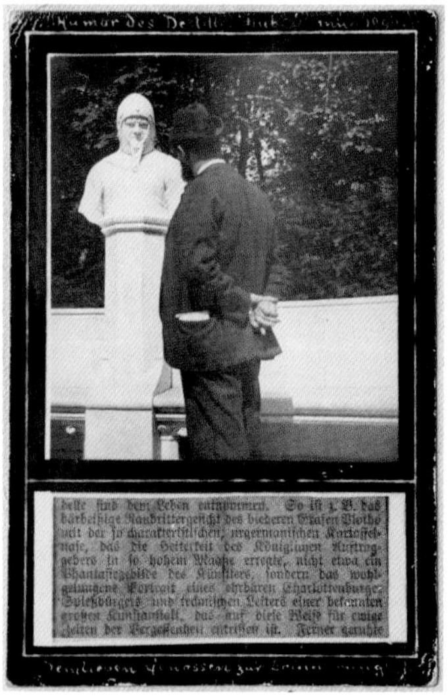

Postkarte: Zille vor der Büste in der Siegesallee (WV 307) mit einkopiertem Zeitungsausschnitt, um 1901. Photographie, Vintage Print

reagierte, der 1892 den Beginn der sezessionistischen Bewegung in der Künstlerschaft auslöste. Die Mehrheit der Mitglieder des „Vereins Berliner Künstler“ setzte die Schließung einer Ausstellung von Edvard Munch in Berlin durch, was zur Abspaltung der Gruppe der „Elf“ und 1898 letztlich zur Bildung der „Berliner Secession“ führt, deren Präsident Liebermann wird. Gaul als Gründungsmitglied und Kraus als Ausstellender sind von Anfang an dabei, was letzteren nicht daran hindert, unter Protektion von Reinhold Begas 1897 einen Auftrag für die Siegesallee anzunehmen. Begas hatte die künstlerische Leitung dieser von Wilhelm II. in Auftrag gegebenen, aus 36 Skulpturengruppen bestehenden Denkmalanlage der Hohenzollern und ihrer Vorgänger inne, für die die Secessionisten nur ätzenden Spott übrig hatten. Zille steht seinem Freund Kraus für die bärbeißige Physiognomie eines mittelalterlichen Ritters Modell. Über die Ironie, die darin steckt, schreibt die *Kreuzzeitung*, das Portrait sei „nicht etwa ein Phantasiegebilde des Künstlers, sondern das wohlgelungene Portrait eines Charlottenburger Spießbürgers und technischen Leiters einer bekannten großen Kunstanstalt, das auf diese Weise für ewige Zeiten der Vergessenheit entrissen ist“.[43] Dies ist der einzige konkrete zeitgenössische Hinweis auf Zilles Stellung in der „Photographischen Gesellschaft“. Er hat es nicht verabsäumt, die Modellsituation in Kraus’ Atelier und den Bildhauer bei der Arbeit zu photographieren.

Die Jahre zwischen 1900 und 1903 bringen Zille künstlerisch den Durchbruch. Noch ist er nur Eingeweihten bekannt und arbeitet an einer Reihe von Pastellzeichnungen, die er in den Secessionsausstellungen zeigt, zu denen er seit 1901 regelmäßig eingeladen wird. Darunter sind *Der Frühlingsmaler* (Tafel S. 129), *Der späte Schlafbursche*, *Vorstadt-Tingel-Tangel*[44], der *Ringkampf in der Schaubude* (Tafel S. 161), *Im Arbeiterviertel* und andere mehr. Diese bedeutenden Blätter sind bis auf das erst- und das letzterwähnte im Original nicht mehr auffindbar. Einige dieser Arbeiten sind in Zilles eigenen Heliogravüren überliefert, die er 1909 in „Zwölf Künstlerdrucken“ herausgibt, interessanterweise im Verlag M. Lilienthal, der auch die Schriften des Sexualforschers Iwan Bloch und Erich Mühsams Studie über die Homosexualität verlegt hatte. Zille verlässt mit diesen recht großformatigen Kreidezeichnungen, die er selbst als Malerei verstand, endgültig die Konventionen naturalistischer Milieudarstellungen. Mit photographischem, fast möchte man sagen filmischem Blick zeigt er stillgestellte Bewegungen der vielfigurigen Szenerien in einem mehr oder minder dramatischen Moment. Gleichwohl sind die Kompositionen sicher und genau, die räumlichen Beziehungen geklärt. Man sieht den einzelnen Figuren an, dass sie durch sorgfältige Studien vorbereitet wurden, Habit und Gestik verraten das Bemühen um Individualisierung jeder einzelnen

[43] Heinrich Zille, Postkarte mit Selbstportrait vor der Kraus-Büste und einkopiertem Zeitungsausschnitt, Privatbesitz, Berlin
[44] Das „Vorstadt-Tingeltangel“ zählt zu den Kriegsverlusten des Märkischen Museums, Berlin.

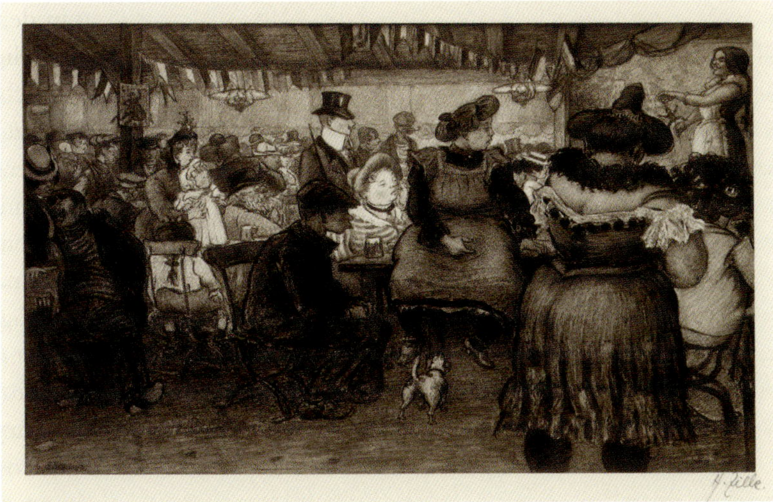

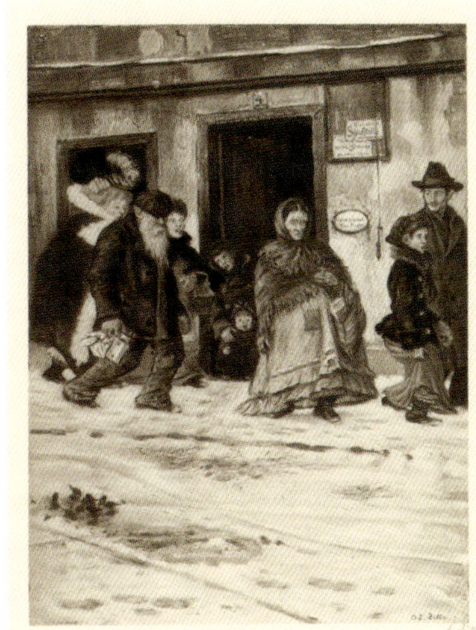

Vorstadt-Tingel-Tangel, 1903. Heliogravüre nach einer farbigen Zeichnung, 31,0 x 23,3 cm. WV 34

Im Arbeiterviertel, 1902. Heliogravüre nach einer farbigen Zeichnung, 31,0 x 23,3 cm. WV 28

von ihnen. Noch ist Zille nicht bei seinen „Typen“ angelangt, noch hat er nicht den charakteristischen, „schönlinigen“ Strich, der die Körperlichkeit konstituiert. Die reiche Tonigkeit der Valeurs mag er von den Impressionisten in der Secession abgeschaut haben, aber impressionistisch sind die Blätter nicht. In ihrem Figurenreichtum erinnern sie tatsächlich an Hogarth, den Zille als ein Vorbild sah. In ihrem Bemühen, jeder Figur einen eigenen Bewegungsraum zu geben und sie trotzdem zu einem Ganzen zusammenzufügen, eifern sie Menzel nach, den er ebenso wie Anton von Werner, den Antipoden der Secession, zeitlebens sehr schätzte.

Der späte Schlafbursche (Tafel S. 74) zeigt eine aufs äußerte verdichtete Milieuszene, in die Zille alles hineinlegt, was er über Wohnungsnot, Armut und Alkoholismus weiß. Der zur Unzeit auftauchende „Aftermieter“ stört die Verrichtungen der Mutter mit den sieben Kindern in dem engen, fensterlosen und von Attributen elender Lebensführung angefüllten Raum. Die Konfrontation, in die Zille den Betrachter mit dieser brutalen, durch keine humoristische, karikierende oder genrehafte Überhöhung gemilderten Darstellungswirklichkeit setzt, ist wohl kaum einem verspäteten naturalistischen Impuls zuzuschreiben, vielmehr zeugt sie davon, dass Zille sein Künstlertum nicht nur ernst nahm, sondern auch in seiner Besonderheit erkannt hatte. Denn er demonstriert in der durchdachten (Dreiecks-)Komposition und in den Details virtuos seine zeichnerischen Fähigkeiten wie die intime Kenntnis seines Gegenstands. Die Wäschestücke, die Zille zuvor auf dem Trockenplatz vor seinem Haus photographisch festgehalten hatte (Tafel S. 114), die Modellpose des Mädchens, die seine Erfahrungen in Aktzeichnung und -photographie verrät wie viele andere Gegenstände, die er durch Skizzen und Studien vorbereitete, ein geradezu schmerzhaftes Bemühen um Genauigkeit. Es ist die

Entdeckung einer Wirklichkeit, die es bis dato in dieser Klarheit und Härte in der Kunst in Berlin nicht gab. Diese Arbeiten illustrieren keine sozialen Ideen, sie bewerten oder kommentieren nicht und rufen auch nicht zum Mitgefühl auf. Der kaum steigerungsfähigen Direktheit der Szenerien, die sie zeigen, entspricht der kühle Blick des Zeichners, der eine Art Vivisektion eines gesellschaftlichen Zustands vornimmt, die die Zeitgenossen zu Recht erschreckt, wenn sie ihrer ansichtig werden. Nie wieder wird Tucholskys Diktum – „Zille hat das Amoralische im Blut. Er urteilt nicht, er zeichnet“[45] – so wahr sein wie jetzt.

An der „Vierten Kunstausstellung der Berliner Secession – Zeichnende Künste“ 1901/02 ist Zille gleich mit zehn Arbeiten vertreten, acht farbigen Zeichnungen und zwei Radierungen, sechs davon sind *Aus dem dunklen Berlin* betitelt. Das „dunkle Berlin“, wie Zille 1898 eine Radierung genannt hatte (Tafel S. 80), war seit November des gleichen Jahres Gegenstand einer Kolumne der wenige Monate zuvor gegründeten *Berliner Morgenpost* geworden, die schnell zur erfolgreichsten Tageszeitung der Stadt heranwächst, weil sie die Stadt selbst zum Thema macht. „... das Schlagwort vom ‚dunklen Berlin‘ besaß einen hohen emotionalen Reizwert. Es verwies auf die Nachtseiten der Stadtgesellschaft, auf Kriminalität, Erotik und soziale Segregation und rief Assoziationen von Geheimnis und Gefahr hervor.“[46] Zilles Thema liegt im Trend, die Art und Weise seiner Darstellung aber nicht.

Während die Blätter aus dem dunklen Berlin auf harsche Ablehnung eines Teils der Presse stoßen, wird *Der Frühlingsmaler* lobend erwähnt. Hier können die Zeitgenossen noch Rudimente ihres Spitzweg-Klischees vom armen Künstler in der niedrigen Dachkammer bestätigt finden, das Zille gewiss im Auge hat, wenn er es lustvoll bricht. „Die ganze Szene ist ein grober Verstoß gegen das massenhaft ausgeweidete Thema ‚Künstler und Modell‘. Denn statt des Künstlers scheint hier die Muse befruchtet zu sein. An welchem idealen Bilde der Künstler auch schaffen mag, die armselige Situation von unidealen Schaffensverhältnissen bestätigt die Erfahrungen des zahlreichen Künstlerproletariats in Berlin ebenso, wie sie sie belächelt.“[47] Im gleichen Jahr 1901, in dem Zille den *Frühlingsmaler* zeichnet, photographiert er im großzügigen Atelier von August Gaul einige seiner schönsten Aktaufnahmen (Tafel S. 124, 125). Größer könnte der Gegensatz nicht sein. Und doch hat sich trotz aller Tristesse etwas von der erotischen Eleganz, mit der er das Modell ohne jeden, die Aktdarstellungen der Zeit oftmals kennzeichnenden, lasziven Unterton inszeniert, in die Dachkammer gerettet. Zumindest in diesem Fall, so scheint es, ist die Zeichnung „wahrer“ als die Photographie, die ein ideales Bild des Modells zu erreichen sucht. Aber eines wäre ohne das andere nicht möglich gewesen.

[45] Peter Panter, „Berlins Bester“. In: *Die Weltbühne.* 21 (20.1.1925) 3, S. 97
[46] Thies, *Ethnograph des dunklen Berlin* ..., S. 97
[47] Michael Freitag, *Zille und die Secession.* In: Flügge/Neyer (Hg.), *Heinrich Zille. Zeichner der Großstadt* ..., S. 31

Erste Erfolge

August Kraus arbeitet seit zwei Jahren in Rom. Der „Rompreis“ ist der Lohn für seine vom Kaiser goutierte Arbeit an der Siegesallee. Zille berichtet ihm regelmäßig über die Vorgänge im Kegelclub und über das, was er vom Berliner Kulturleben wahrnimmt. Viel ist es nicht. Etliche der Briefe sind erhalten. Sie sind die einzige Quelle für Zilles Selbstreflexion auf dem Weg in die Öffentlichkeit. Am 17. Dezember 1902 schreibt er über seine zweite Beteiligung an der Schwarz-Weiß-Ausstellung der Secession: „Die Ausstellung ist sehr gut u. es wird gesagt: Wer diesmal nicht rausgeflogen ist, kann es sich zu einer großen Ehre anrechnen. Es wurde furchtbar aufgeräumt, glaube an 1.200 Nummern zurückgewiesen. Man hat mich in den Zeitungen öfter genannt, wenn die Leute wüßten, wie ärmlich meine Striche sind. Na vielleicht später besser. Habe nur Arbeitermotive, die sich niemand in die gute Stube hängt, ‚ick däts och nich‘. Sie werden aus den Zeitungen ersehen haben, daß die Franzosen großartig sind: Steinlen usw. (hat einen Saal).[48] Dann Ihr Greiner[49] ist ganz wunderbar, trotzdem mir das fern liegt. Würde, wenn ich das Können hätte, Volk machen – Neuzeit. [...] Jetzt sind die ganzen Zeich. und über 100 Straßenskizzen in einer neu gegründeten Kunsthandl.: Amelang Schwarz-Weiß, wo Maler Kappstein[50] künstl. Leiter ist. Er wollte gern so eine Art Baluschek haben, damit die Leute sich graulen u. die anderen Sachen kaufen sollen. Was er jedenfalls auch erreicht. Trotzdem sind 2 Zeichnungen von mir dort verkauft (das 1ste x in meinem Leben) für den hohen Preis von 37 Reichsmark. Abzug 7 M. macht 30 Mark. Wird auch der Schluß sein. Denke, die Leute werden sie mir billiger anbieten. Die Ausstellungseröffnung (Sez.) war sehr interessant, habe viel Künstler kennengelernt. Sende Ihnen als Drucksache: Radirung (jetzt auf der Sec.) u. 1 Lithographie leider nicht gelungen (bei Amelang) Photogr.: von mir (Porträt) u. wenn ich die Zeitungen noch finde werde ich welche beilegen. [...] Schreibe später mehr, will jetzt noch einen Erhängten aus der Erinnerung zeichnen, der heute früh an unserem Geschäftszaun abgeschnitten wurde.“[51] Ein Erlebnis, auf das er mit der eingangs erwähnten Zeichnung *Entlassen* im *Simplicissimus* zurückkommt.

Dreißig Mark, das dürfte für den Bildhauer Kraus eine zu vernachlässigende Summe gewesen sein. Für Zille ist es, soweit wir wissen, die erste Einnahme aus seiner künstlerischen Arbeit, zu dieser Zeit vielleicht ein halber Wochenlohn der „Photographischen Gesellschaft“. Er bleibt sich des sozialen Abstands zu seinem jüngeren Freund bewusst und kokettiert, dessen Verständnis voraussetzend, mit der Rede von den „ärmlichen Stricheleien“. Aber er schickt ihm photographische Selbstportraits und Familien-

[48] Henri Toulouse-Lautrec war mit 26 Lithographien, Théophile-Alexandre Steinlen mit 158 Blättern (Zeichnungen, Skizzen und Druckgraphiken) vertreten. Vgl. Kat. *Berliner Secession – Zeichnende Künste*. Berlin 1901/02

[49] Otto Greiner, 1869–1916, Maler, Lithograph und Radierer, tätig in Leipzig, München und Rom. Als Freund von Max Klinger stark von diesem beeinflusst.

[50] Carl Friedrich Kappstein, 1869–1933, (Tier-)Maler und Lithograph in Berlin; erschloss der Lithographie neue technische Möglichkeiten, Lehrer für Lithographie an der Akademie, Verfasser eines Standardwerks über diese Technik.

[51] Heinrich Zille, Brief an August Kraus, 17.12.1902, Privatbesitz, Berlin

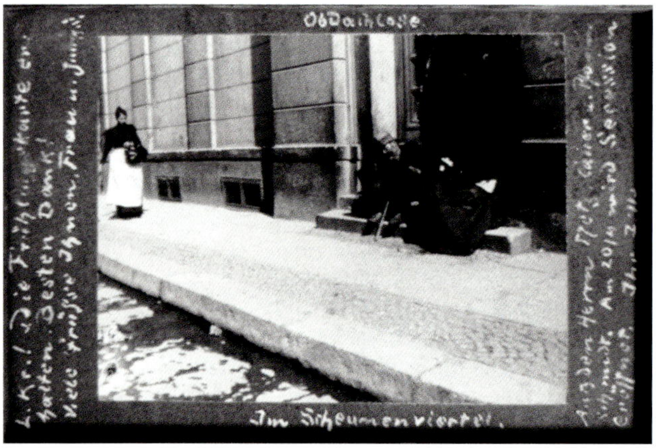

Obdachlose im Scheunenviertel. Postkarte an August Kraus um 1902 mit der aufgeklebten Photographie „Mann und Frau in einem Hauseingang", 1898. WV 111

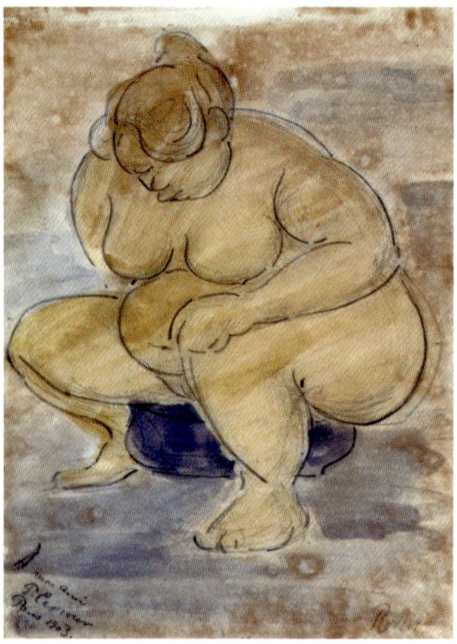

Rodin, 1903, Bleistift, Aquarell mit Widmung: „A mon ami P. Cassirer, Paris 1903". Persiflage auf Rodins erotische Aquarelle. In der 8. Ausstellung der Berliner Secession sind im Winter 1903/04 fast 300 Blätter von Rodin zu sehen.

bilder. Abzüge seiner Aufnahmen aus Berlin, die er in jenen Jahren in großer Zahl macht, sendet er Kraus und Gaul nur ausnahmsweise. Dabei hätte es nahegelegen, dem Freund in Rom nicht nur Berichte aus der Secession und hin und wieder ein graphisches Blatt zu senden, sondern auch Zeugnisse seiner Recherchen in der Stadt. Einmal, 1902, klebt er ein Photo von Obdachlosen auf eine Postkarte und sendet sie nach Rom, um die Eröffnung der Secessionsausstellung anzukündigen (Tafel S. 66). Zilles Beteiligung an der Secessionsausstellung 1902/03, in der neben anderen farbigen Arbeiten *Der späte Schlafbursche* zu sehen ist, führt zu seiner Aufnahme in die Künstlergesellschaft, mit zwei Gegenstimmen, wie er Kraus am 16. Januar 1903 mitteilt. „Cassirer sagte bei der Ausstellungseröffnung, daß meine Bilder stinken; na dann hab ich es erreicht; d.h. er meint es wohlwollend. Verkauft habe ich weiter nichts."[52]

Lichtbilder

Um sich der atmosphärischen Konkretion seiner Darstellungen zu versichern, sammelt Zille Photographien, Aufnahmen von Freunden und Postkarten vom „alten Berlin", die um die Jahrhundertwende in einiger Vielfalt der Motive produziert werden. Diese Postkarten aus dem „Verlag Alt-Berlin" oder von A. J. Schuh sind nach 1906 entstanden. Die im Nachlass erhaltenen Bilder, die Ranke noch für eigenhändig hielt und in sein Buch aufnahm, Kaufhold aber mit guten Gründen abgeschrieben hat, stammen in der überwiegenden Zahl aus der Zeit nach 1908. Offenbar versorgt sich Zille, nachdem er die eigene photographische Arbeit beendet hat, mit fremdem Bildmaterial. Seine eigenen Photographien von der Stadt, überwiegend in der näheren Umgebung in Charlottenburg entstanden, lassen sich auf die Zeit zwischen 1896 und 1902 eingrenzen, auf jene sieben Jahre, in denen aus dem dilettierenden Handwerker der Künstler wird, der zur Existenzabsicherung ein Handwerk ausübt. Die Diskussion, inwieweit diese Bilder als autonome Photographie Geltung haben, ist längst beendet. Unabhängig von der Motivation des Photographen sind sie – auch in ihrer Einheit von privaten und öffentlichen Motiven – als eigenständiger Werkkomplex zu verstehen. Die Frage, ob sie künstlerisch wertvoller sind als die Zeichnungen, ist hingegen müßig. In den Photographien hat Zille seinen künstlerischen Blick auf die Wirklichkeit ganz unbefangen, gleichsam naiv, erproben können. Vieles davon ist in den

52 Heinrich Zille, Brief an August Kraus, 16.1.1903, Privatbesitz, Berlin

Zeichnungen aufgehoben, die immer wieder durch die Präzision und die Selbstverständlichkeit erstaunen, mit der er Accessoires, Einrichtungsgegenstände, Architekturformen oder städtische Raumsituationen darstellt. Es ist diese Genauigkeit des Sehens, die seinen Blättern neben dem künstlerischen oftmals auch einen kulturgeschichtlichen Wert verleiht. Ernst Barlach hat das erkannt: „Erst wenn Zilles Witz Kulturgeschichte geworden ist, wird man beginnen, seine Künstlerschaft zu verstehen."

Seinen Blick hat Zille an den Photographien ebenso geschult wie durch fortwährendes Skizzieren. Dass im Garten der Eltern, in den Ateliers der Freunde oder beim Baden mit den Kindern ebenso großartige Aufnahmen entstehen wie auf dem Rummelplatz oder dem Wochenmarkt, ist dem Besonderen dieses Blicks zu verdanken. Man kann es mit der tieferen Bedeutung des Wortes Interesse bezeichnen: Dazwischen-Sein, Teilnehmen, Miterleben.

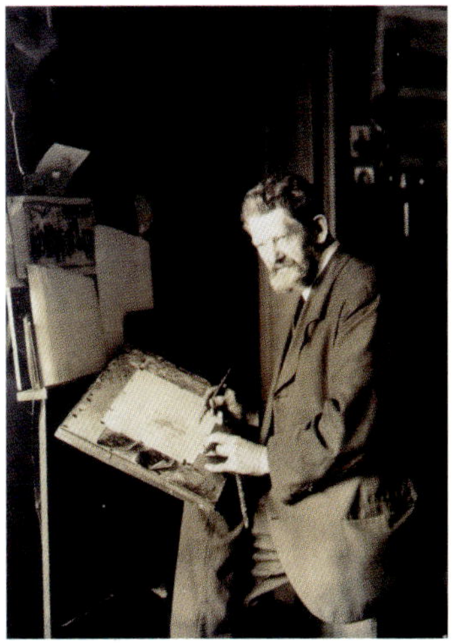

Unbekannter Photograph (Atlantic-Photo-Co.): Zille am Zeichenbrett mit Photographien, um 1925

Sicher photographiert Zille nicht ausschließlich, um bildliche Erinnerungen aufzuzeichnen, er hat für eine Zeit auch Freude an der Technik wie an der Rolle des kamerabewehrten Beobachters. Während er als Zeichner unauffällig bleiben kann, ist er als Photograph nicht zu übersehen. Wenn die Menschen keine Scheu haben, auf seine Bilder zu geraten, dann liegt das daran, dass sie es noch nicht gewohnt sind, photographiert zu werden, den Vorgang des Aufnehmens als eine Bestätigung ihrer Existenz empfinden und nicht als Raub ihres Abbildes.

Als Photograph reüssieren will Zille zu keiner Zeit. Es kommt ihm nicht in den Sinn, ein Negativ zu vergrößern oder gar in einer Edeldrucktechnik „künstlerisch" zu vervielfältigen. Ein Kontakt je Negativ zum persönlichen Gebrauch, das reicht ihm, es sei denn, er will Freunden und Verwandten von sich Mitteilung machen. Er pinnt die Photos auf sein Zeichenbrett, im visuellen Dialog entstehen dann die graphischen Blätter. Wenn Zille einen photographischen Ehrgeiz gehabt hätte, hätte er all die amateurhaften Aufnahmefehler, die Verkantungen, Verwacklungen und Unschärfen zu vermeiden gewusst. Aber darauf kommt es ihm nicht an. Die Photographien sind seine Form, sich der Wirklichkeit zu vergewissern. Der Vorgang ist ihm zu jener Zeit wichtiger als das Ergebnis. Das macht die Bilder noch heute so eindrucksvoll lebendig und ganz und gar persönlich.

Die Negative Zilles, die sich heute in der Sammlung der Berlinischen Galerie befinden, sind von drei herausragenden Künstlern der Photographie neu abgezogen worden: 1985 hat Thomas Struth die Abzüge gemacht, nach denen die Photographien in diesem Buch reproduziert sind, und 1988 haben Michael Schmidt und Manfred Paul für die Berlinische Galerie die vorhandenen Negative vergrößert.[53] Das ist ein Glücksfall,

[53] Vgl. Enno Kaufhold, *Werkverzeichnis* ... 1971, S. 496

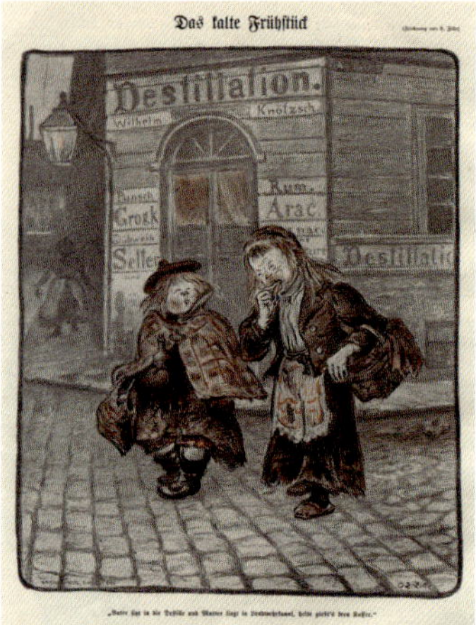

Das kalte Frühstück. Aus: *Simplicissimus*, München, Jg. 8, 1904, H. 6, S. 44

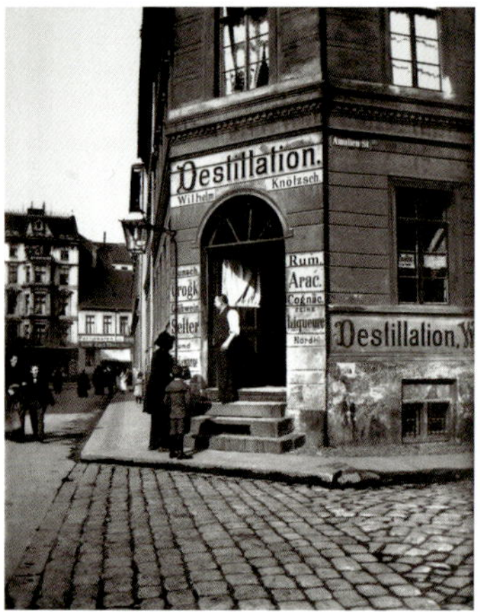

Hirtenstraße/Ecke Amalienstraße, Destillation Wilhelm Knötsch, 1901. WV 393

weil im Vergleich der Abzüge nuancenreich die unterschiedlichen „Interpretationen" von Zilles Photographie deutlich werden. Schmidt beschreibt die seine: „Zille hat, wie Atget, eine Parallelwelt zu seiner damaligen Welt aufgebaut. Die damalige Welt gibt es nicht mehr, aber die Parallelwelt existiert noch in diesen Aufnahmen. [...] Und das macht Zille zum Künstler in der Fotografie. [...] Er hat immer eine ganz eigene Bilderwelt [...]. Trotz der Geschlossenheit des Gesamtwerks [...] ist jedes Bild einzig und eigenständig. Zille hatte eine Intention, aber keine Theorie."[54]

Simplicissimus und andere

Die Arbeiten jener Zeit lassen nicht vermuten, dass Zille alsbald zu einem gefragten Zeichner der illustrierten Zeitschriften werden wird. Die differenzierte Pastelltechnik seiner Blätter, die die Secession zeigt, ist in deren Druckverfahren noch nicht reproduzierbar. Zudem sind sie weit entfernt von dem, was der von Zille rückhaltlos bewunderte *Simplicissimus*, der *Ulk* oder die *Lustigen Blätter* von ihren Zeichnern drucken. Hier dominiert die politische bzw. die Gesellschaftssatire, verknöcherte Obristen, tumbe Diplomaten, blasierte Korpsstudenten, schnöselige Leutnants, weltfremde Kleriker, ignorante Beamte, nymphomanische Gesellschaftsdamen und andere Lemuren des Fin-de-siècle liefern die Personnage der satirischen Blätter. Zudem ist der von Thomas Theodor Heine, Rudolf Wilke, Bruno Paul, Ferdinand von Reznizek, Eduard Thöny und den anderen Zeichnern im *Simplicissimus* kanonisierte Zeichenstil an der Linie orientiert, die in jugendstiligen Arabesken die Figuren und Räume umspannt. Die Zeichner liefern zumeist schwarz-weiße Vorlagen, die als Autotypien oder Strichätzungen klischiert und dann vom Drucker mit Farben ausgefüllt werden. Zilles Blätter taugen dafür nicht. Und das weiß er, als Zeichner wie als Fachmann für Reproduktion. Doch seinem Fortkommen als Künstler scheint er nicht zu trauen. 1901 hatte er Kraus geschrieben: „Bin neulich bei Cassirer gewesen, Heine-Ausstellung[55], meistens die Originale für den Simpel; traf dort Ihren Bekannten E. Heilemann[56], studierte die Zeichnungen, will jedenfalls die Bahnen wandeln. Habe gehört, daß er bei den ‚Lustigen Blättern' angestellt ist. Die Zeichnungen, die bis jetzt von ihm sah, sind aber nicht auf der Höhe. Denke, es ist ein falscher Weg – wo bleibt die Malerei?"[57] Mit der Wendung „will die Bahnen wandeln" hat Zille sich nichts weniger vorgenommen, als seine Arbeiten zu veröffentlichen, kein Atelierkünstler zu werden, sondern Anschluss an die avancierten Bildmedien seiner Zeit zu finden und zugleich seine frisch gewonnenen künstlerischen Maßstäbe zu wahren. Die Rede vom „ärmlichen Gekritzel" ist Camouflage, das Ziel ist nun „Malerei" und Öffentlichkeit.

[54] Janos Frecot und Michael Schmidt, „Gespräch über Zille". In: *Berliner KUNSTstücke*, Ausstellungskatalog Berlinische Galerie, Berlin 1990, S. 362
[55] Thomas Theodor Heine, 1867–1948, Zeichner und Schriftsteller, Hauptmeister des *Simplicissimus*, Erfinder von dessen Signet: der roten Bulldogge

Ob Zille sich beim *Simplicissimus* bewarb oder ob Thomas Theodor Heine seine Arbeiten in Berlin gesehen hat, wissen wir nicht. Aber am 30. März 1903 schreibt Zille an Kraus: „Zum Gaul und Nachbar Touaillon bin ich seit einem halben Jahr nicht gekommen, hatte mich mit Zeichnungen festgelegt, die mir alle nicht gefallen, weggeworfen habe oder wieder neu angefangen. Der Simplicissimus hatte etwas genommen, aber erst ein Bild gebracht. Th. Heine hatte mir einen sehr liebenswürdigen Brief geschrieben [...]. Die Redaktion auch, ich soll von Zeit zu Zeit etwas einsenden, trotzdem sie von den Mitarbeitern genügend versorgt würden. Na viel Glück werde ich nicht haben, wills aber weiter versuchen. Bis jetzt gefällt's mir selber nicht."[58] Im Mai erscheint dann die Zeichnung *Das kalte Frühstück* (1902) mit der Unterschrift: „Vater sitzt in die Destille und Mutter liegt in Landwehrkanal, heite giebt's keen Kaffee".[59] Vor einem Kneipeneingang, den Zille 1901 photographiert hatte, stehen zwei Mädchen, deren eines etwas Unkenntliches isst. Der Hintergrund ist dem Photo recht genau entnommen und mit schwarzer Kreide gezeichnet. Die Kinder stehen wie vor einer Kulisse, was durch den technisch vorgenommenen Einsatz einer zweiten Farbe noch betont wird. Die Zeichnung steht einigermaßen fremd zwischen den anderen Bildern des *Simplicissimus*, stilistisch und vor allem inhaltlich. Das Grausig-Komische der Reaktion der Kinder auf den Selbstmord der Mutter ist offenbar selbst für den *Simplicissimus*-Leser harter Stoff. Ein paar Hefte später bringt der „Simpel" die fast zehn Jahre alte Radierung *Herbst* mit einer uninspirierten Unterschrift im sächsischen Dialekt. Dann vergehen fast dreieinhalb Jahre, ehe Zille, von da an allerdings regelmäßig, wieder in der Zeitschrift auftaucht.[60]

Weil sich die Zusammenarbeit mit dem *Simplicissimus* schleppend gestaltet, muss Zille sich nach anderen Zeitschriften umsehen. Er setzt sich 1904 mit der Münchner *Jugend* in Verbindung. Die „illustrierte Wochenschrift für Kunst und Leben" war 1896 von Georg Hirth begründet worden. Leitender Redakteur ist der Schriftsteller Fritz von Ostini, der Biograph Hans Thomas, Eduard Grützners, Arnold Böcklins, Fritz von Uhdes, Wilhelm von Kaulbachs und anderer heroischer Maler der Zeit. Das Blatt, das wegen seiner graphischen Ausstattung dem „Jugendstil" den Namen gab, war kein Satireblatt, sondern verstand sich als offenes Podium vielfältigster Bestrebungen zeitgenössischer Kunst und Literatur. Neben bedeutenden Malern der Jahrhundertwende zählten auch einige *Simplicissimus*-Autoren zu seinen Mitarbeitern: ein illustrer Kreis, in den Zille Aufnahme zu finden hofft. Am 28. Juli 1904 schreibt Zille eine „Secessions-Postkarte" nach Rom: „Jugend geschrieben [...]. Wollen etwas nehmen. Freue mich."[61] Am 9. September dann: „Von der Jugend hab ich noch nichts gesehen. Scheint ein Beruhigungsschreiben von der Redaktion

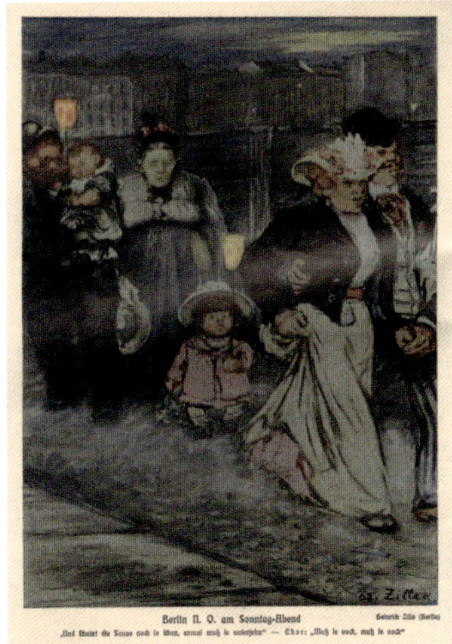

Berlin N.O. am Sonntagabend, 1902. Aus: *Jugend*, München, Jg. 10, 1905, H 40, S. 77

[56] Ernst Heilemann, 1870–1936, Zeichner und Karikaturist, fester Mitarbeiter der Zeitschrift *Lustige Blätter*, bekannt für seinen photographisch-naturalistischen Zeichenstil und eher harmlosen Gesellschaftswitz
[57] Ostwald, *Zille's Vermächtnis* ..., S. 278
[58] Ebd., S. 296
[59] *Simplicissimus*. 8 (5.5.1903) 6, S. 44
[60] Bis 1928 veröffentlicht der *Simplicissimus* insgesamt 106 Arbeiten von Heinrich Zille. In den Kriegsjahren ist die Mitarbeit unterbrochen, nach 1918 erscheinen vor allem Nachdrucke, resp. Druckgraphik.
[61] Heinrich Zille, Postkarte an August Kraus, 28.7.1904, Privatbesitz, Berlin

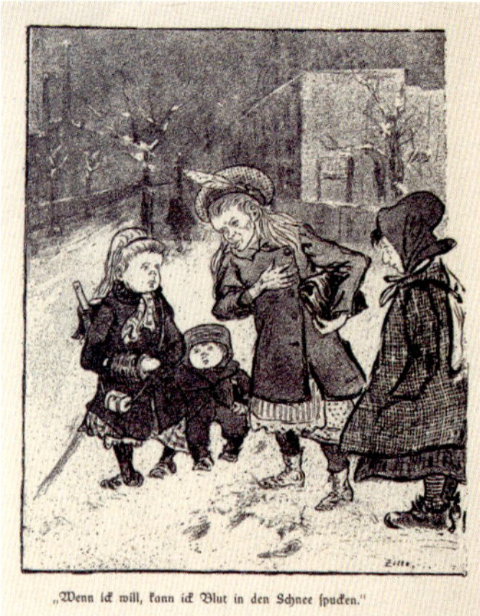

„Wenn ick will, kann ick Blut in den Schnee spucken“, 1903. Aus: *Der liebe Augustin*, Wien, Jg. 1, 1904, H. 6, S. 82

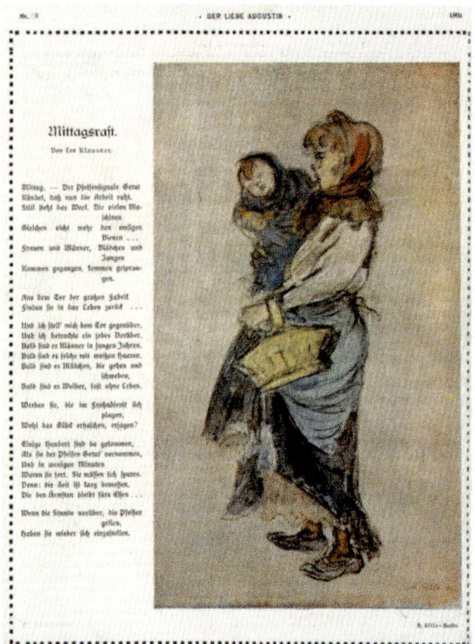

Frau mit Kind, 1904. Aus: *Der liebe Augustin*, Wien, Jg. 1, 1904 H. 10

gewesen zu sein. [...] Werde mich melden. Versprech mir nichts.“[62] Doch Zille täuscht sich. 1905 bringt die *Jugend* in ihrer dritten Nummer[63] die farbige Zeichnung *Berliner Weihnachtsmarkt* (Tafel S. 130). Die anderen Bilder in diesem Heft stammen von Berühmtheiten: Ludwig v. Hofmann, Leopold v. Kalckreuth, Hans Thoma, Max Feldbauer und anderen. Einer der Autoren ist der junge Hermann Hesse. Drei ganzseitige, farbige Arbeiten und eine Kreidezeichnung folgen noch in diesem Jahrgang. Auch in den späteren Bänden, bis 1908, ist Zille regelmäßig vertreten, danach wird die Mitarbeit sehr sporadisch. Er gilt nun als Hauszeichner der *Lustigen Blätter* und ihres Verlags. Man kann nicht sagen, dass Berliner Elendsbilder mit Heinrich Zille in die *Jugend* Einzug hielten. Es fällt aber auf, dass die *Jugend*-Redaktion in künstlerischer Hinsicht sehr wählerisch ist. Sie nimmt Arbeiten ins Heft und setzt sie in anspruchsvolle Drucke um, die entweder in Pastelltechnik malerisch gesehen sind oder sich kurvig-geschwungenen Umrisslinien verdanken. Die beherrscht der Zeichner mittlerweile sicher und sie korrespondieren mit den Arabesken und Ornamenten des Blattes auf eine aufschlussreiche Weise. Er ist alles andere als ein „Stilkünstler“, aber deren Lineament hat ihn ebenso beeinflusst wie die Franzosen Toulouse-Lautrec und Steinlen in der Secession.

Über Zilles Mitarbeit an der Wiener Zeitschrift *Der liebe Augustin* gibt es kaum verlässliche Nachrichten. Das Blatt war als Wiener Konkurrenz zum *Simplicissimus* gegründet worden. Mit der fünften Ausgabe übernimmt Gustav Meyrink die Redaktion und setzt sich das Ziel, „das Beste auf literarischem und illustrativem Gebiete zu bringen. Freie, ungeknebelte Phantasie, Humor und Satire, wirkliches Können sollen hier beisammen stehen. Nichts Gezwungenes, nichts Plumpes oder Triviales; größte künstlerische Freiheit allen Mitarbeitern!“[64] Meyrink bewegt Zeichner wie Lyonel Feininger, Jules Pascin, Emil Orlik, Alfred Kubin, Kolo Moser und Literaten wie Max Brod, Strindberg, Maeterlinck, Verhaeren, Stefan Zweig, Erich Mühsam und andere zu Beiträgen und bittet letzteren, in Berlin auch Zille zu engagieren. Er soll eine der prägenden bildnerischen Kräfte des Blattes werden. Mühsam erinnert sich: „Zille war noch gar nicht berühmt, aber wir Modernen liebten und schätzten ihn schon sehr. Meyrink hatte auf seine Zusage ganz besonderen Wert gelegt.“[65] Bereits in der Nummer 6 sind vier Arbeiten Zilles abgebildet, dann ist er regelmäßig dabei. Zille nutzt die versprochene Freiheit und schickt erstklassige Blätter nach Wien (Tafel 81, 106, 148, 165). Darunter ist die Darstellung eines Mädchens, das auf der Straße seine Tuberkulose als Attraktion darstellt: „Wenn ick will, kann ick Blut in den Schnee spucken!“ Eine Zeichnung, die Roda Rodas Erkenntnis: „Humor ist die Verdauung der Satten, Satire der Schrei der Hungrigen“[66] aufs beste illustriert. *Der liebe Augustin* versteht sich als

[62] Heinrich Zille, Brief an August Kraus, 9.9.1904, Privatbesitz, Berlin
[63] *Jugend.* 10 (1905) 3, S. 52
[64] *Der liebe Augustin.* Wien 1 (1904) 6, S. 82
[65] Erich Mühsam, *Unpolitische Erinnerungen.* Berlin 1958, S. 128

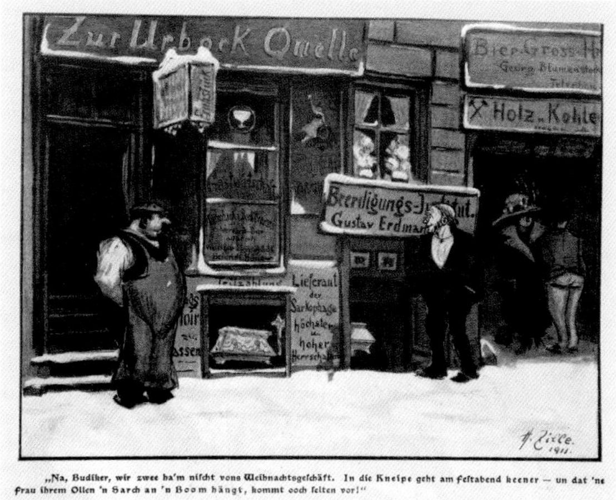

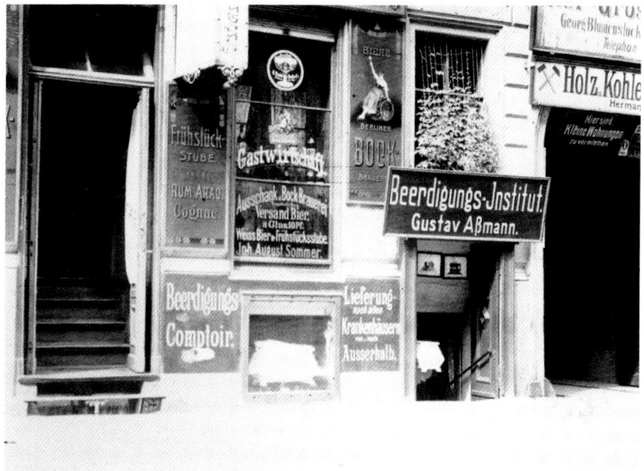

„Na, Budiker, wir zwee ha'm nischt vons Weihnachtsgeschäft. In die Kneipe geht am Festabend keener – un dat 'ne Frau ihrem Ollen 'n Sarch an'n Boom hängt, kommt ooch selten vor!“, 1911. Aus: *Lustige Blätter*, Berlin, Jg. 26, 1911, H. 52, S. 2

Unbekannter Photograph. Bergstaße 70, Beerdigungs-Institut Gustav Aßmann, 1910/11, Photographie aus Zilles Nachlass

künstlerische Zeitschrift, auch in der großzügigen Gestaltung. Vielleicht sind ihm deshalb nur 24 Ausgaben beschieden, zu Unrecht ist das Blatt bis heute in Vergessenheit geraten.[67] Möglicherweise wäre Zilles Weg als Illustrator etwas anders verlaufen, hätte der *Simplicissimus* ihn früher und stärker gefördert und wäre Meyrinks herausragendem Blatt ein längeres Leben beschert gewesen.

Milljöh-Konstruktionen

So aber kommt es, dass Zille sich zwischen „Schreien“ und „Verdauen“ nicht recht entscheiden kann. Die dunkle, hintergründige Satire, die unterschiedliche Bedeutungsebenen seiner Darstellungen manchmal mit schneller Volte kurzschließt, gelingt nicht immer. Bilder wie die erwähnten bleiben in der Minderzahl. Dazu zählt jenes von 1908, das einen Mann zeigt, der in einer Dachkammer gerade eine Frau ermordet hat und sich nun dem Vogelkäfig zuwendet: „Den Vogel möchte ich noch mal Futter jeb'n, wer weeß wann sie ihr finden.“ (vgl. Tafel S. 77). Zilles vermeintlich zynische Reaktion angesichts des Zynismus der Zustände hat die „Modernen“ tief beeindruckt. Sie zeigt sich aber eher in den Texten als in den Zeichnungen selbst. Nicht von ungefähr fühlt Gustav Meyrink, der große Satiriker des Grotesken und Doppelbödigen, sich ihm verbunden und schickt seine Bücher mit Widmungen nach Charlottenburg. Wo Meyrinks Satire mit vergleichbaren Mitteln im Milieu der nutznießenden „Spießer“ zwischen Kleinbürgertum, Klerus, Militär und Adel wildert, zeigt Zille Folgen von deren Wirken und überlässt es dem Betrachter, die richtigen Schlüsse zu ziehen. Die aufgeklärten, antimonarchistisch gesinnten Künstler und Intellektuellen der Jahrhundertwende erkennen das Neue, das in Zilles Bildern grausam und ätzend sein kann, aber sie sind selbst unter

[66] Roda Roda, zit. nach Kurt Tucholsky, „Die moderne politische Satire in der Literatur“. In: *Dresdner Volkszeitung*. 14.5.1912, Nr. 110 (http://www.textlog.de/tucholsky-politische-satire.html)
[67] Ein Verzeichnis der Neugründungen humoristischer Zeitschriften im deutschen Sprachraum zählt zwischen 1880 und 1910 nicht weniger als 99 Titel. *Der liebe Augustin* ist nicht darunter. Vgl. www.zeitschriften.ablit.de

den *Simplicissimus*-Lesern eine Elite. Diese Zeichnungen bleiben die Ausnahme, weil sie letztlich keinen Platz in der publizistischen Landschaft der Zeit finden.

Dafür beginnt die Massenpresse, sich für Zille zu interessieren. 1904 bringt die *Berliner Illustrirte Zeitung* einen mehrseitigen Beitrag[68] mit Zeichnungen ohne pointierende Unterschriften und einem luziden Text des Schriftstellers und Kritikers Norbert Falk, der beobachtet, „daß man es mit keinem Satiriker, keinem Karikaturisten zu tun hat, sondern ganz im Gegenteil – so eng benachbart ist manchmal das Gegensätzliche – einem ungemein scharf beobachtenden und überraschend sicher zeichnenden Realisten gegenübersteht". Das wird ganz in Zilles Sinn gewesen sein.

Seit 1905 arbeitet er nicht nur für die *Jugend*, sondern in größerem Umfang auch für den *Ulk*, die Humorbeilage des *Berliner Tageblatts*, und vor allem für die *Lustigen Blätter*. Hier sind Arbeiten erwünscht, die die Leserschaft der auflagenstarken Zeitschrift nicht durch allzu große Drastik überfordern. Gefragt sind Zeichnungen aus dem Milieu, es soll schon etwas Elend sein, wichtiger aber ist der Witz, der des Bildes und der begleitenden Unterschrift. Man kann auch nicht mehr sicher unterscheiden, welcher Text von Zille stammt und welcher ihm von den Redaktionen zur Illustration vorgelegt wird.

Zille, den zunehmend Anfragen und Aufträge erreichen, bildet in der Folge eine Arbeitsweise heraus, die es ihm ermöglicht, neben seinem Beruf eine relativ große Zahl von Blättern zur Veröffentlichung vorzubereiten. Für die durchgearbeiteten Pastellblätter ist keine Zeit mehr. Zille ist als Zeichner aber mittlerweile virtuos genug, um seine Bildideen knapper vorzutragen, und er passt sich den drucktechnischen Erfordernissen perfekt an. Immer besser kann er sich in kurzen Formulierungen ausdrücken, ohne an Detailgenauigkeit zu verlieren. Insbesondere in den Federzeichnungen perfektioniert er seinen Strich. Die Zeitschriften wollen Wiedererkennbarkeit, Unverwechselbarkeit des individuellen Stils. Auf die Dauer entsteht die Gefahr der Schablone. Zille kann ihr lange Zeit entgehen.

Davor schützt ihn sein unermüdliches Zeichnen. Er macht Skizzen, Studien und Portraits von Künstlern und Kneipenbekanntschaften in großer Zahl, zeichnet Frauen auf der Straße meist von hinten, um Kleidung und Habitus in charakteristischen Einzelheiten festzuhalten, skizziert alles, was ihm charakteristisch erscheint. Er hat dabei seine Art des oft unbeobachteten Zeichnens zu hoher Perfektion gebracht. Es sind vor allem diese nach Hunderten zählenden Zettel, die seinen Ruf als Künstler mitbegründen. So bildet sich eine Arbeits- und Betrachtungsteilung heraus: der Witzzeichner fürs Publikum und der Künstler für Künstler. An diesem Zwiespalt der Rezeption hat sich im Grunde bis heute nichts geändert.

[68] *Berliner Illustrirte Zeitung*. 13 (1904), S. 117

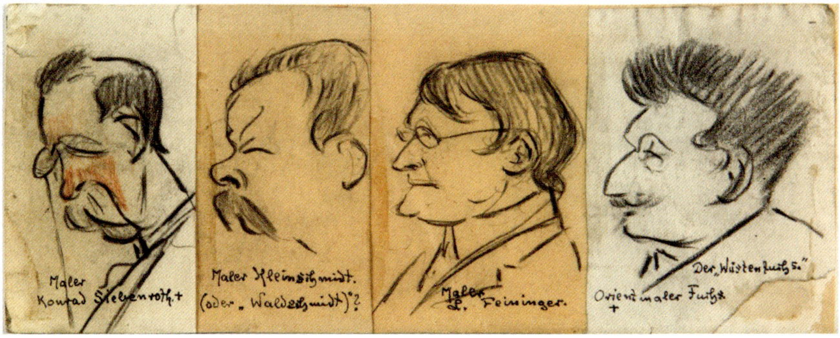

Künstlerportraits, 3. v. l.: Lyonel Feininger, um 1905. Bleistift, schwarze und farbige Kreiden, 9,2 x 23,3 cm

Die *Lustigen Blätter* bieten Zille, was er lange gesucht hatte: eine Art publizistische Heimat. Das sieht aus heutiger Perspektive wie ein Abstieg aus. Nicht ohne Grund, aber auch nicht ganz gerecht schreibt Kurt Tucholsky 1912: „Die Witzblätter sind fade, lasch, feige und behandeln alles mehr von der komischen Seite aus, anstatt anzugreifen und niederzureißen. [...] Da sind die Lustigen Blätter in Berlin, die ohne Gesinnung aber mit viel Ungeschick alles bewitzeln ...“[69] Das „schönste bunte Witzblatt Deutschlands“ (Eigenwerbung) hat Lyonel Feininger unter Vertrag, regelmäßig veröffentlichen Finetti, Ernst Stern, seit 1910 auch George Grosz, Walter Trier und andere Zeichner, die denen des *Simplicissimus* künstlerisch nicht nachstehen. Alexander Moszkowski und Rudolf Presber, die Redakteure, sind bekannte Autoren – das Format und den Wagemut von Ludwig Thoma[70] und seinem Verleger Albert Langen haben sie nicht. Die libertinäre Münchner Noblesse ist in Berlin ohnehin ins Rauhbeinige und Geschäftstüchtige gekehrt. Und die künstlerische Freiheit, die Meyrink seinen Mitarbeitern versprach, wird hier durch ein strenges, vom Verleger vorgegebenes Regime der Redaktion begrenzt, die ihren Zeichnern zumeist die Themen setzt. 1910 beschreibt Moszkowski die Arbeitsweise: „Der Redakteur entwirft sie [die Beiträge], bezeichnet sie oftmals bis in die Details und verlangt vom Zeichner, daß er seinen Gedanken folge.“ Das erlege ihm zwar „einen gewissen Zwang auf, bewahrt ihn aber vor Entgleisung und bietet ihm die Garantie für die Wirkung.“[71] So werden die Zeichner mehr oder weniger auf spezielle Ressorts festgelegt. Zille hat zwar Freiheiten, doch weiß die Redaktion mittlerweile genau, was die Leser von ihm erwarten: witzige Bilder mit gemäßigtem Sarkasmus, ein Repertoire an Typen und Situationen, ein bisschen Frechheit, einen Schuss Erotik, eine detailgenaue, erzählerische Bildsprache und jene angeblich mit Berlin verbundene Rotzigkeit, die aus dem Milieu erst das „Milljöh“ werden lässt. So tritt dieser Begriff erst recht mit Zille in die Welt. Seit 1913 – es erscheint das Buch *Mein Milljöh* – verbindet er ihn mit seinem Namen. „Zille-Milljöh“ ist fortan nicht mehr nur mit Wohnungselend, Kriminalität und Alkoholismus ver-

[69] Tucholsky, *Die moderne politische Satire in der Literatur ...*

[70] Ludwig Thoma, 1867–1921, Schriftsteller in München, ab 1900 Chefredakteur des *Simplicissimus*, in dem er seit 1897 unter dem Pseudonym Peter Schlemihl veröffentlichte.

[71] Alexander Moszkowski, „Der Lustigen Blätter Werdegang“. In: *Lustige Blätter*. Berlin 25 (1910) 1, S. 4

bunden, die Redaktion verlangt auch Bilder, auf denen ihre kleinbürgerliche Klientel sich wiedererkennen kann. So macht Zille auch laue, manchmal peinliche Witze. Das Groteske, schmerzhaft Sarkastische und Herausfordernde seiner besten Zeichnungen erreicht er nur selten wieder.

Vater Zille

Bald kommt der Ruhm über ihn, der ihn in der Zeit nach dem Weltkrieg vereinnahmen wird und dessen Versuchungen er oftmals nachgibt. Er ist ja ganz zu Unrecht nicht vor allem als Künstler populär, sondern verkörpert in der großen Öffentlichkeit das, was man heute einen „Prominenten" nennt: eine allbekannte Figur, die in jedem Massenmedium auftaucht und irgendetwas erzählt, und keiner fragt mehr, was sie dazu berechtigt. Zille geht zu den „Zille-Bällen", mimt den Laubenpieper im Lunapark, lässt sich mit missmutigem Gesicht von Ringern in die Luft heben. Es gehört zu den Widersprüchen in seiner künstlerischen Biographie, dass er diese Seite seiner Popularität genau reflektiert, sich ihr aber trotzdem nicht entziehen will. Erst gegen Ende seines Lebens, alt und krank und schon ein wenig misanthropisch, wird er die Tür hinter sich abschließen, indes draußen der Wirbel um ihn weitergeht.

„Es tut weh, wenn man den Ernst als Witz verkaufen muß."[72] Noch jeder seiner Biographen hat dieses späte Resümee zitiert und wie ein Naturereignis angenommen. Was Zilles Lohn für die erlittenen Schmerzen gewesen sein könnte, wird kaum gefragt, denn allein um Broterwerb ging es nicht. Winfried Rankes Sozialaufsteiger-These erklärt uns das nicht. Zille kam nicht aus dem „Milljöh" und landete nicht im Milieu. Er kam aus dem Milieu der Naturalisten und ihrer Überzeugung, dass allein die sozialen Umstände für das Verhalten der Menschen verantwortlich seien. Er schuf in seinen Bildern das „Milljöh", um zu zeigen, dass das nicht die ganze Wahrheit ist, dass man sich zwar nicht wehren kann, aber einrichten, die Verhältnisse nicht umstürzen kann, aber ihnen auch – zumindest moralisch – nicht vollkommen zum Opfer fallen muss. Vielleicht hat er sich dabei selbst als exemplarischen Aufsteiger gesehen, doch war dieser Aufstieg keinem gesellschaftlichen oder materiellen Ehrgeiz geschuldet. Aus patriarchalischen Verhältnissen stammend, hat er sich als Familienmensch verantwortlich gefühlt, Wohltaten verteilt, wenn er konnte, unmittelbare Not zu lindern versucht, hin und wieder auch klare politische Worte gesprochen, dabei die Herrschenden nur selten attackiert. „Zille klopft dem Elend auf den Popo"[73], hat Adorno notiert, ein Satz, der die Ambivalenz des späten Werkes zwischen Berührtsein und Aufdecken ebenso beschreibt wie die väterliche Attitüde.

[72] Heinrich Zille, Brief an Adolf Heilborn, 1925, Privatbesitz, Berlin

Als „Vater Zille“ ließ er sich anreden, das entsprach seinem Wesen. Einer Partei gehörte er nie an – auch nicht im übertragenen Sinne. Er war alles andere als ein Bohémien, ein bodenständiger Bürger, der lange Zeit seine nächtlichen Exkursionen unternahm und dabei das Milieu studierte, dem er entronnen war. Insofern ein Aufsteiger, einer, der seine Herkunft nicht vergessen hat und versuchte, etwas von dem zurückzugeben, was ihm zugefallen war. Zille war nicht religiös und kein Revolutionär, er hatte das Ethos der Empathie, das jeder Existenz ihr Recht zugesteht. Ihn trug die Menschenliebe des dunklen Melancholikers – auch und gerade dann, wenn er sich der Mittel der Satire und der Groteske bediente. Kurt Tucholsky, der ihn aufrichtig verehrte und ihn verstand wie kein zweiter Zeitgenosse, schrieb 1925: „Zille gehört zu den Neuen, weil er unbarmherzig sein kann und Herz hat, weil er vor Mitleid mitleidlos schildert, weil er die Ruhe weg hat.“[74]

Seine Brieferzählung *Berliner Hochzeit* (1920), die von seiner Teilnahme an einer Feier im „Milljöh“ berichtet, endet Zille: „Lieber Wilhelm, das Fest war gut. Kein Stolz, keine Scheu, sozial, unabhängig, kommunistisch, vertraulich, – rein menschlich. [...] Du siehst, lieber Wilhelm, auch ich habe mal einen guten Tag gehabt, es läßt sich doch in Berlin noch leben. Dein H. Zille.“[75]

Das klingt wie ein Programm.

[73] Theodor W. Adorno, *Minima moralia. Reflexionen aus dem beschädigten Leben.* In: Theodor W. Adorno, *Gesammelte Schriften.* Bd. 4, Frankfurt am Main 1980, S. 215
[74] Peter Panter, *Berlins Bester ...*
[75] Heinrich Zille, *Zwischen Spree und Panke.* Dresden 1925, S. 29f.

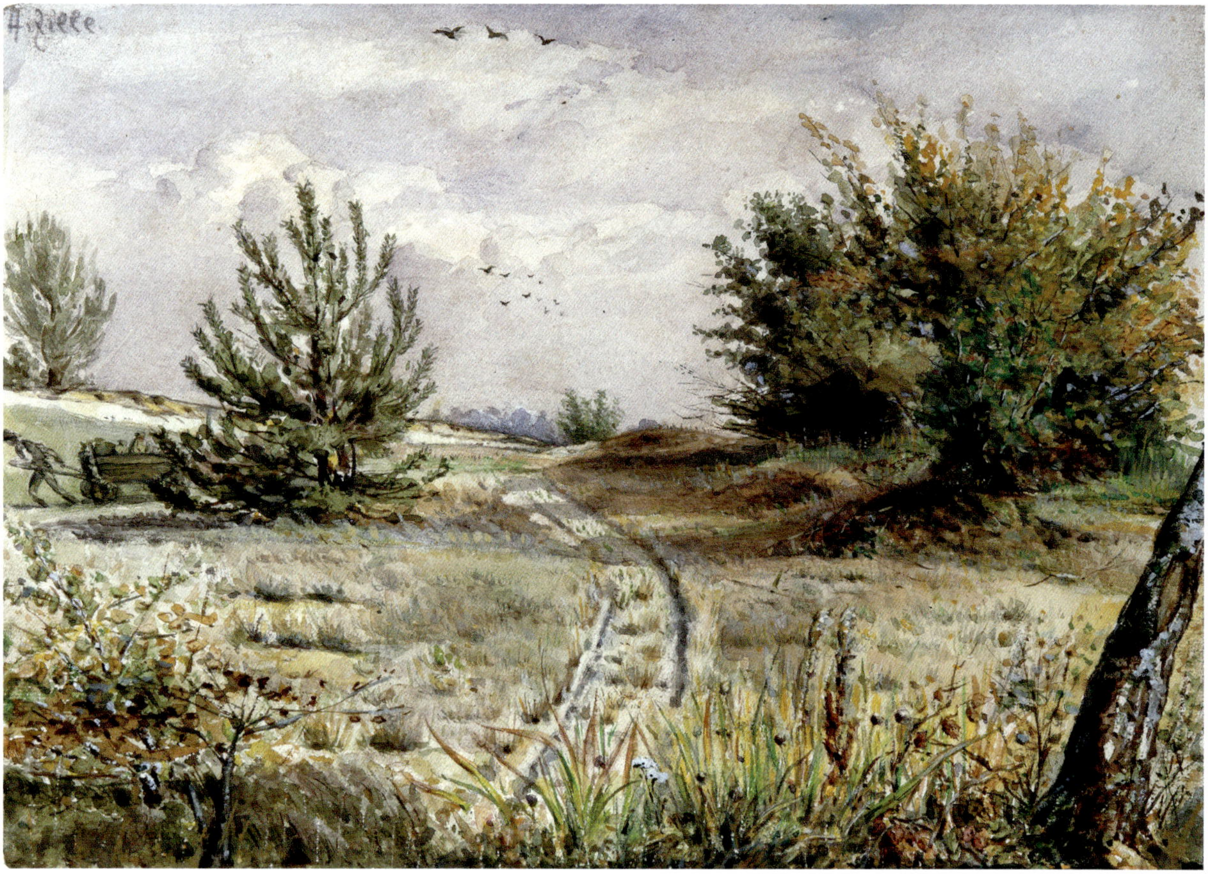

Weg nach Biesdorf, 1886
Aquarell, 17,5 x 24,5 cm

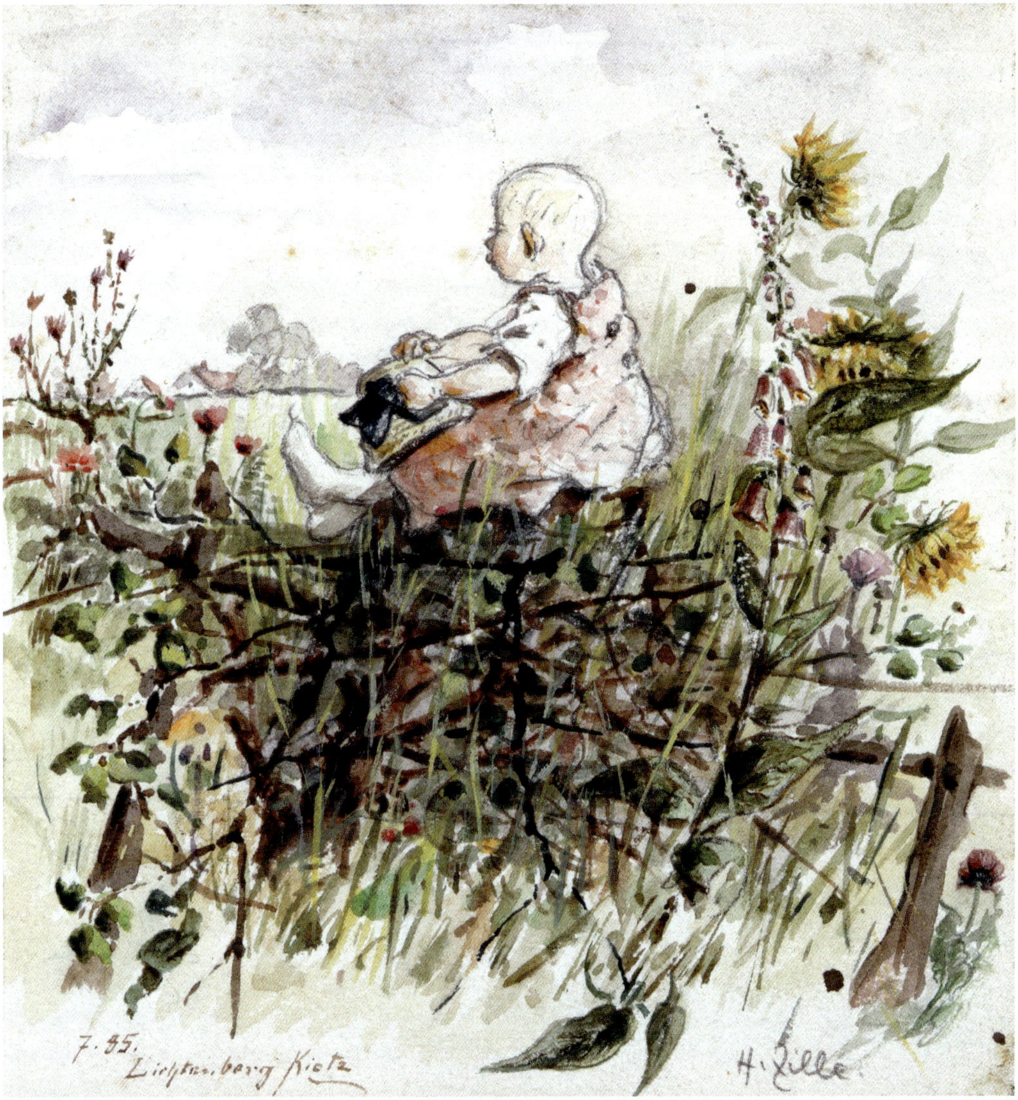

Grete in Lichtenberg, 1885
Graphit, Aquarell, 15 x 14 cm

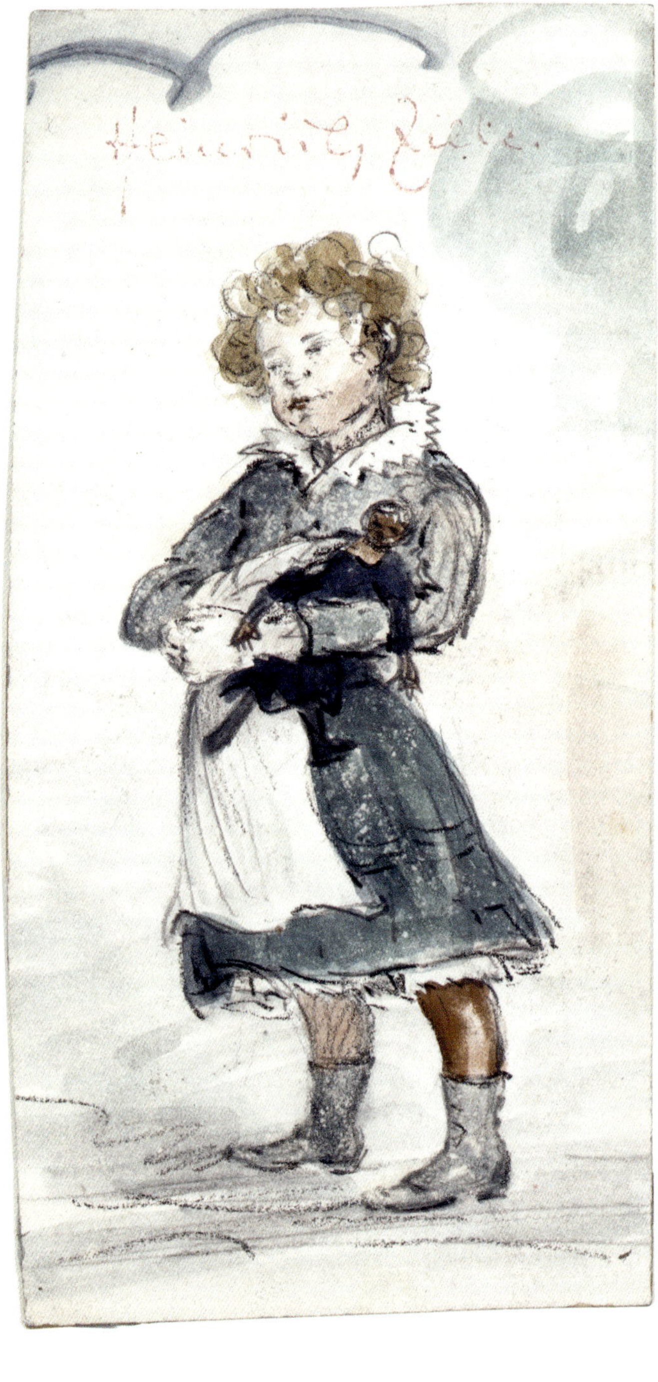

Grete mit Puppe, um 1889
Bleistift, Kreide und Aquarell, 27 x 13 cm

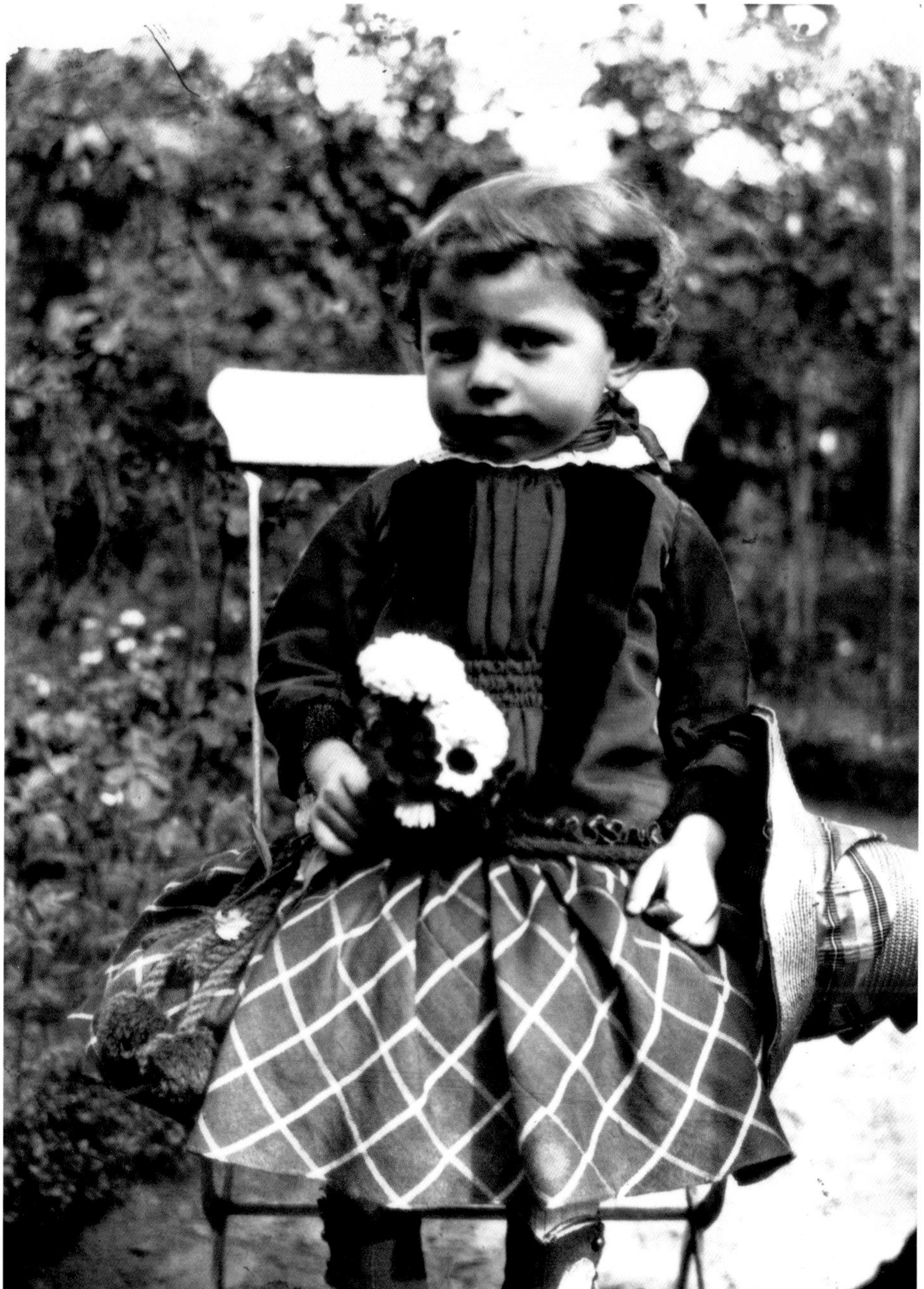

Margarete mit Puppe, September 1887
WV 9

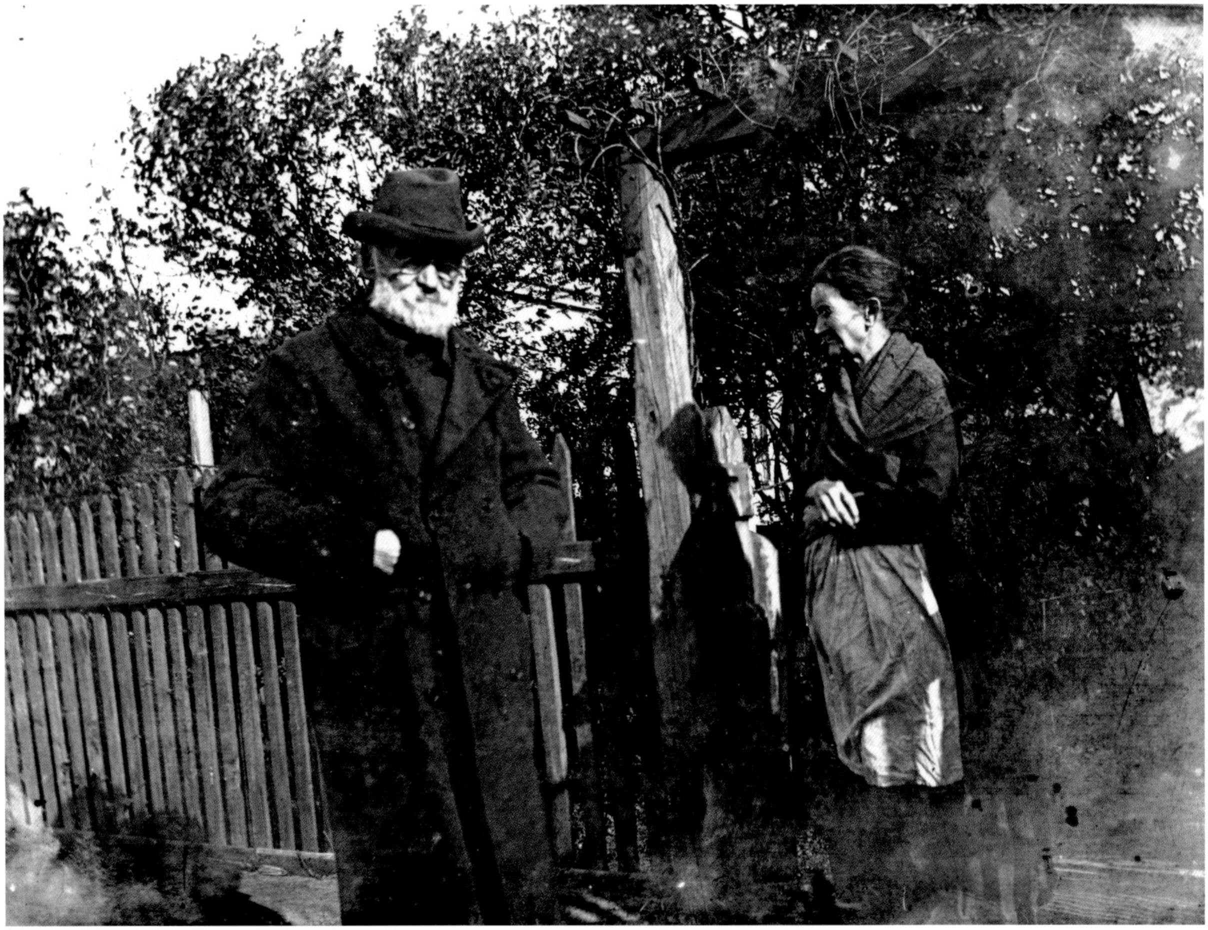

Die Eltern des Künstlers, Johann Traugott und Ernestine Louise Zille, Oktober 1900
WV 382

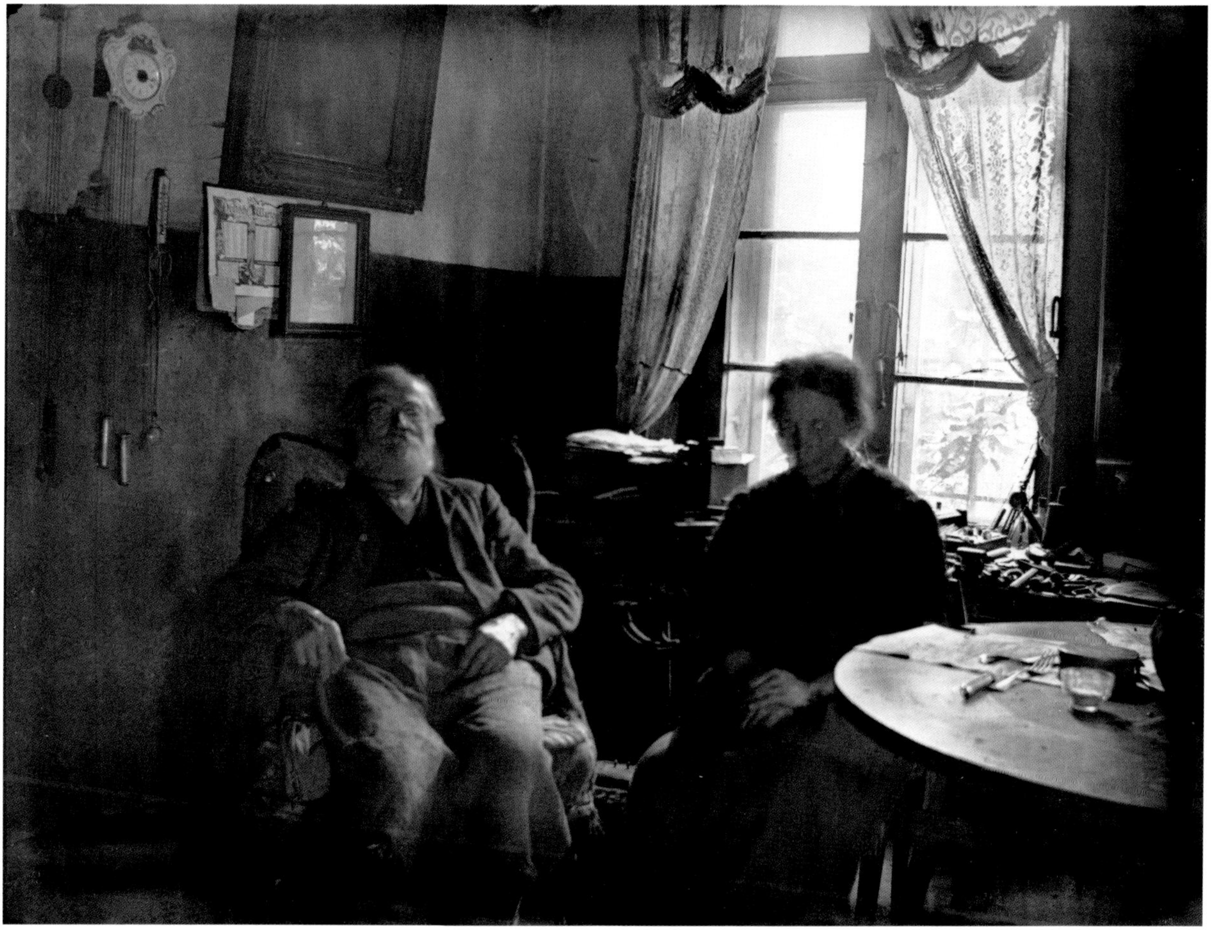

Johann Traugott und Ernestine Louise Zille in ihrem Haus in Rummelsburg, Sommer 1903
WV 473

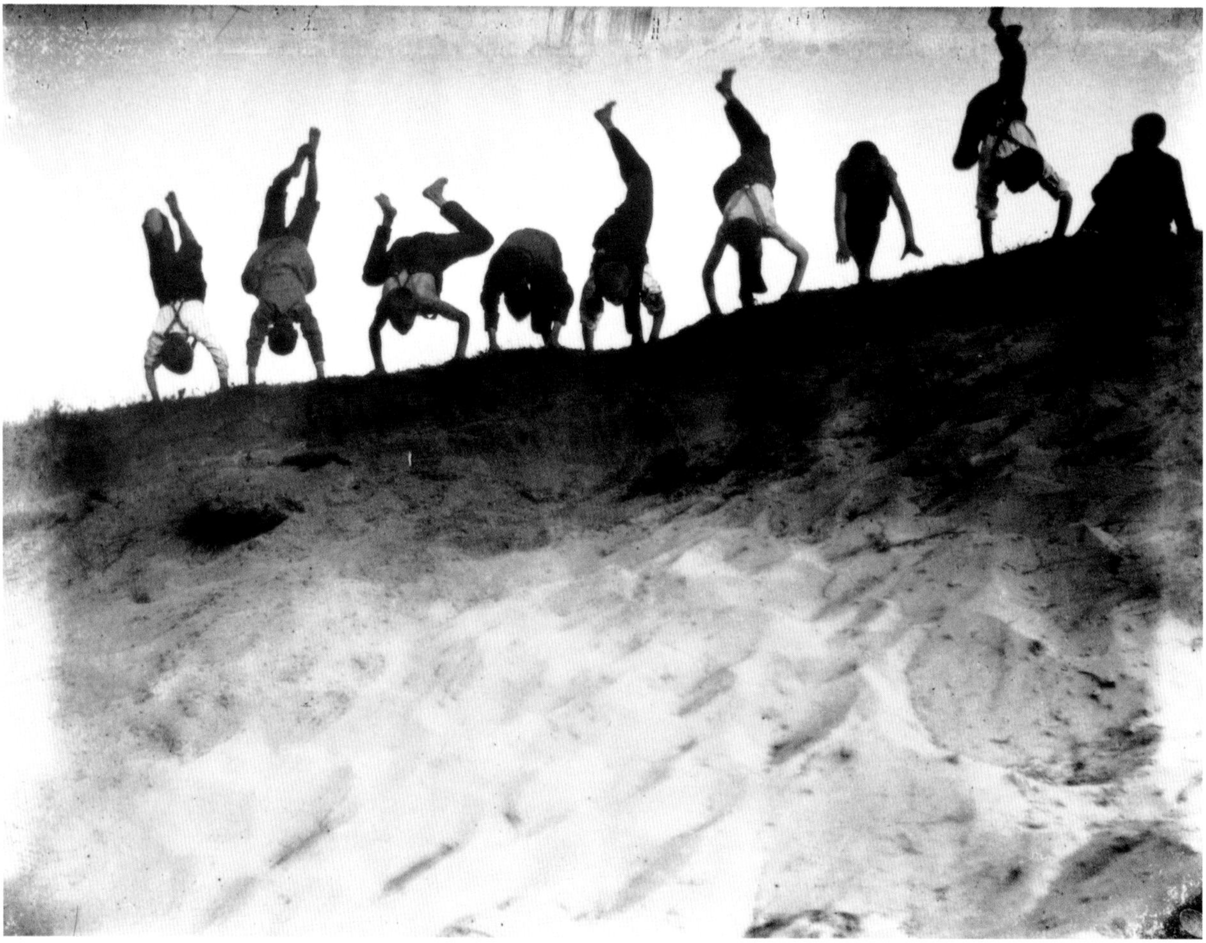

Jungen beim Handstand, vierter von links Zilles Sohn Hans, Sommer 1898
WV 115

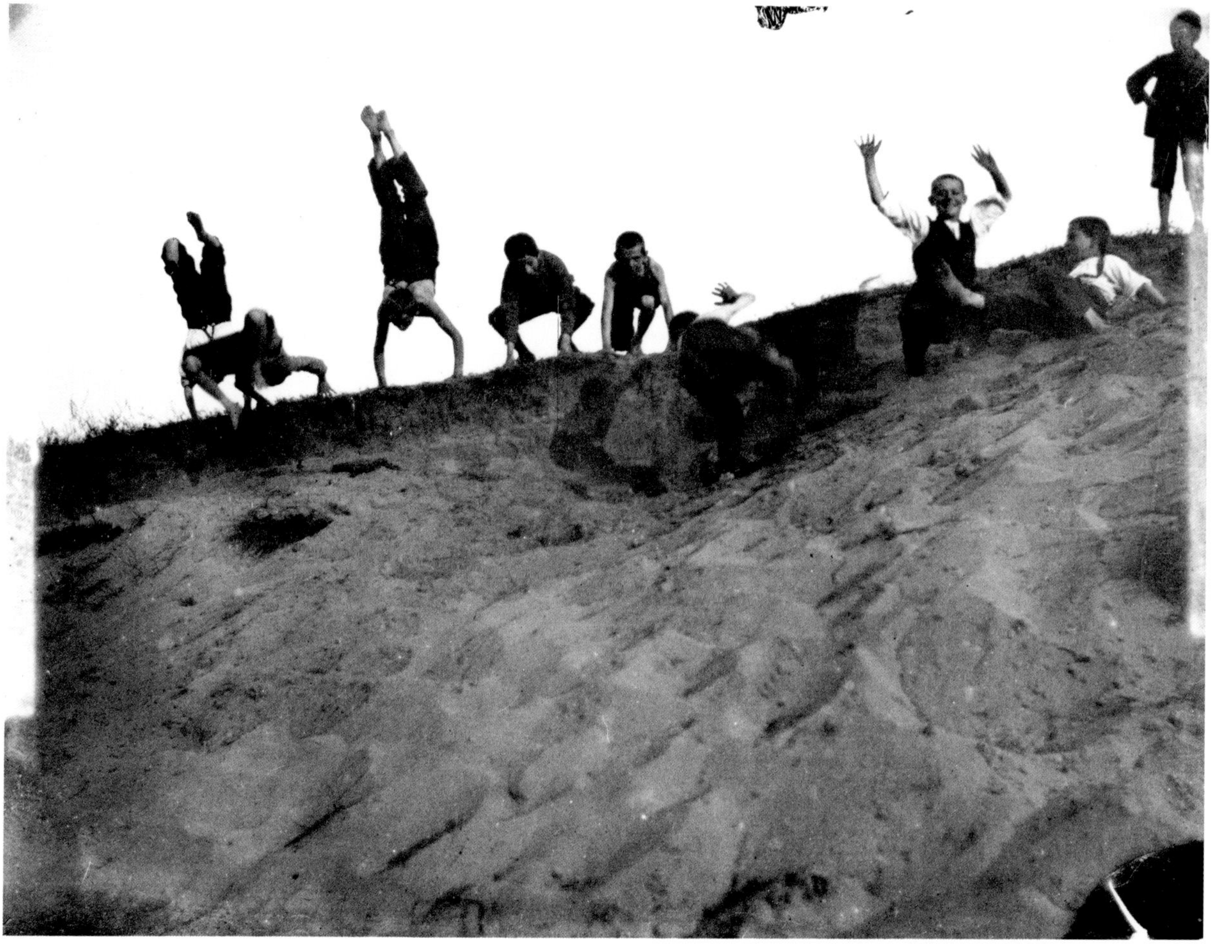

Jungen beim Handstand, vierter von links Zilles Sohn Hans, Sommer 1898
WV 116

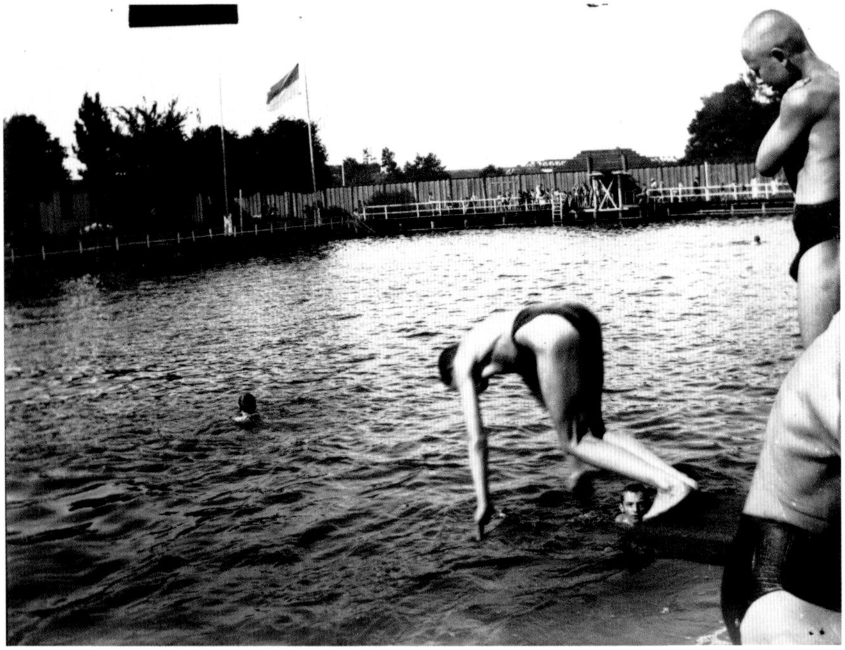

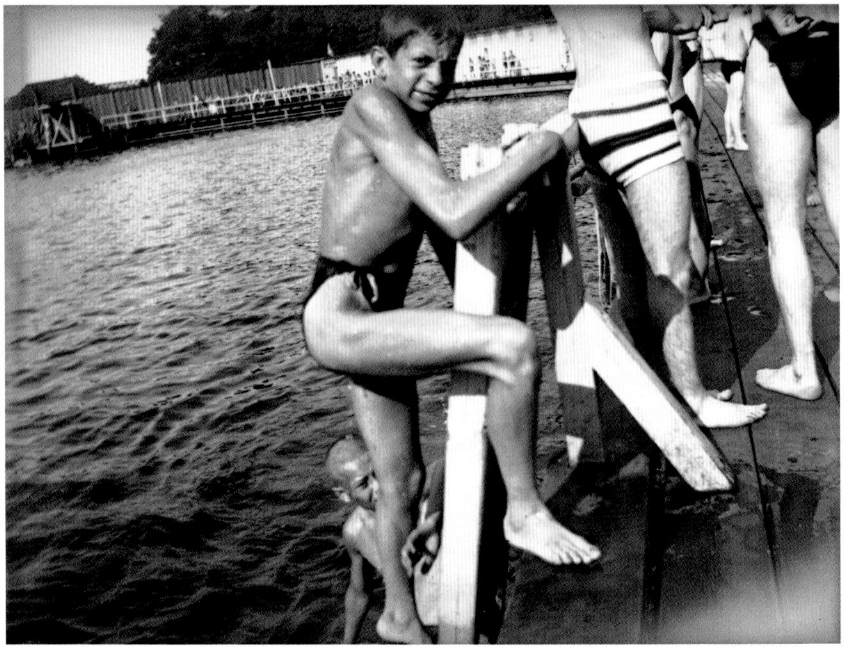

Hans Zille auf dem Sprungbrett, August 1901
WV397

Hans Zille, aus dem Wasser kletternd, August 1901
WV 400

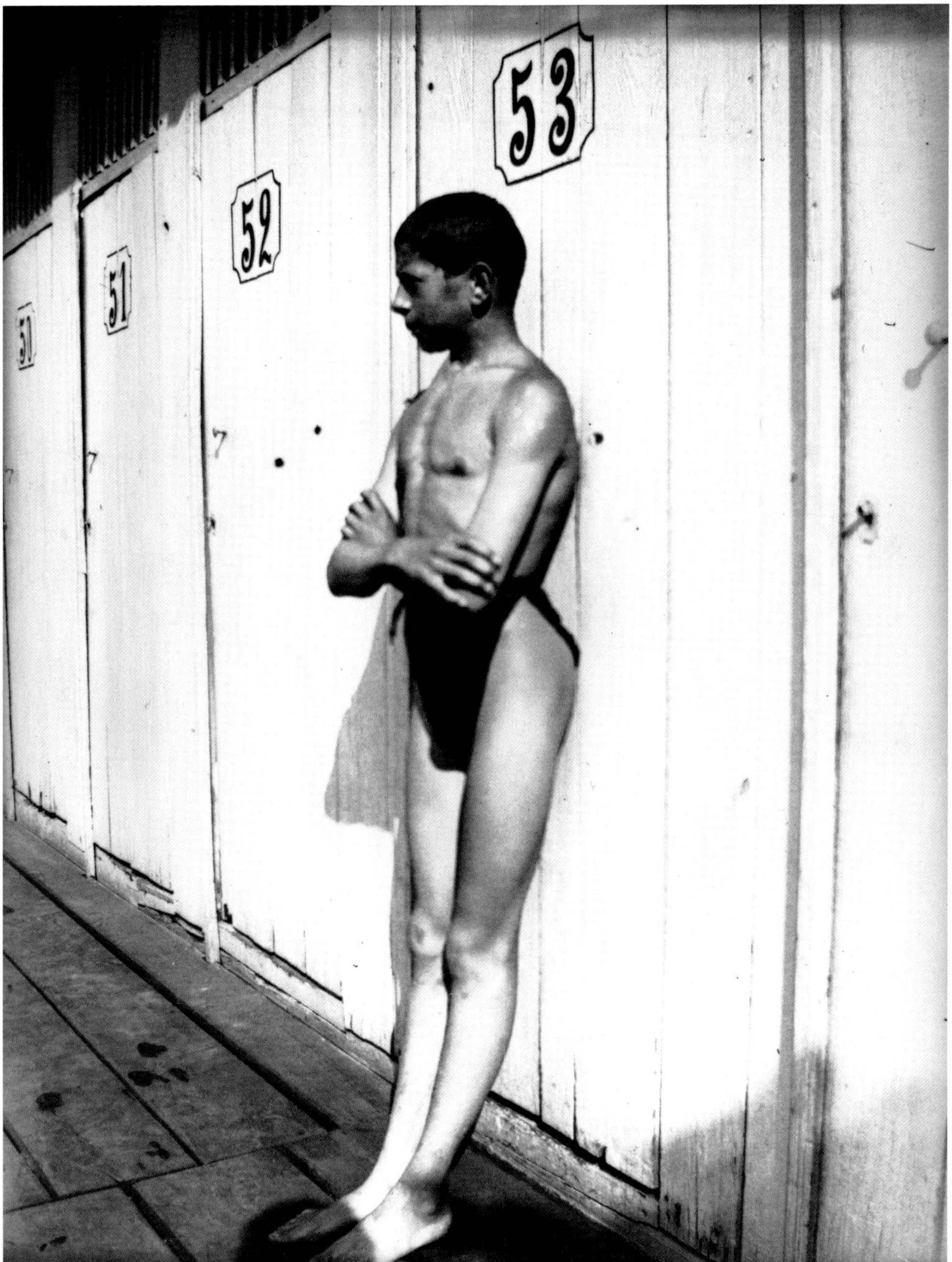

Hans Zille vor der Umkleidekabine Nr. 53, August 1901
WV 410

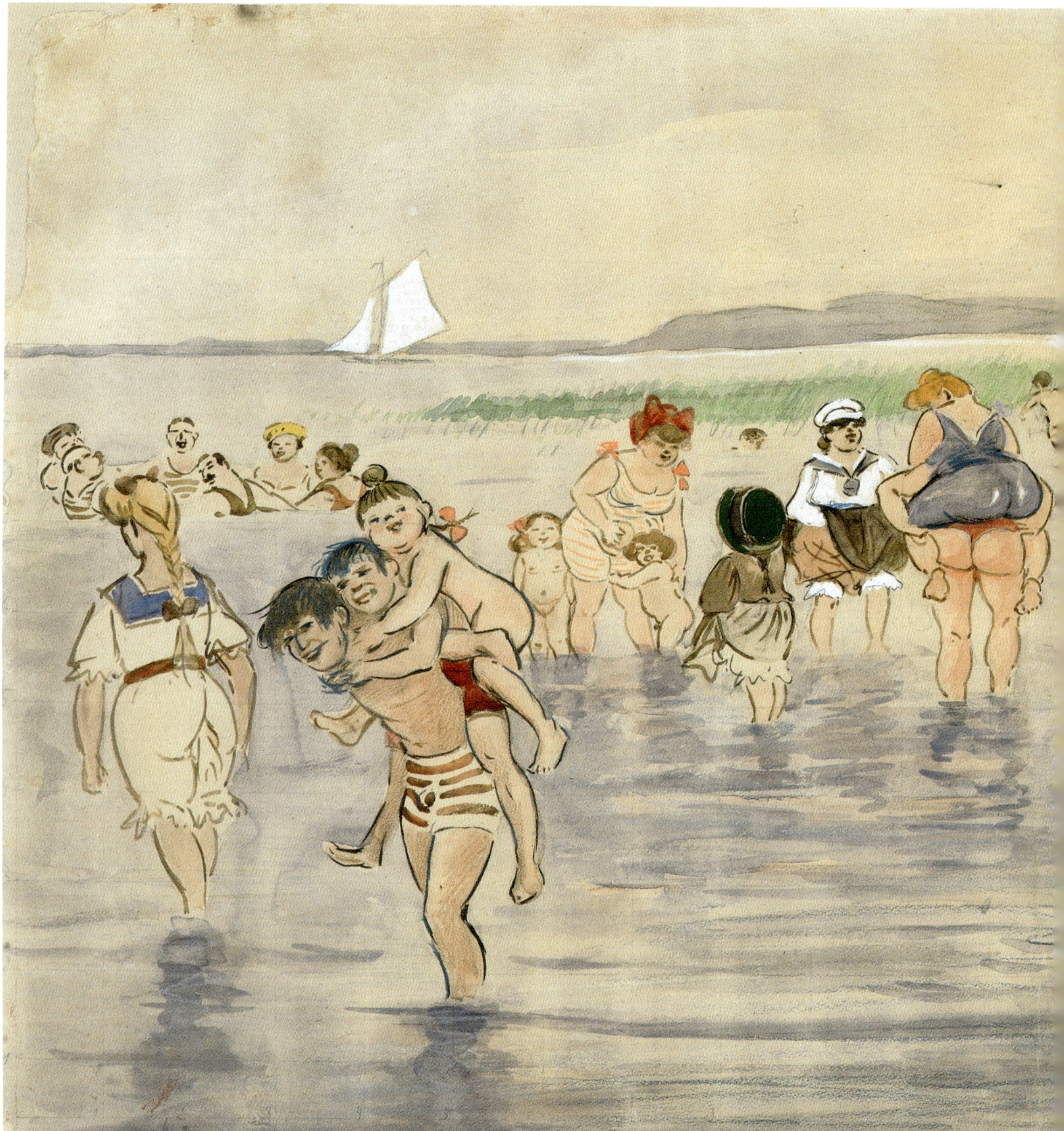

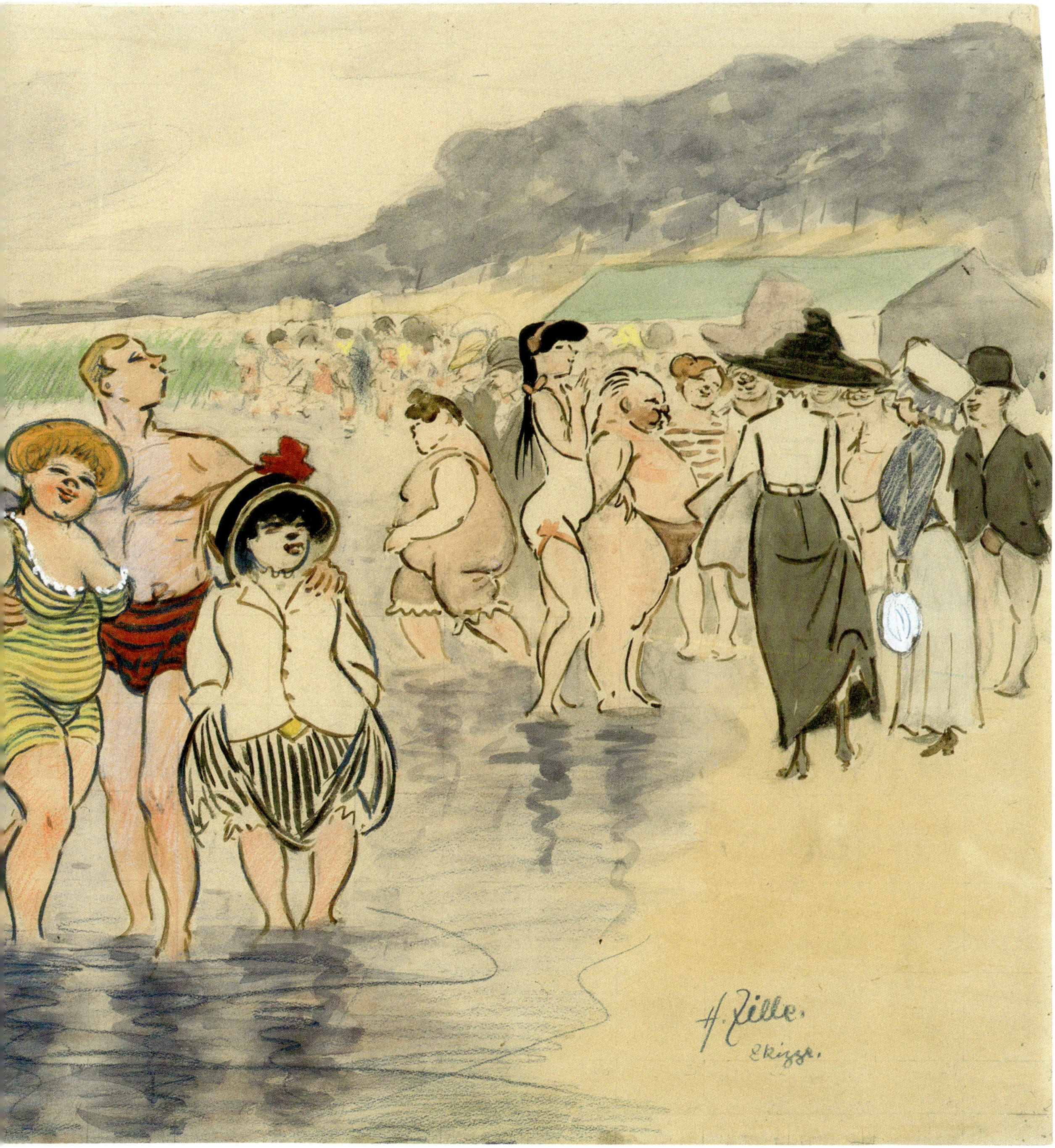

Strandbad Wannsee, um 1912
Schwarze Kreide und Aquarell, 51,5 x 100,5 cm

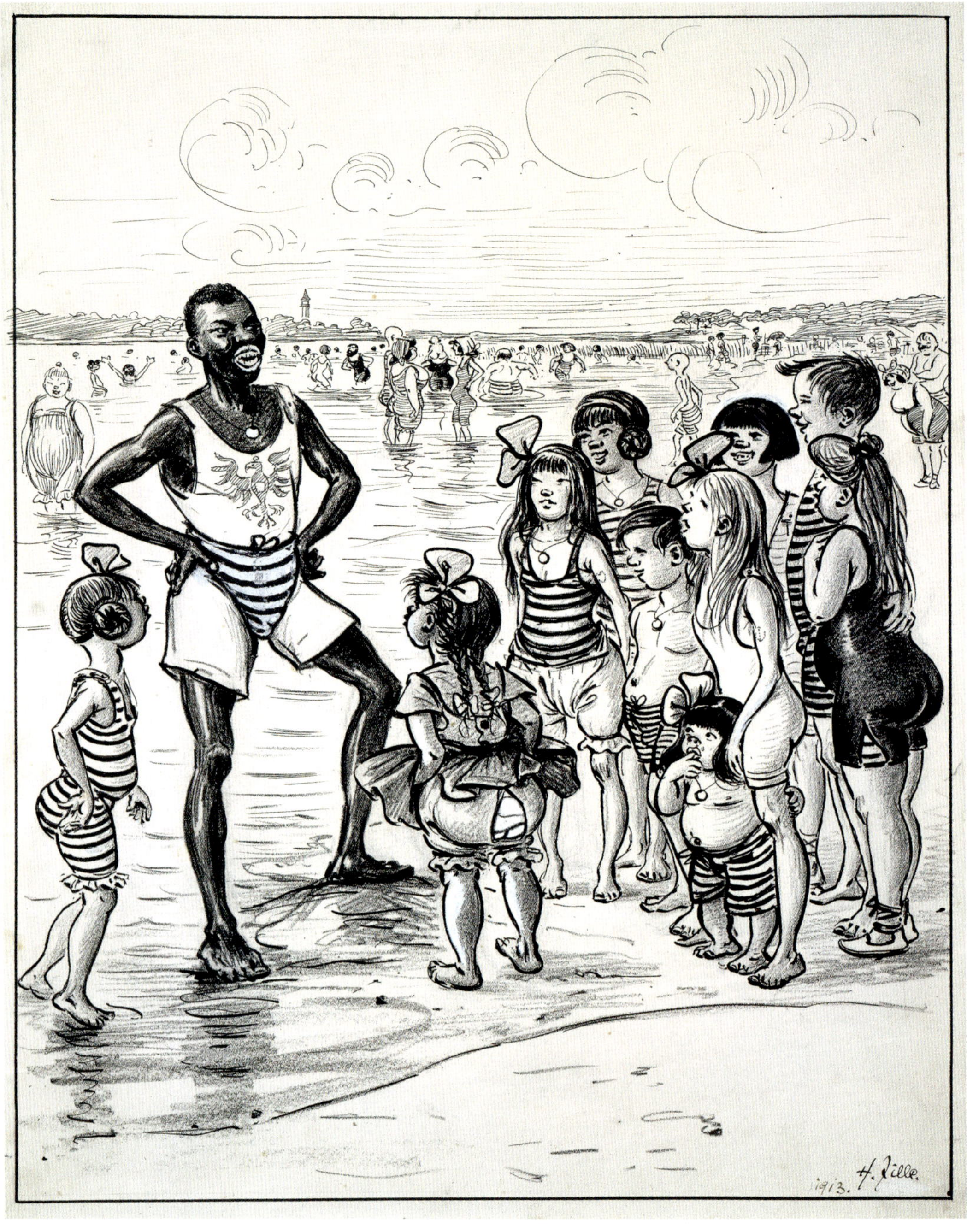

Im Strandbad Wannsee, 1913
Feder, schwarze Kreide, Deckweiß, 43,5 x 34,5 cm

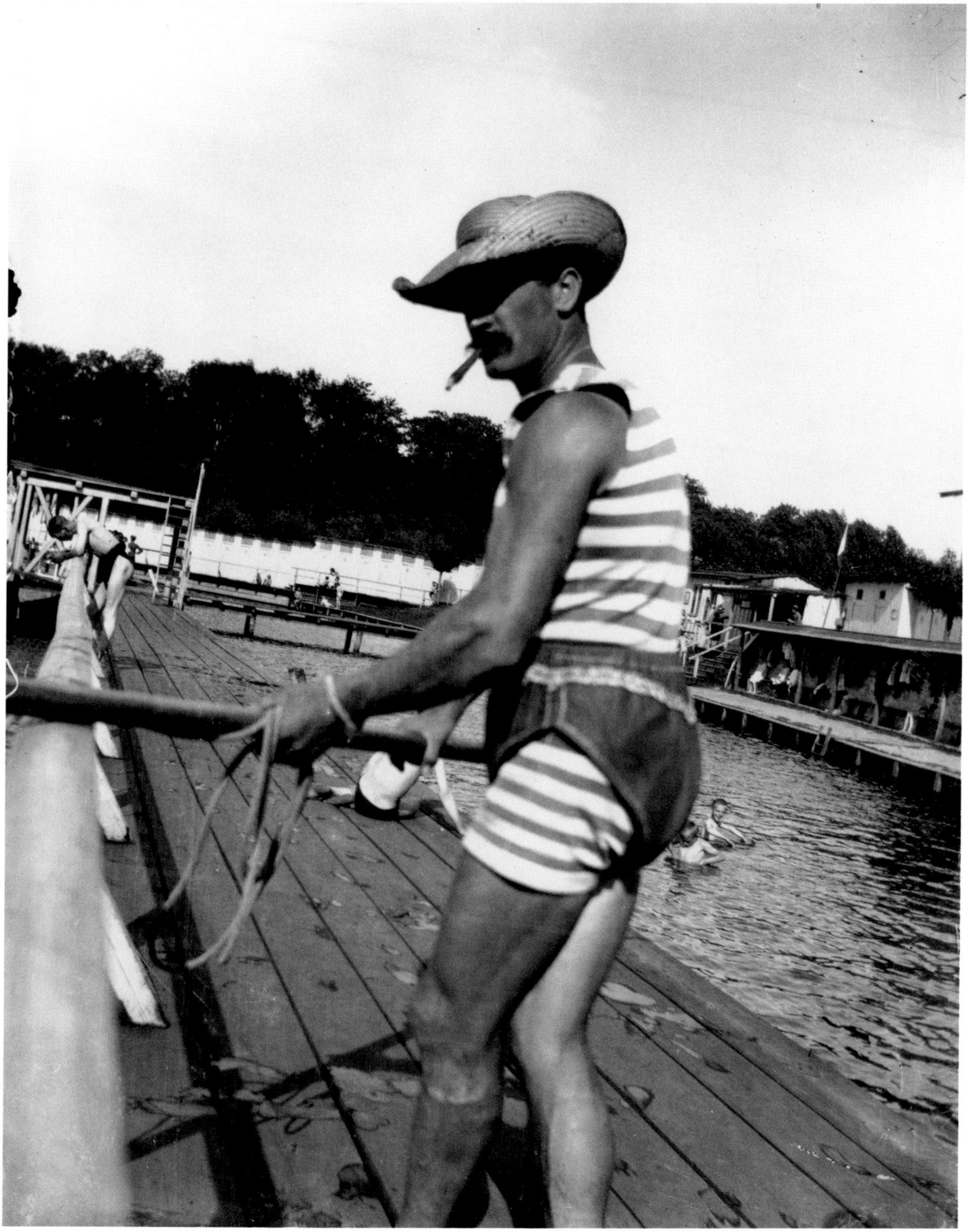

Bademeister
WV 404

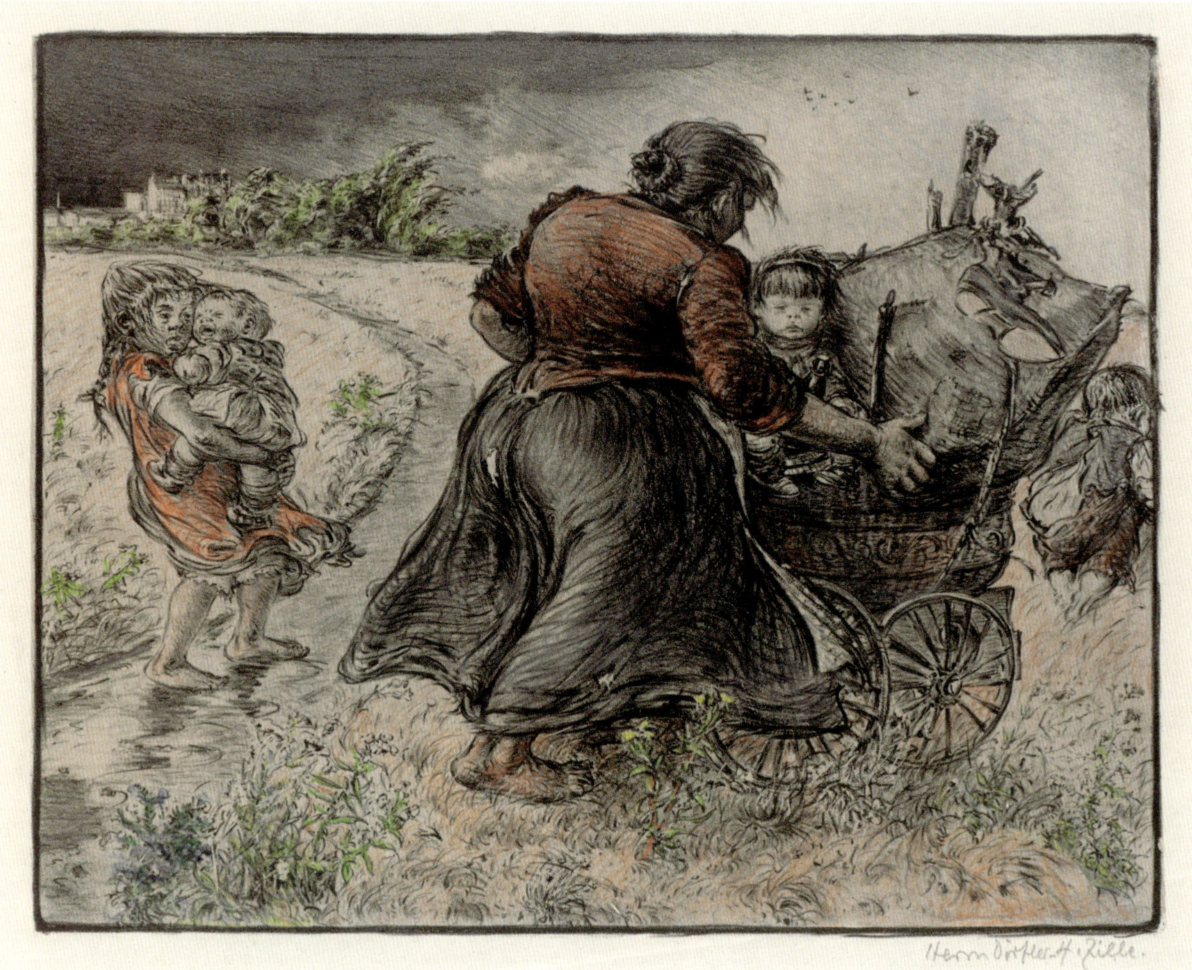

Das Gewitter, um 1899
Lithographie, mit farbigen Kreiden koloriert, 23 x 29. WV 22

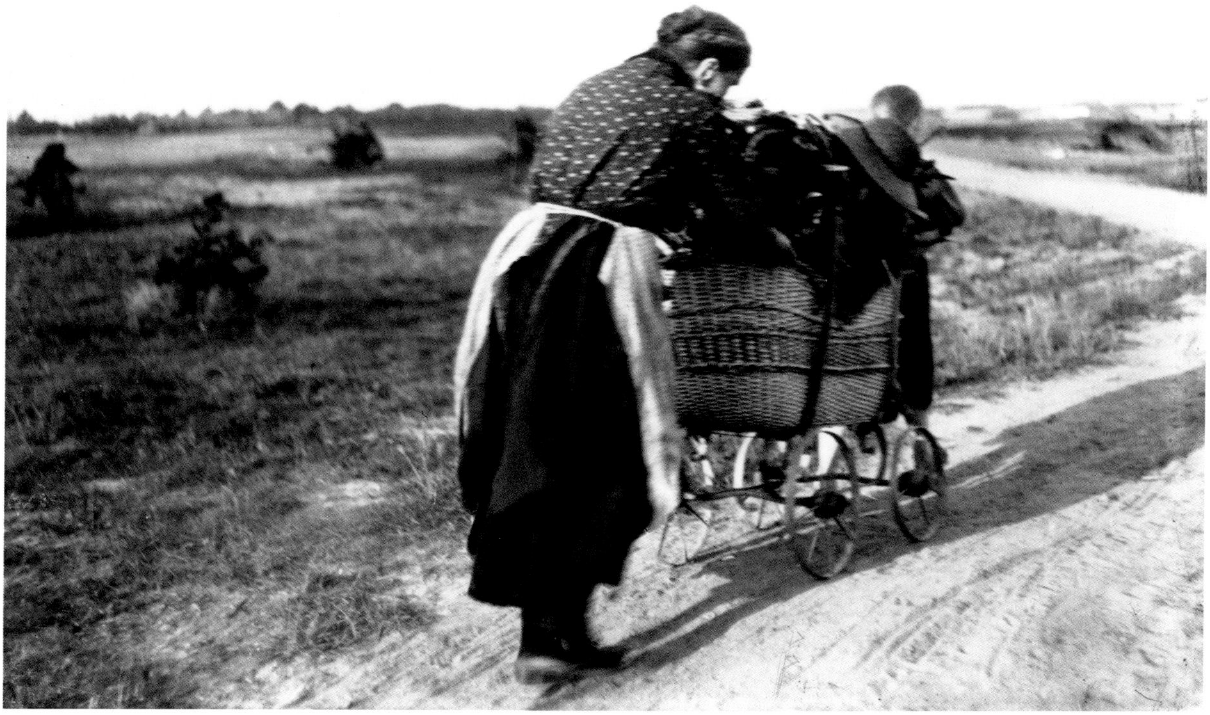

Reisigsammlerin auf dem Weg nach Charlottenburg, Herbst 1897
WV 84

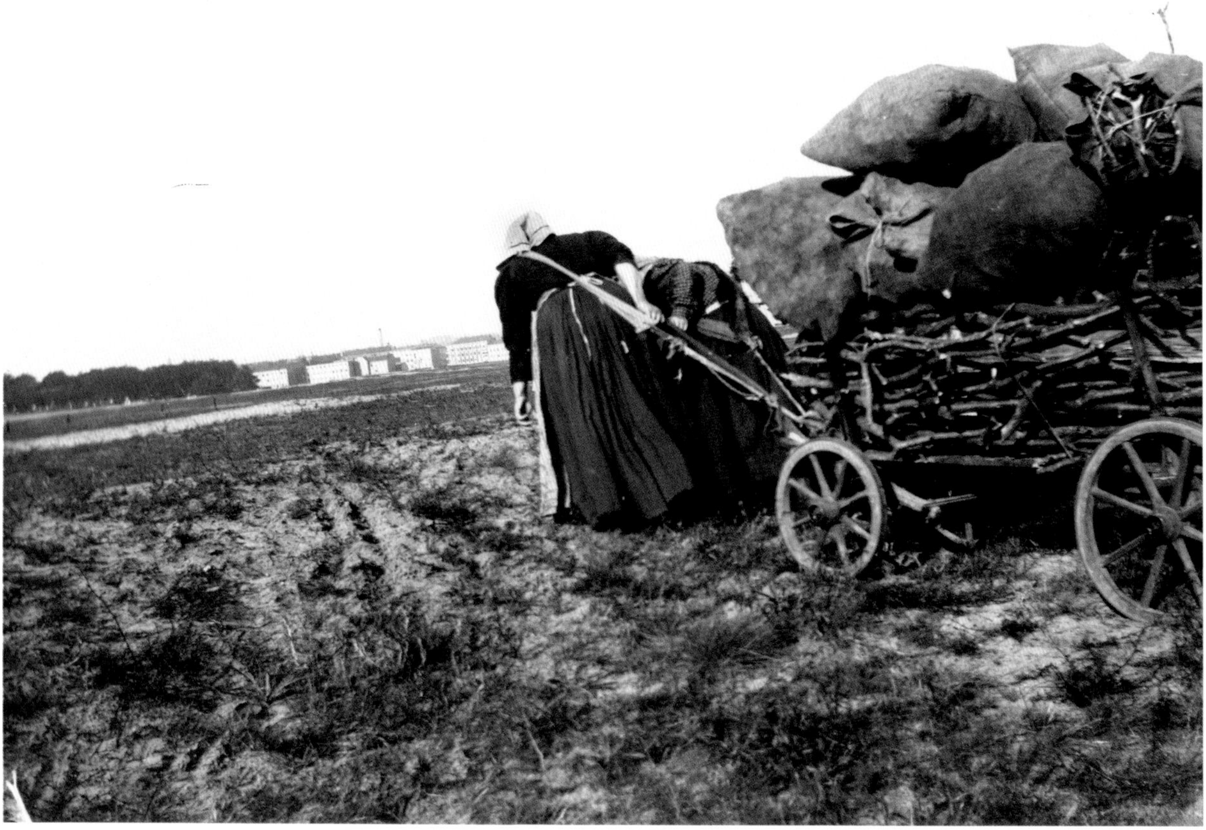

Reisigsammlerinnen, Blick auf Charlottenburg, Herbst 1898
WV 194

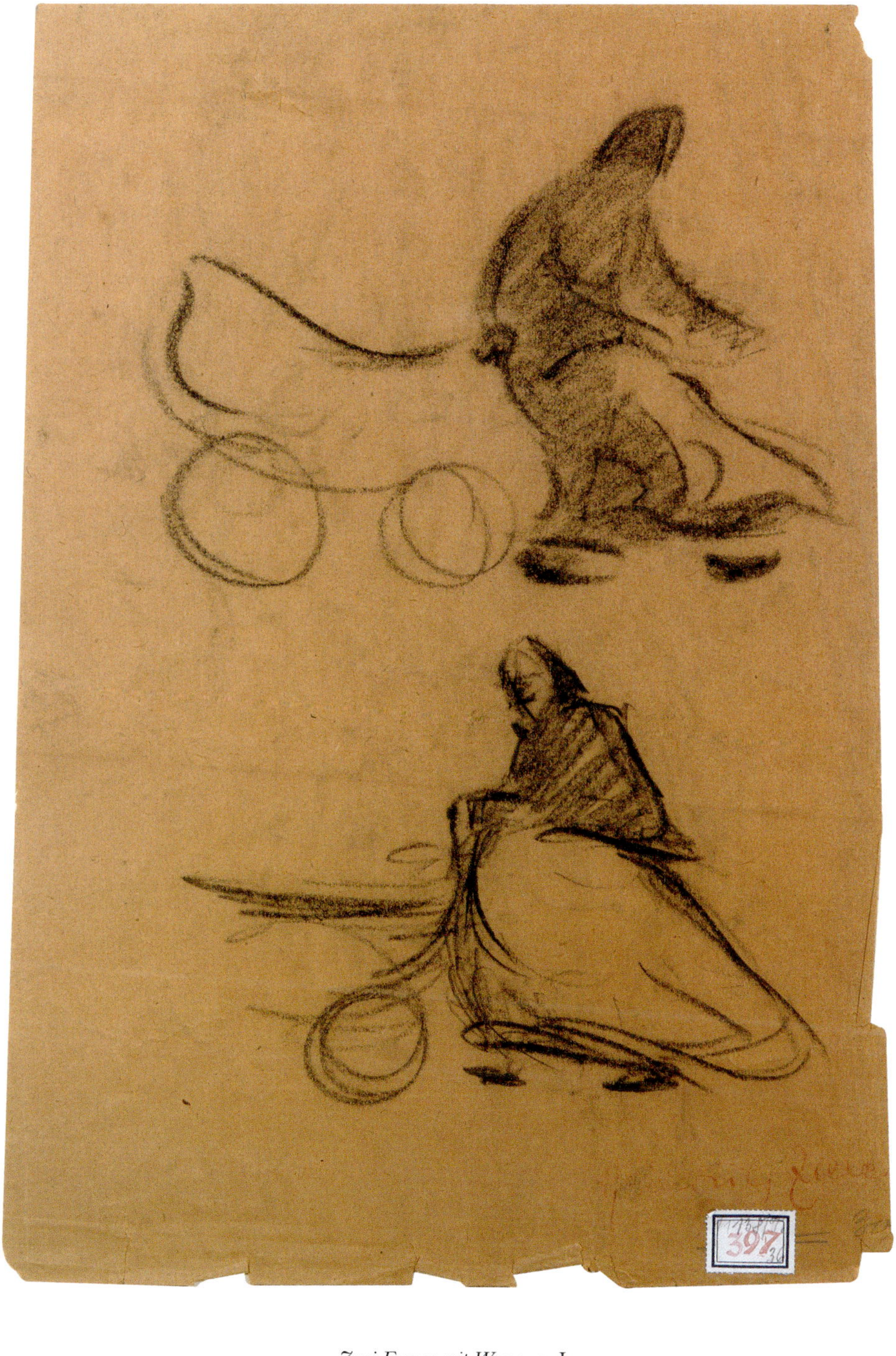

Zwei Frauen mit Wagen, o. J.
Schwarze Kreide, 39 x 27 cm

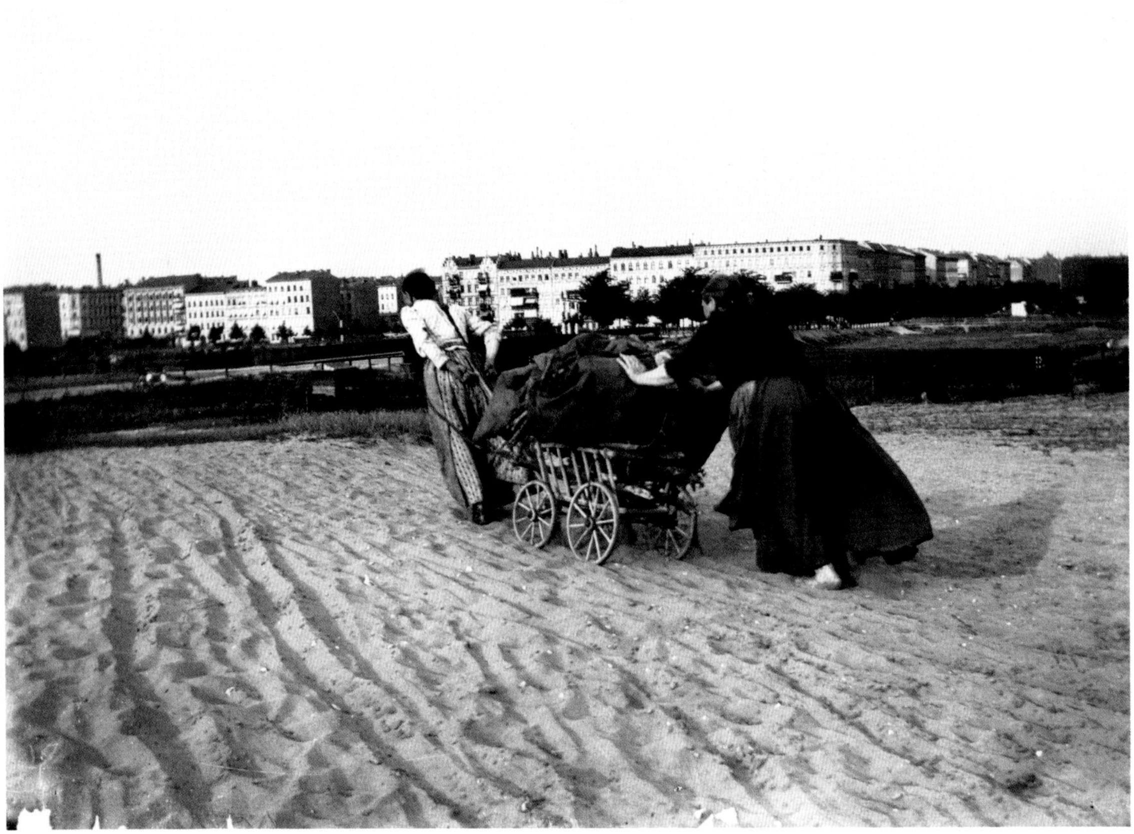

Reisigsammlerinnen, Blick auf die Knobelsdorffbrücke, Herbst 1898
WV 189

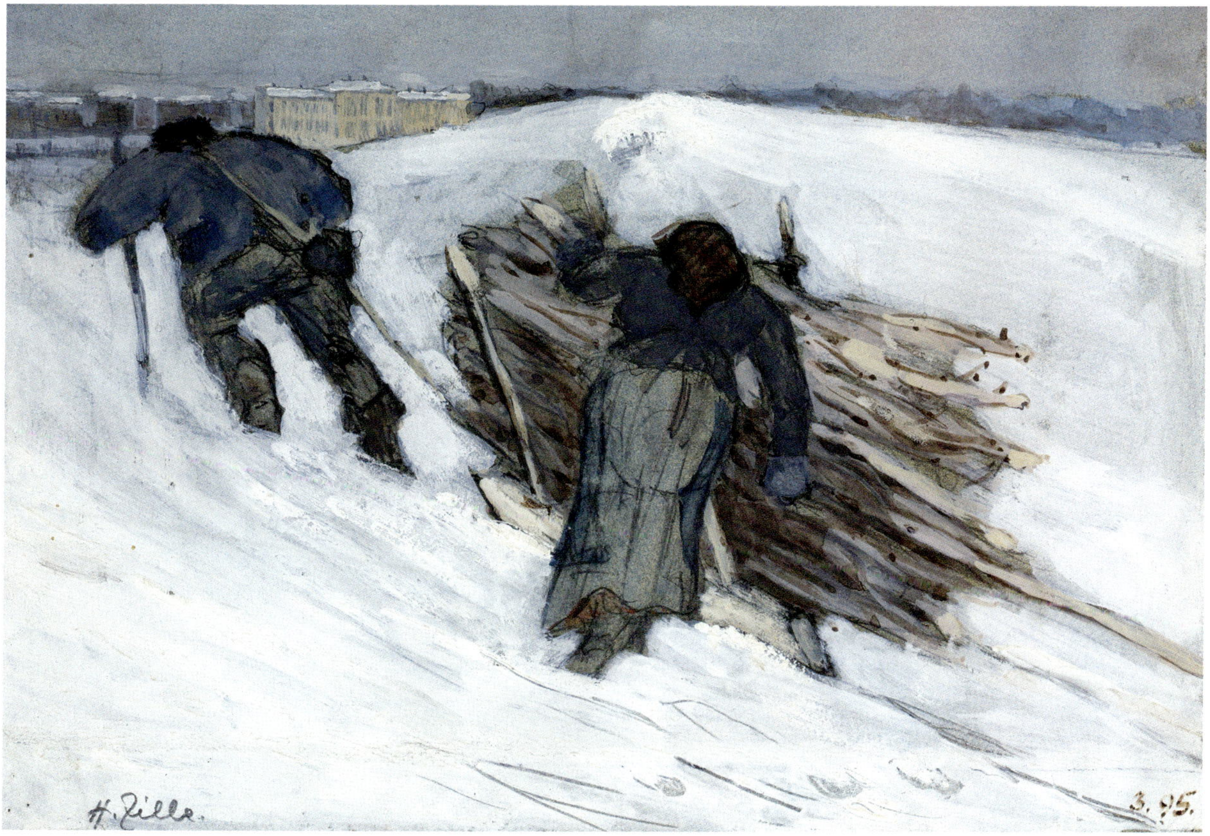

Mann und Frau mit holzbeladenem Schlitten, 1895
Graphit, Aquarell und Deckfarbe, 15 x 22 cm

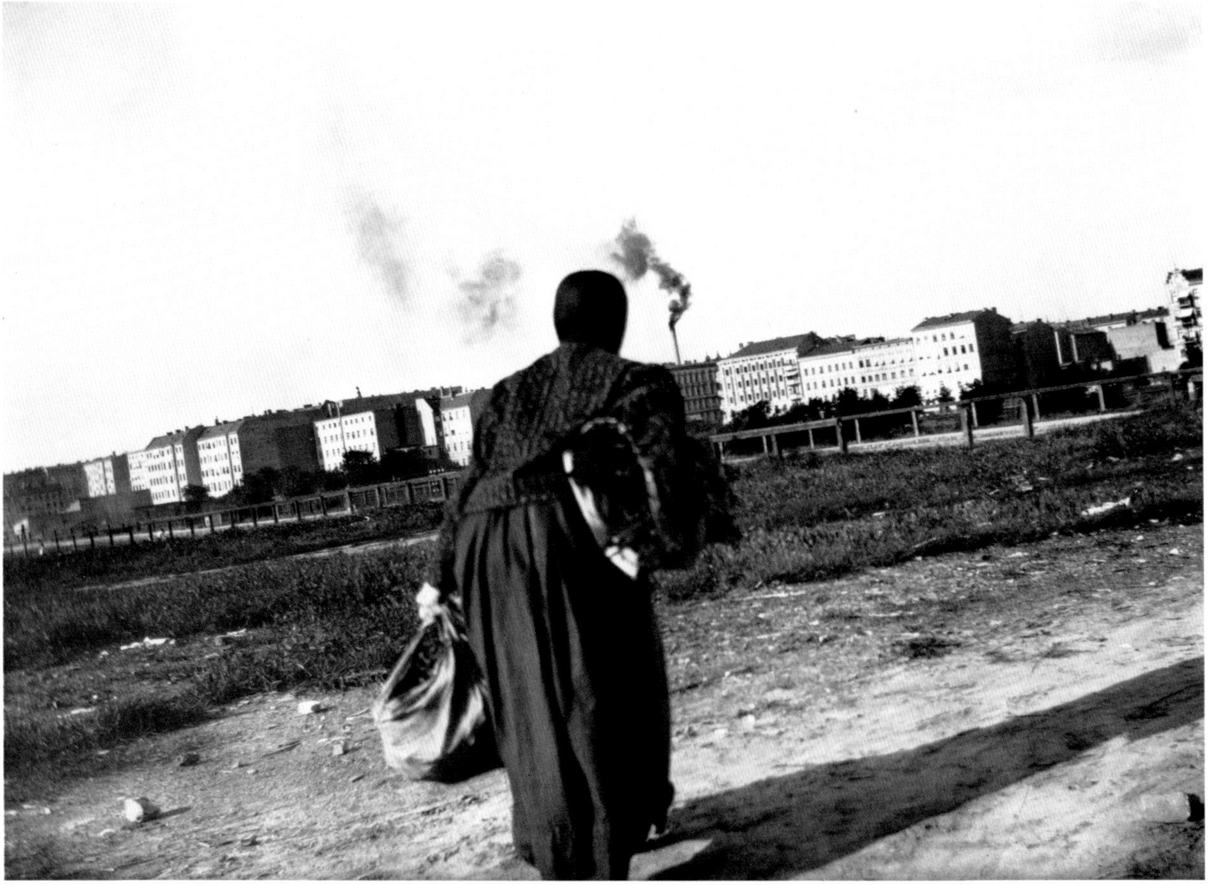

Reisigsammlerin, Blick Richtung Charlottenburg: Schornstein der „Engelhardt Brauerei", rechts daneben das Haus, in dem Zille lebte: Sophie-Charlotte-Straße 88, Herbst 1898. WV 191

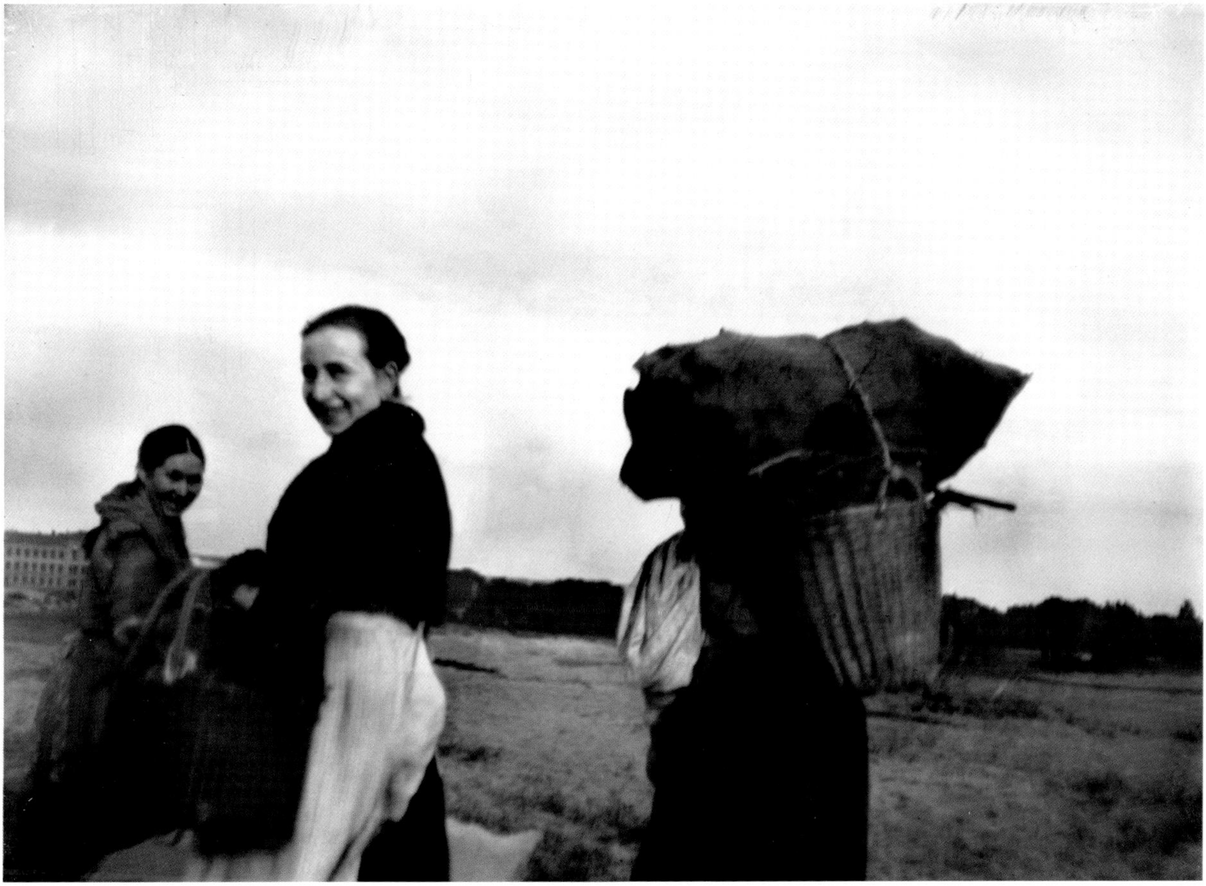

Drei Reisigsammlerinnen, Blick auf die Gemeindeschule an der Sophie-Charlotte-Straße,
Spätsommer 1897. WV 67

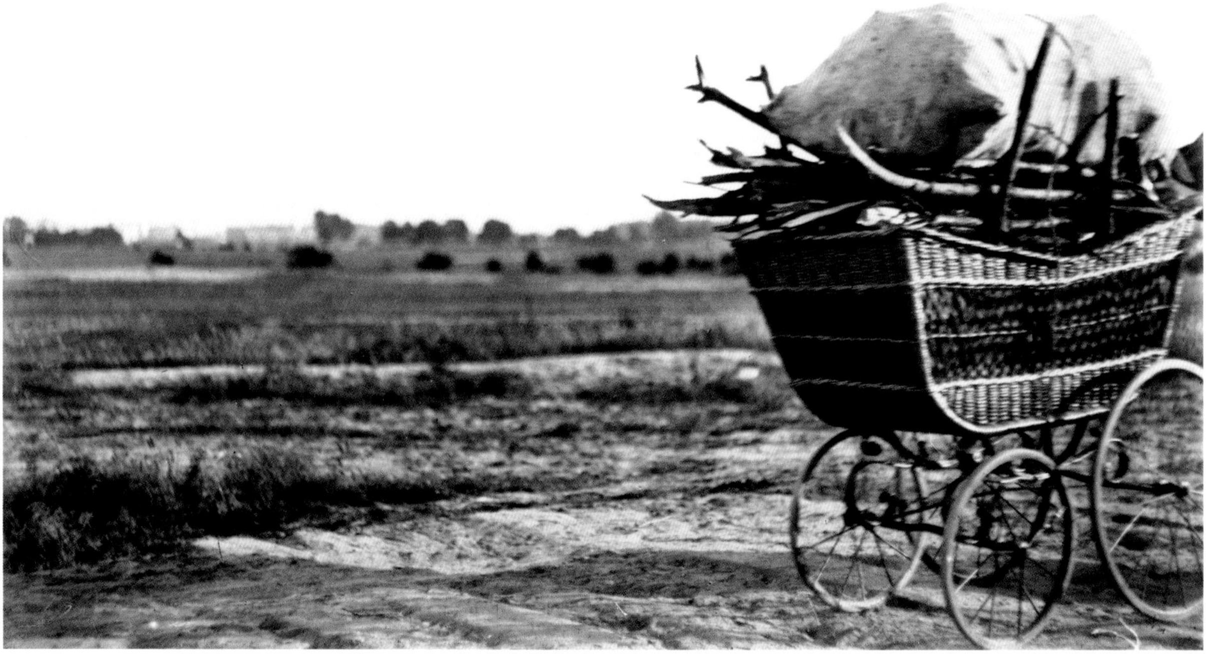

Reisigbeladener Kinderwagen, Herbst 1897
WV 85

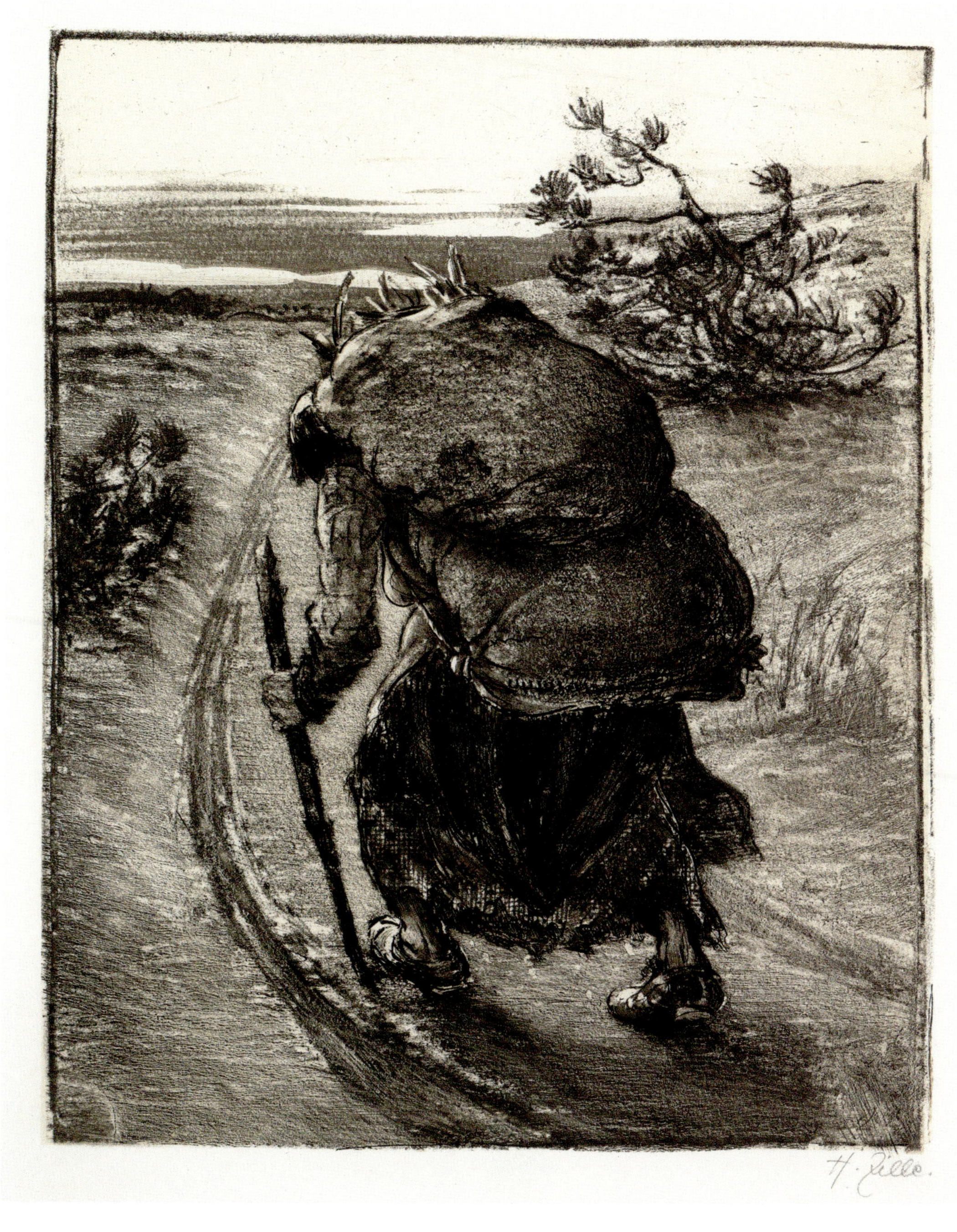

Holzsammlerin, um 1902
Radierung, 41 x 33 cm. WV 31

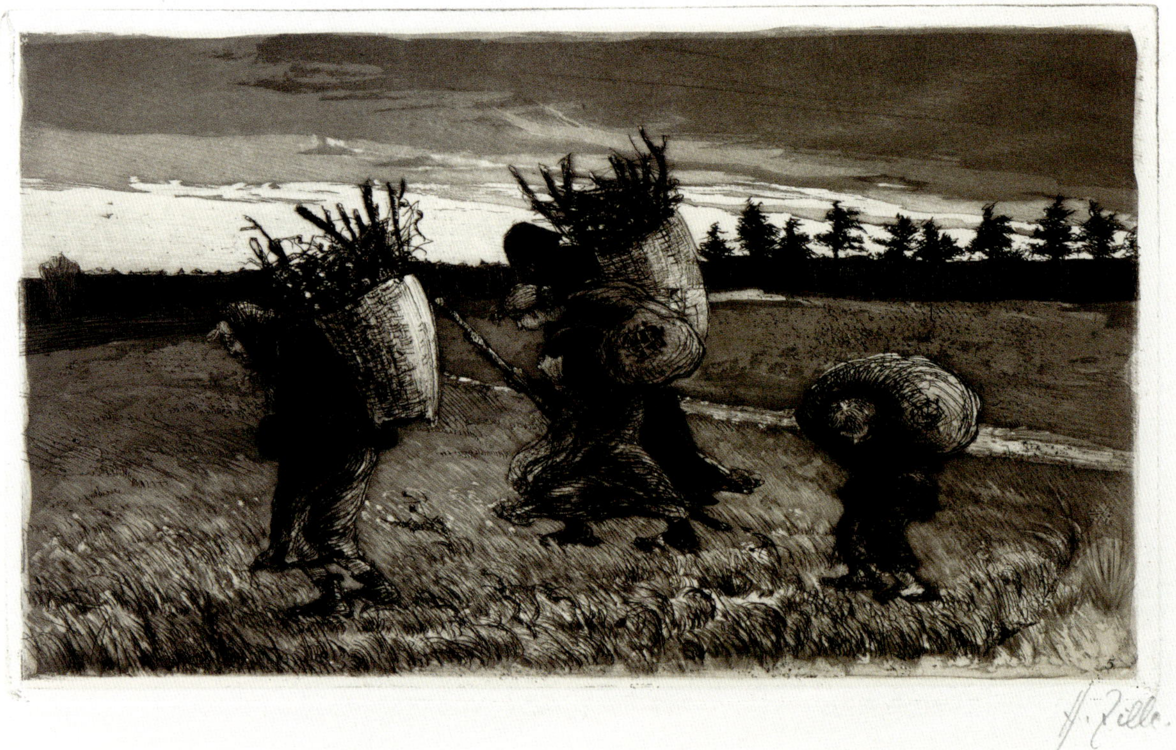

Herbst, 1895
Radierung, 14 x 23 cm. WV 11

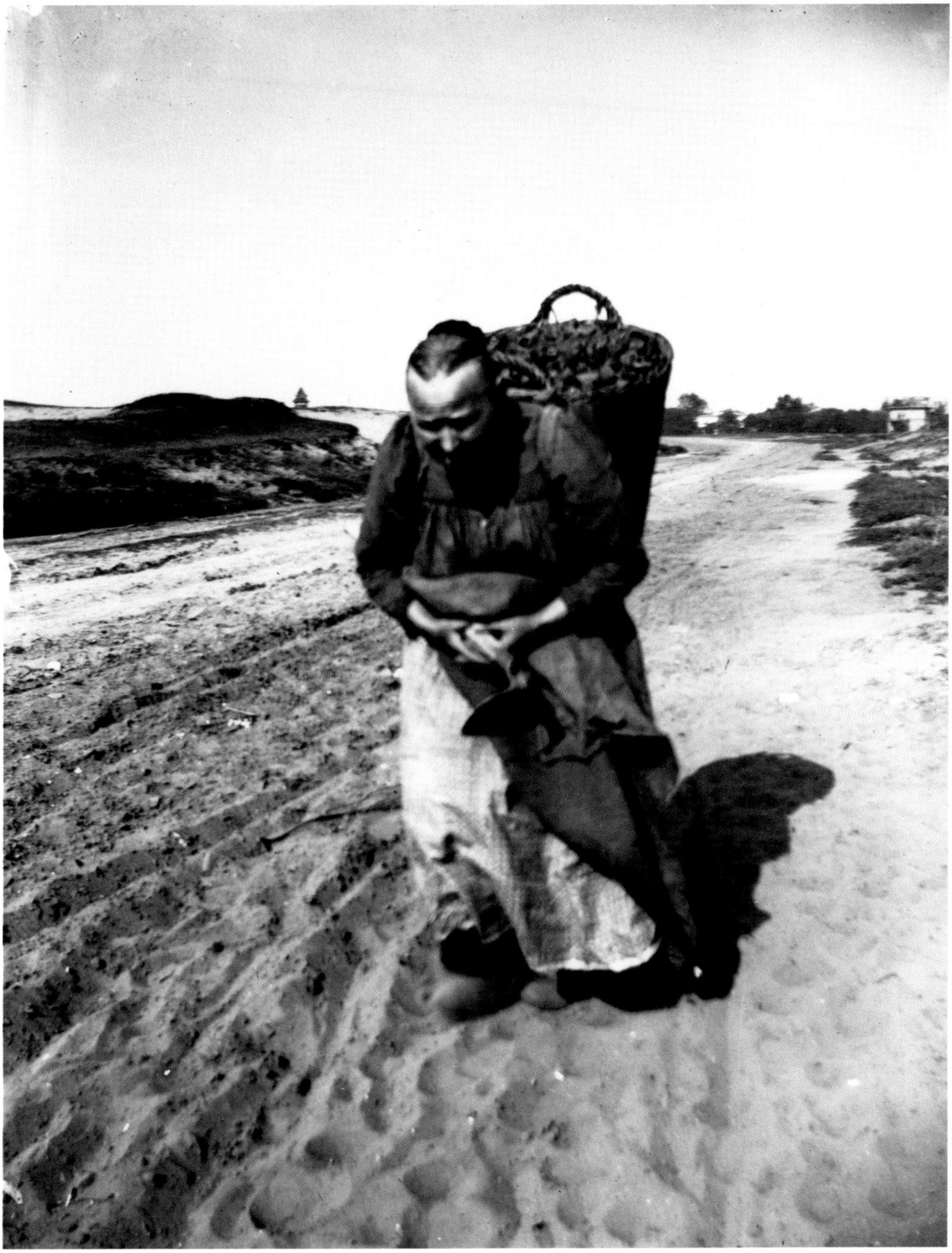

Frau mit Hacke und gefüllter Kiepe, Sommer 1898
WV 117

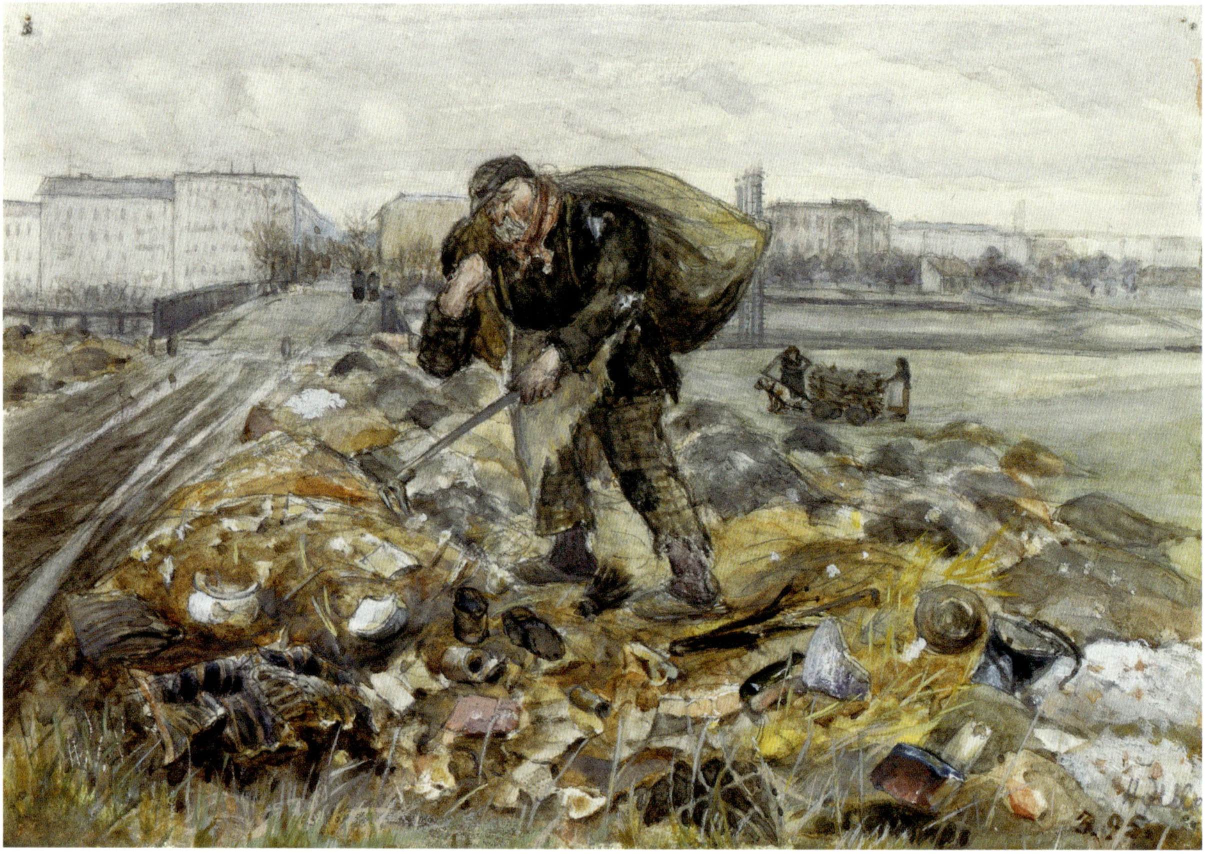

Müllsammler, 1895
Graphit und Aquarell, 16,5 x 23,5 cm

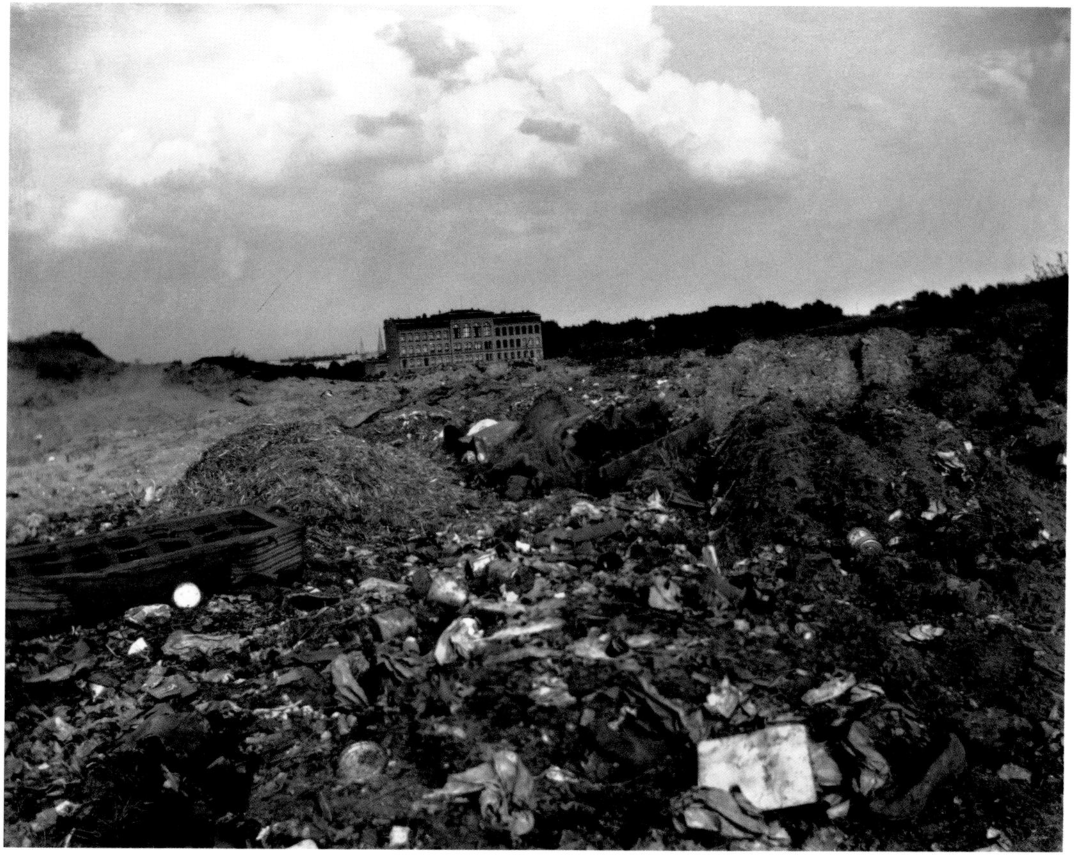

Wilde Müllkippe in Charlottenburg, im Hintergrund die Gemeindeschule
an der Sophie-Charlotte-Straße, Sommer 1898. WV 121

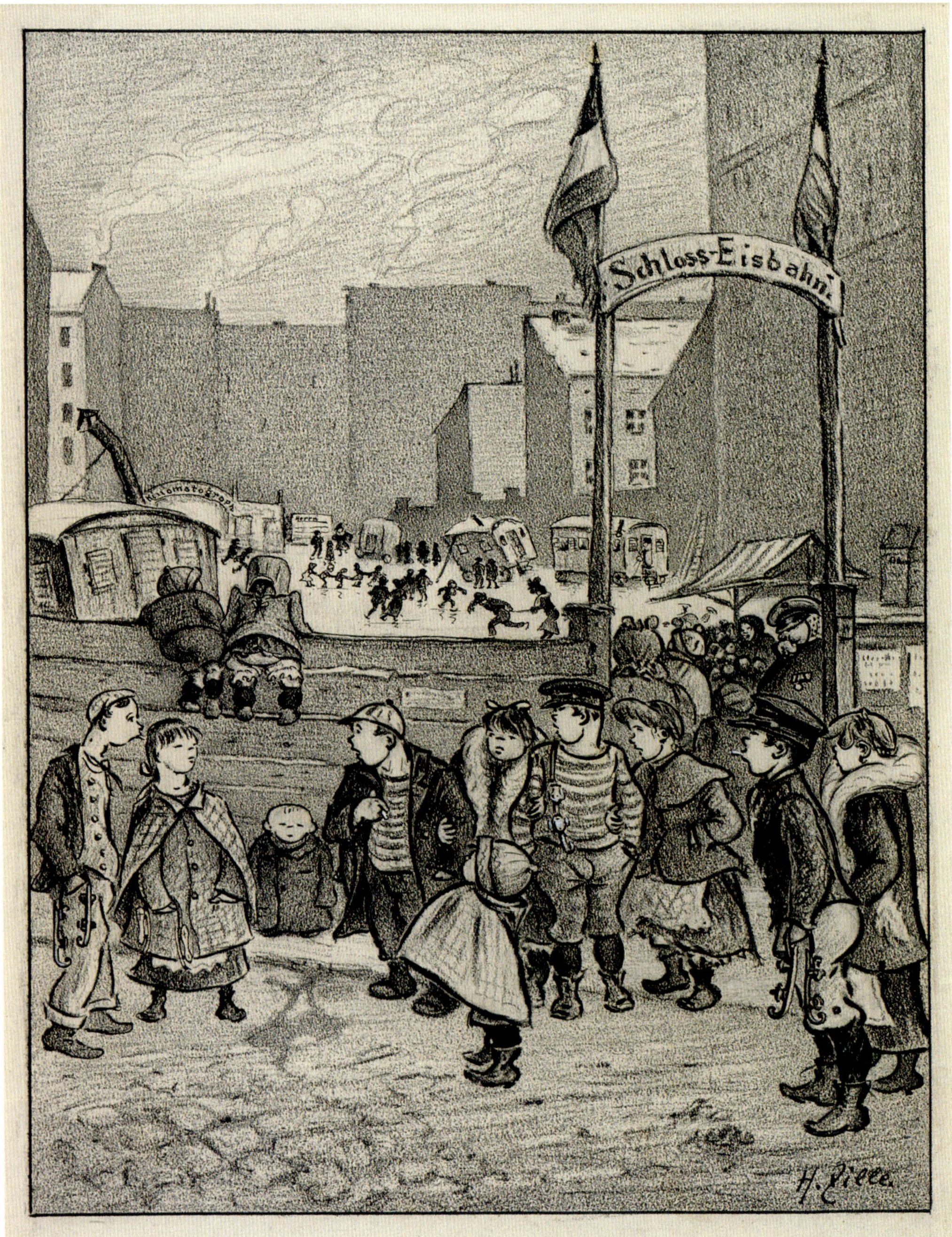

Schloss-Eisbahn, o. J.
Schwarze Kreide, Tusche, 36 x 28 cm

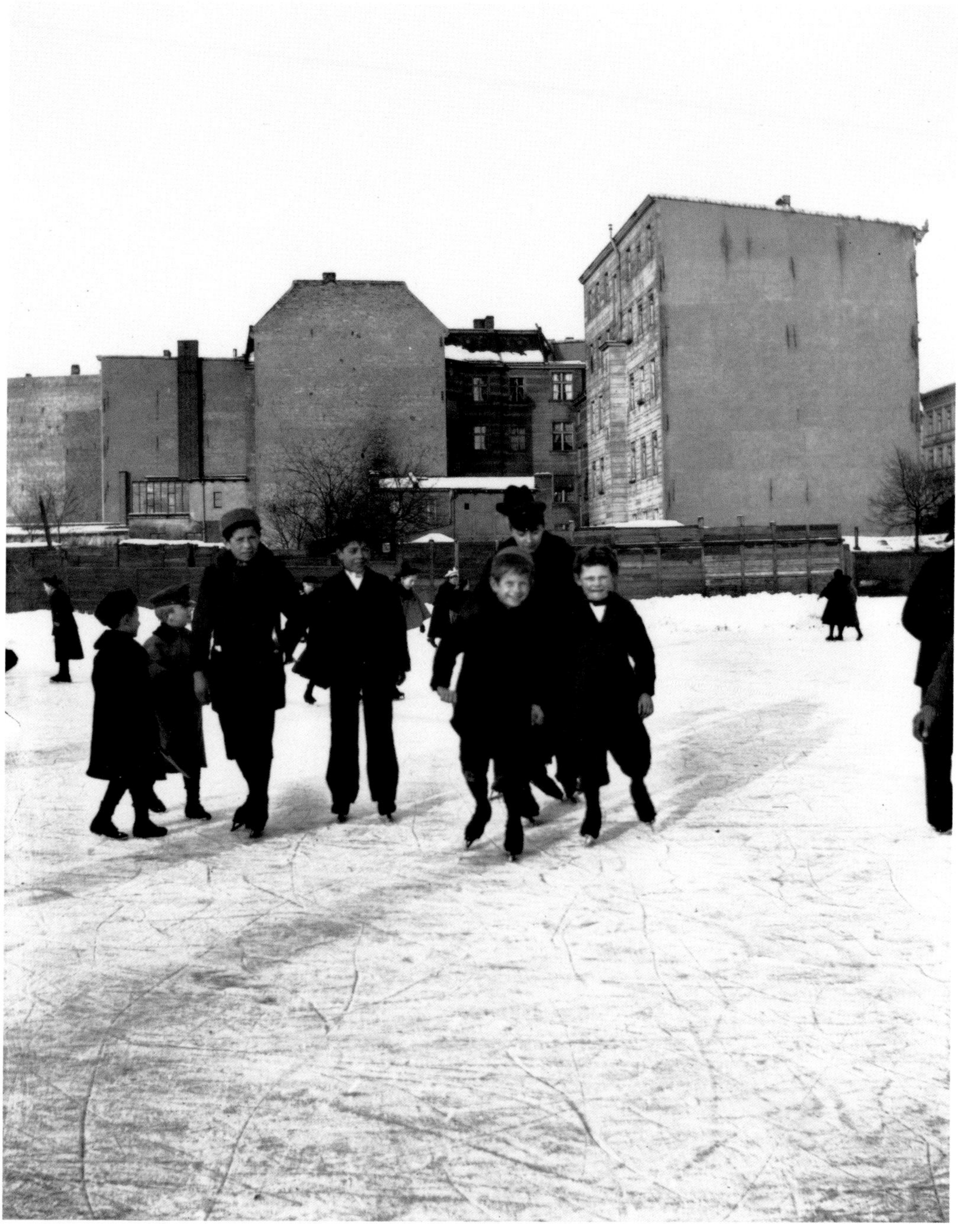

Eisbahn vor Zilles Haus, dritter von links Hans, ganz vorn Walter Zille, Winter 1898/1899
WV 221

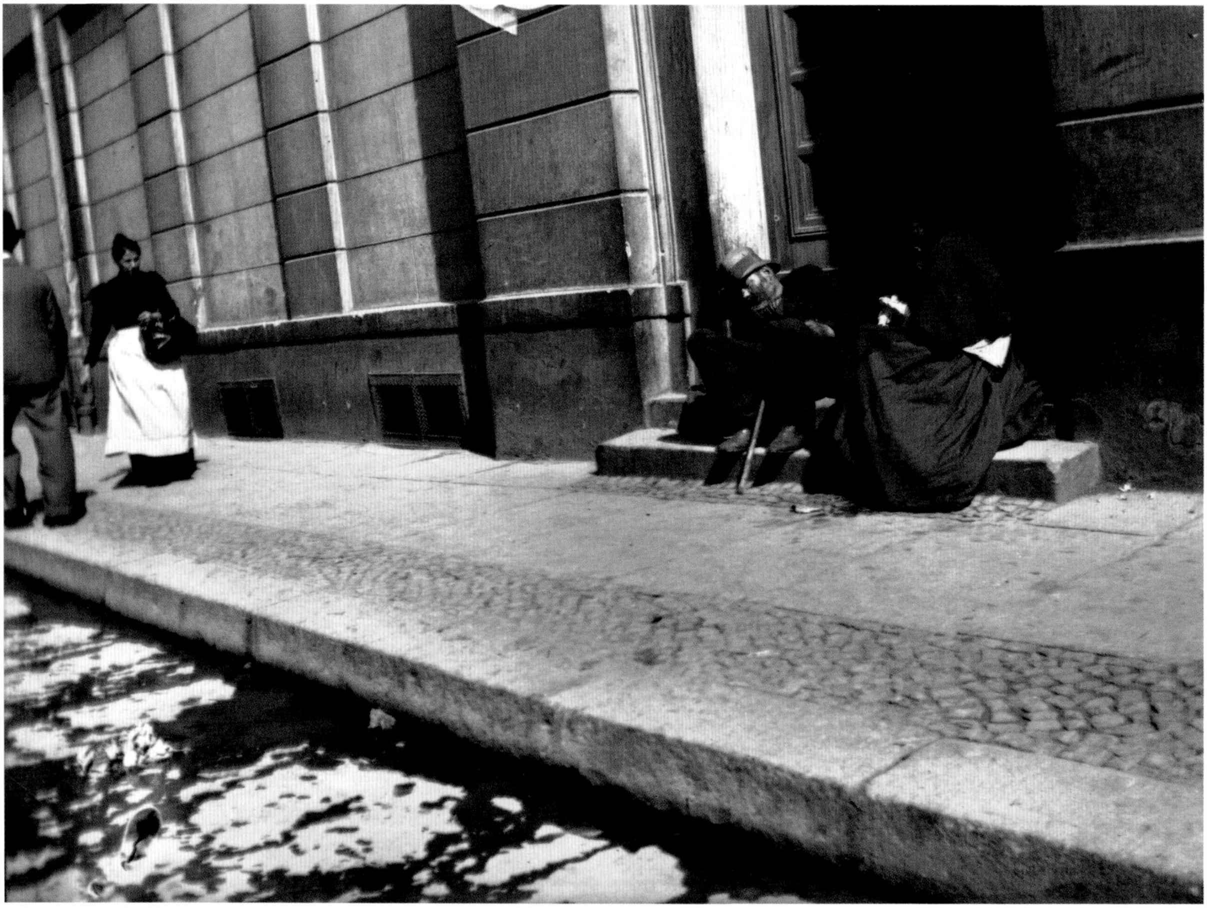

Mann und Frau in einem Hauseingang, 1898
WV 111

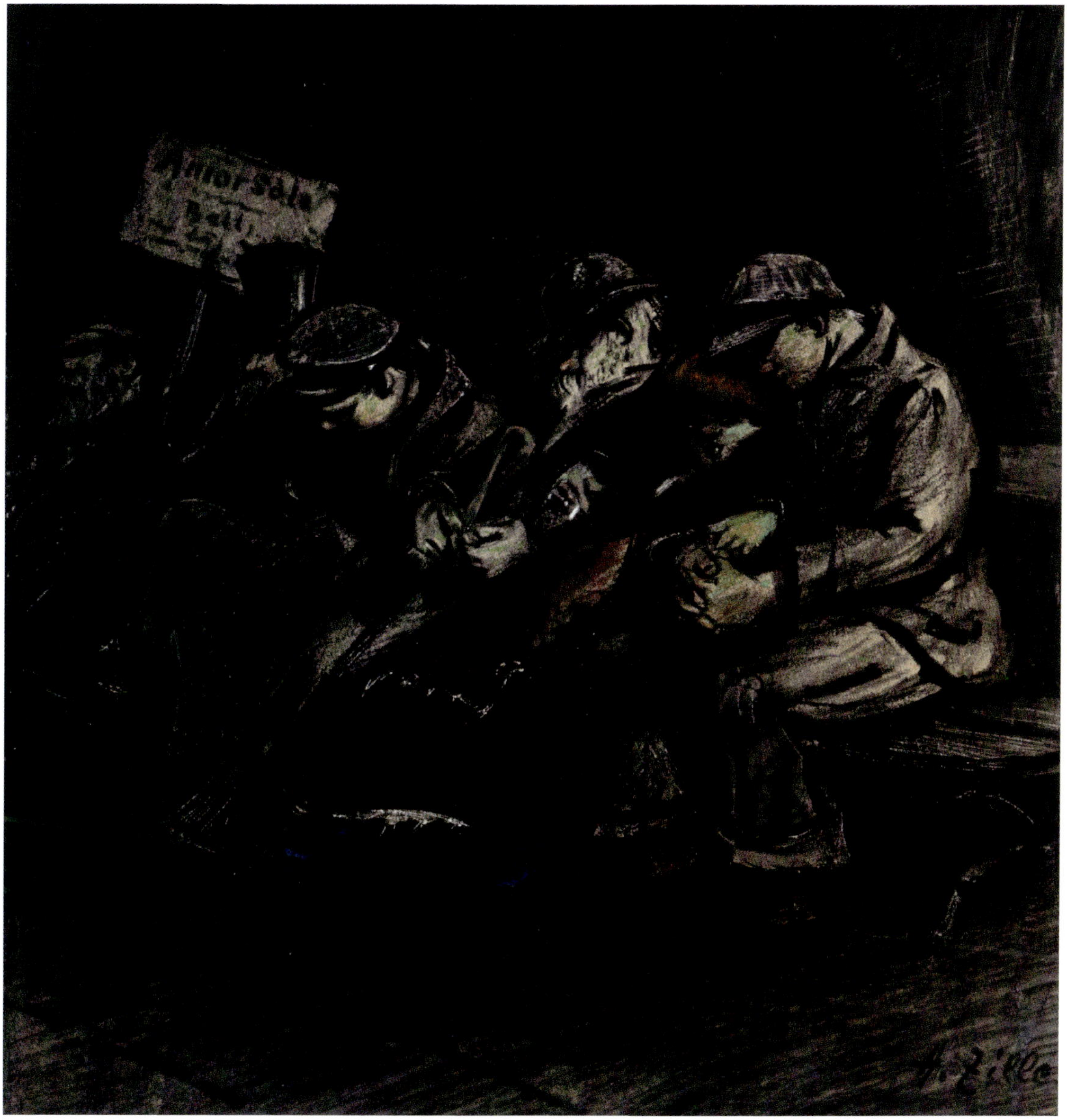

Nachtquartier, o. J.
Schwarze und farbige Kreide, 30 x 28 cm

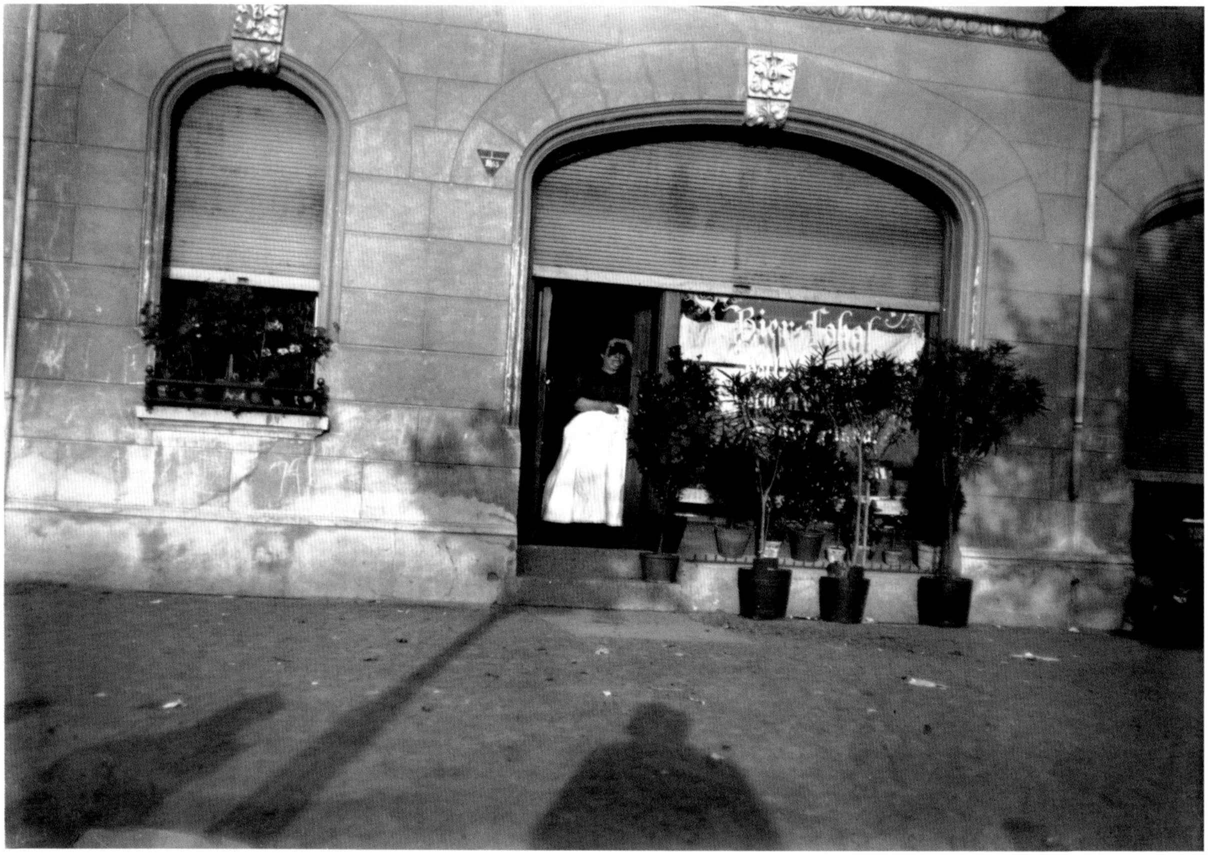

Blick auf das „Bier-Lokal“, mit Frau im Eingang, Sommer 1897
WV 49

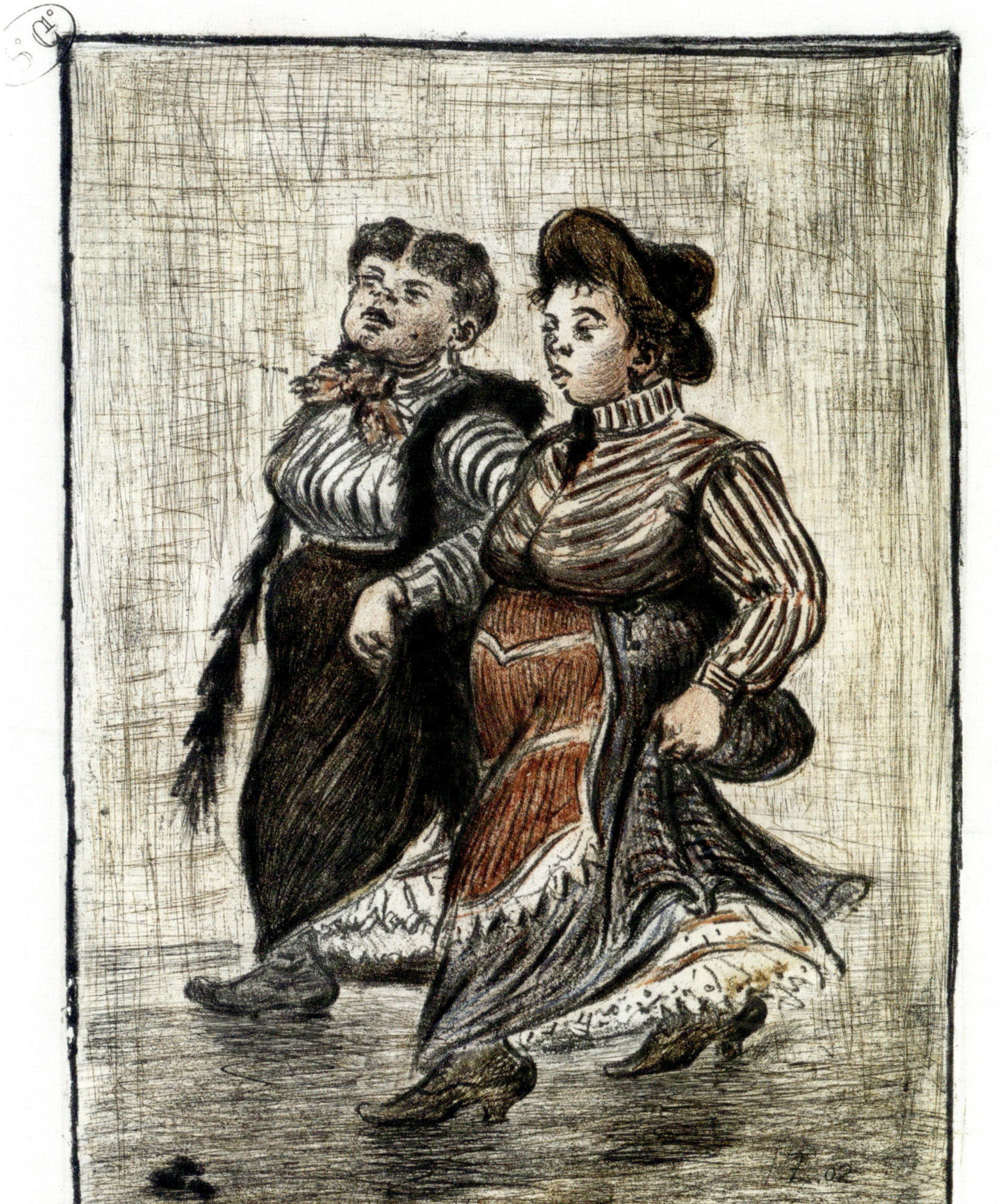

Zwei Straßenmädchen, 1902
Farbradierung, 34 x 25,5 cm. WV 29

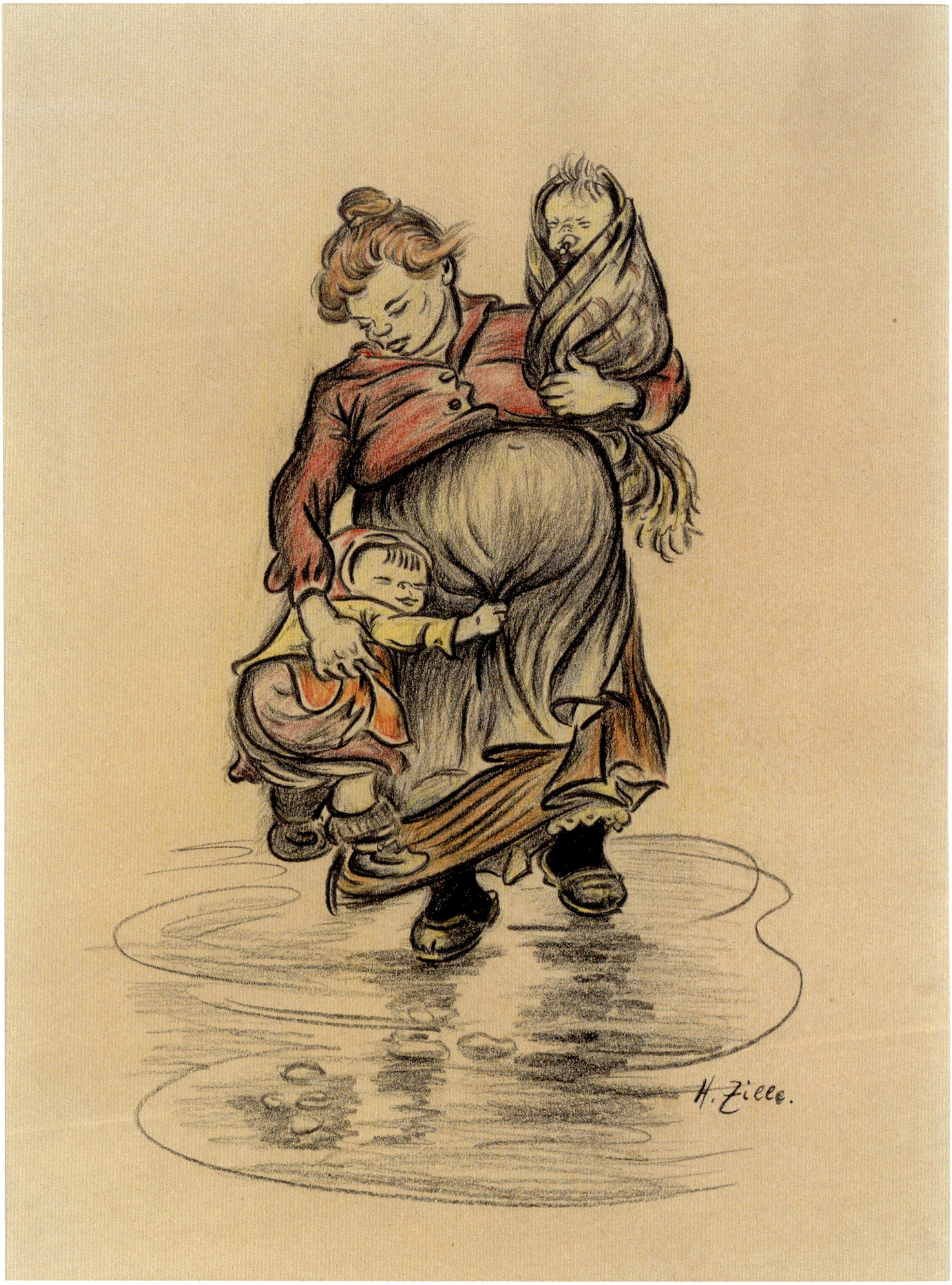

Mutter mit zwei Kindern, o. J.
Schwarze und farbige Kreiden, Aquarell, 33 x 24 cm

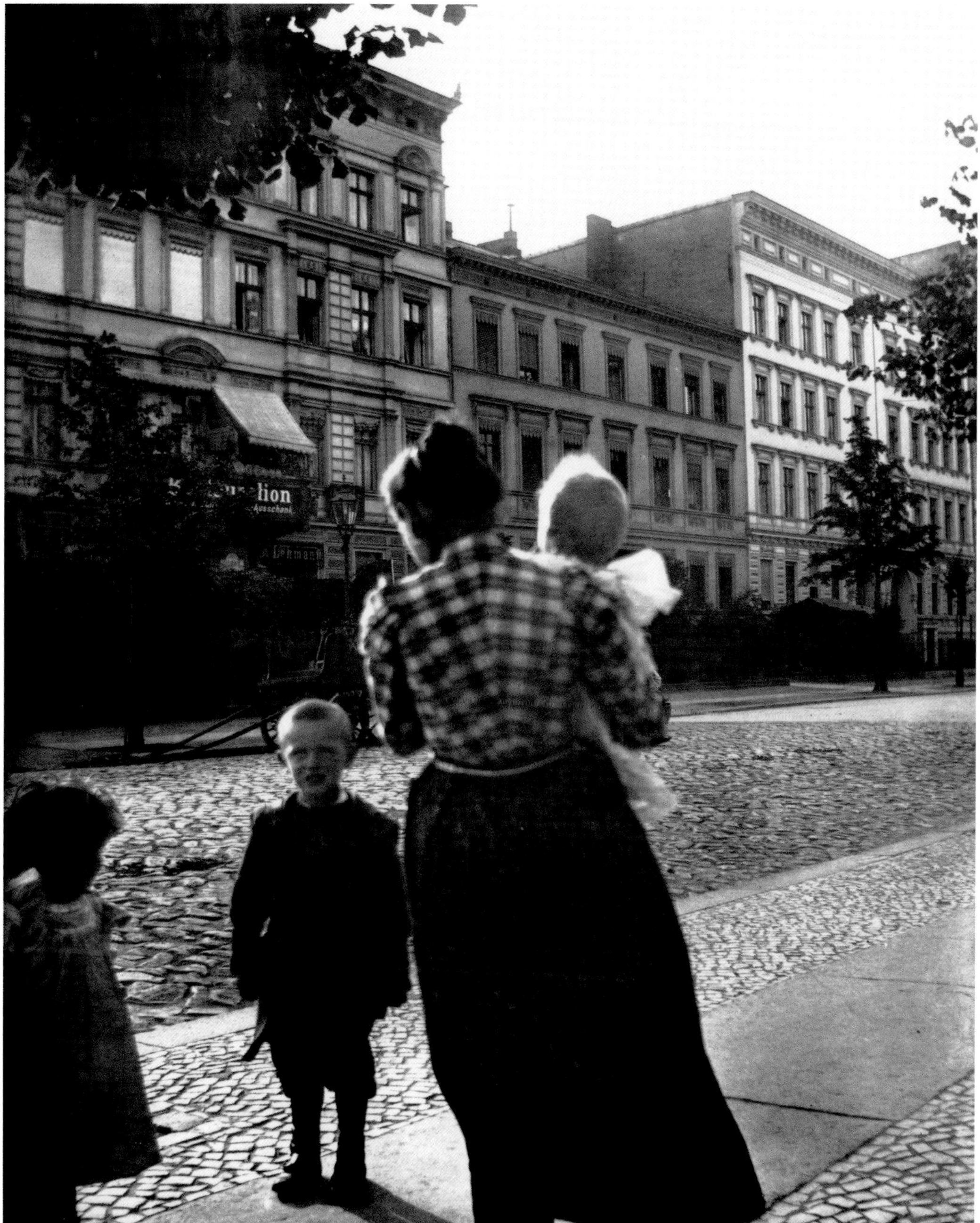

Frau mit Kindern, Sommer 1898
WV 162

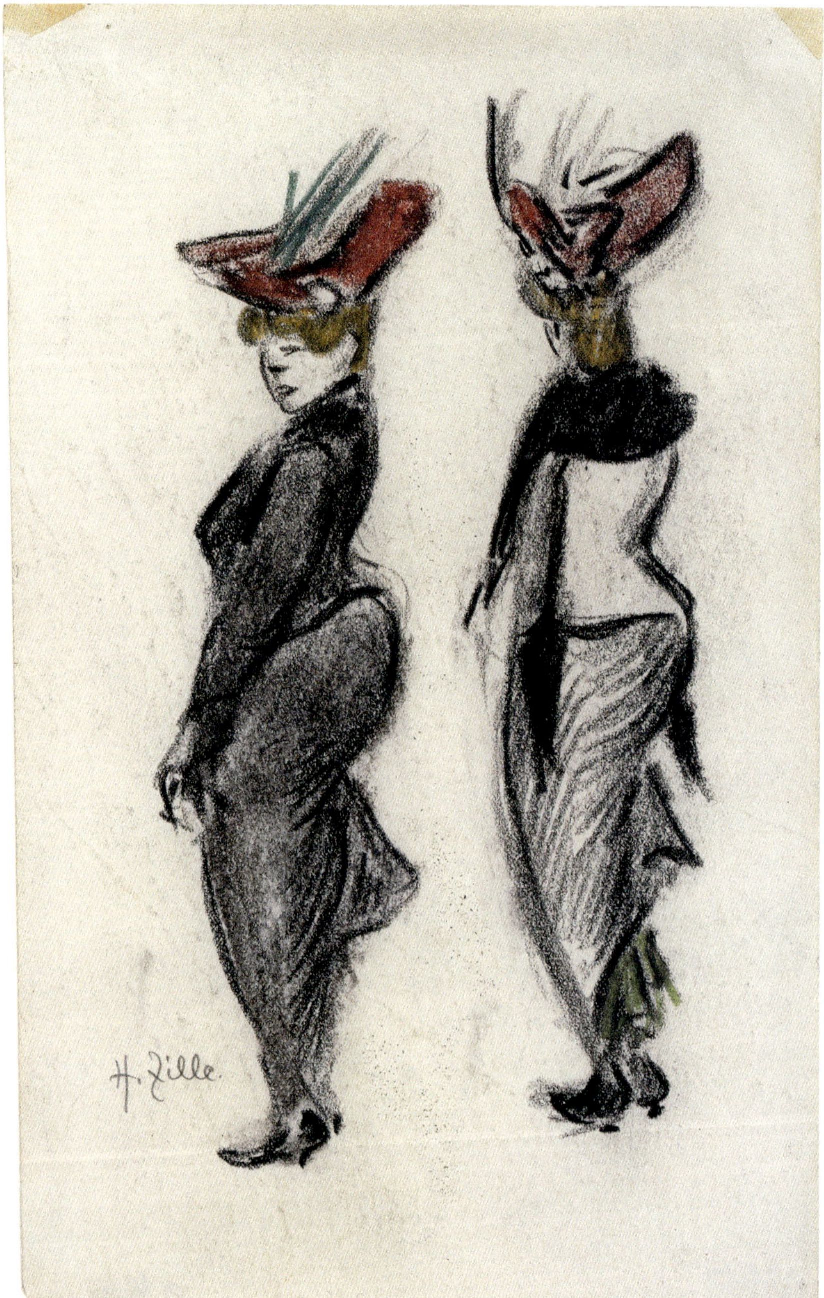

Zwei Kokotten, o. J.
Schwarze und farbige Kreiden, 23 x 14 cm

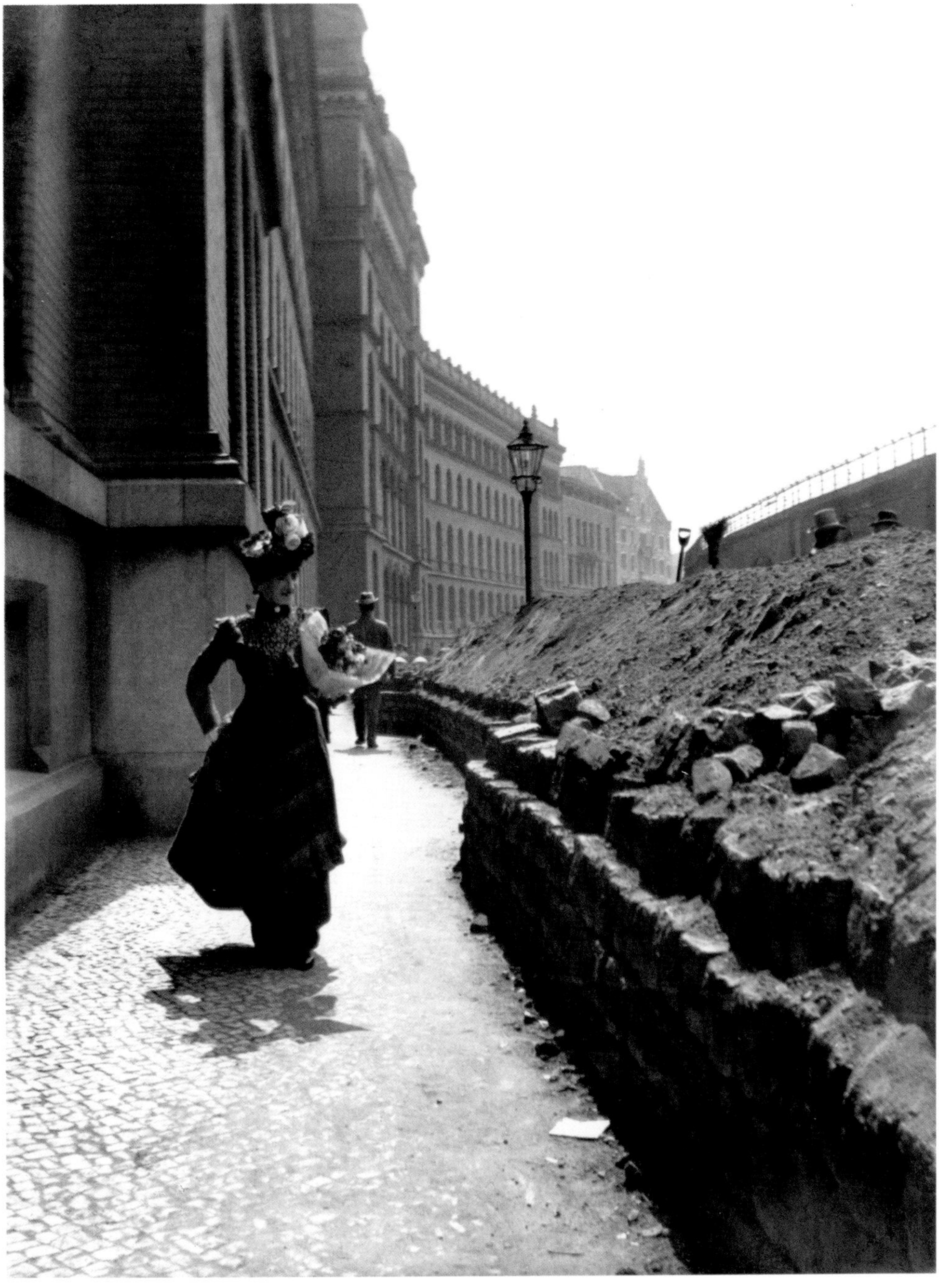

An der Stadtbahn, spätere Dircksenstraße, Sommer 1898
WV 140

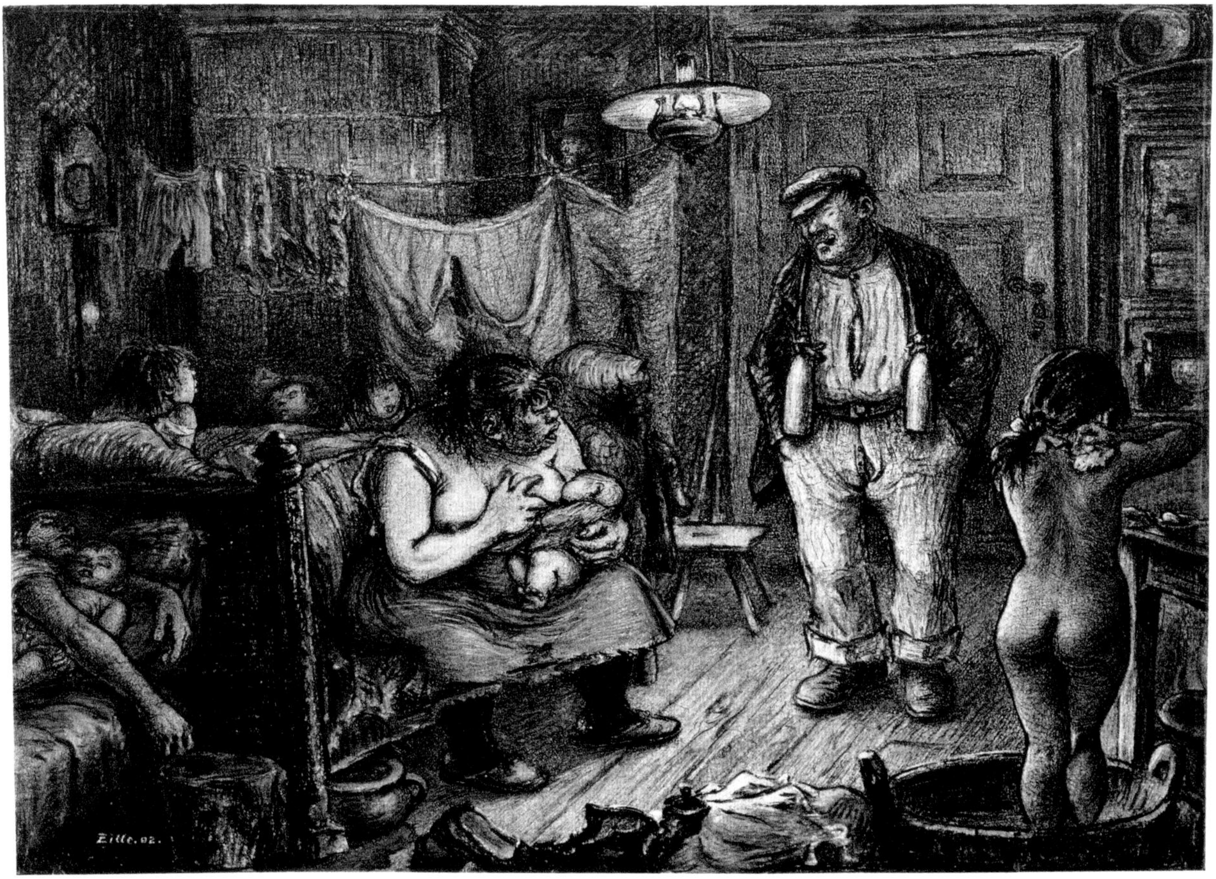

Der späte Schlafbursche, 1902, 2. Blatt des Mappenwerkes „Zwölf Künstlerdrucke“, 1909
Heliogravüre, 19 x 23,5 cm. WV 30

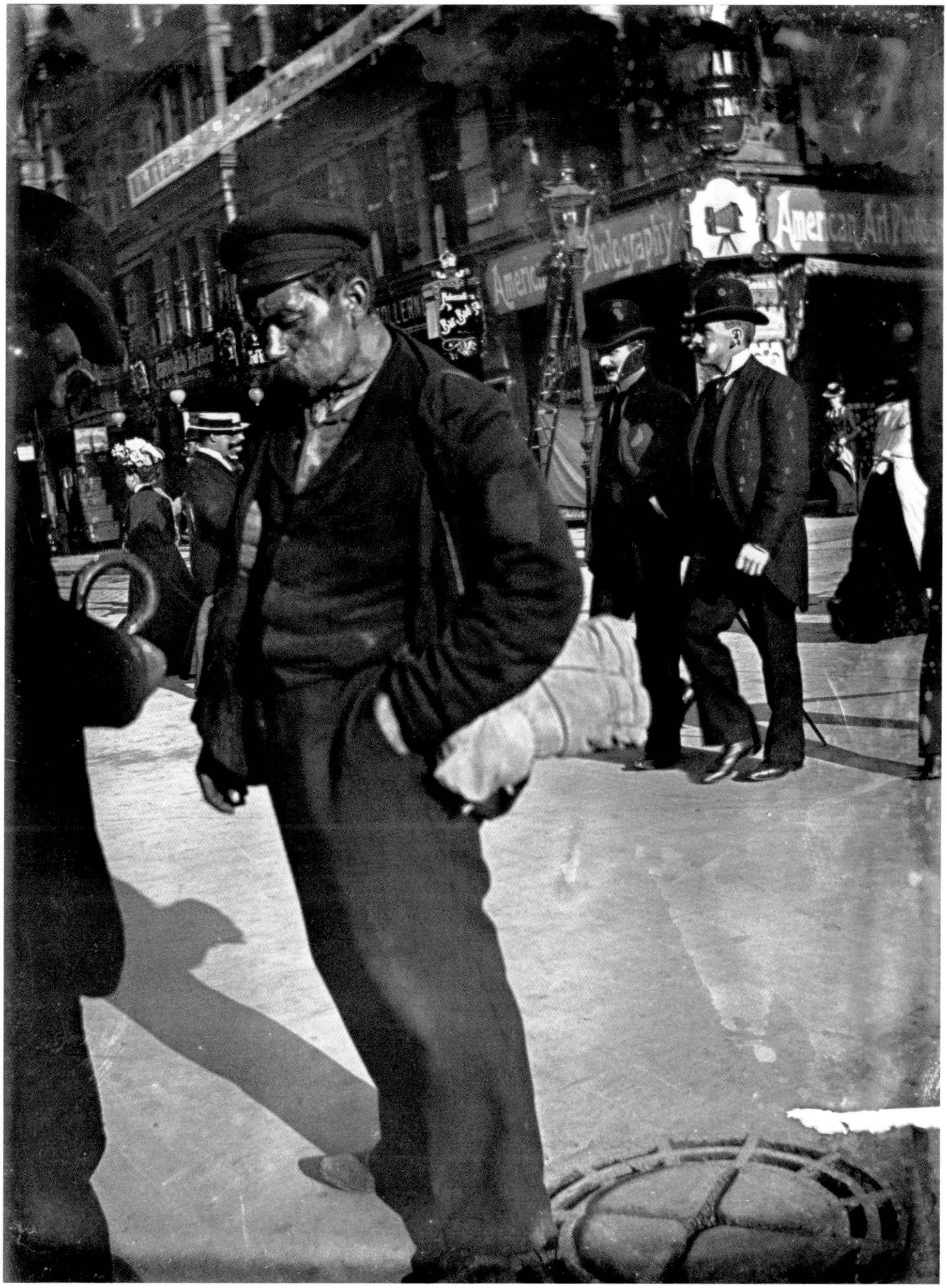

Mann in der Friedrichstraße, August 1901
WV 430

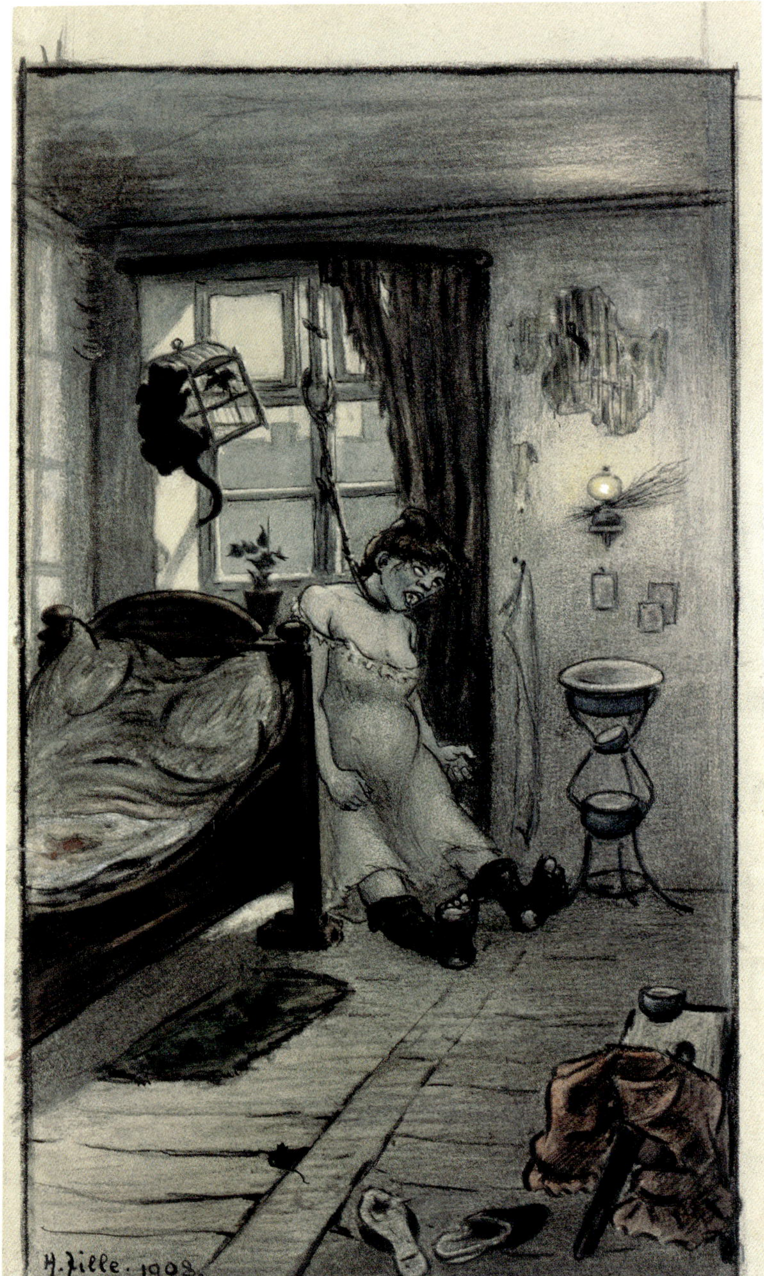

Erhängte Frau, 1908
Schwarze und farbige Kreiden, Aquarell, 38 x 22,5 cm

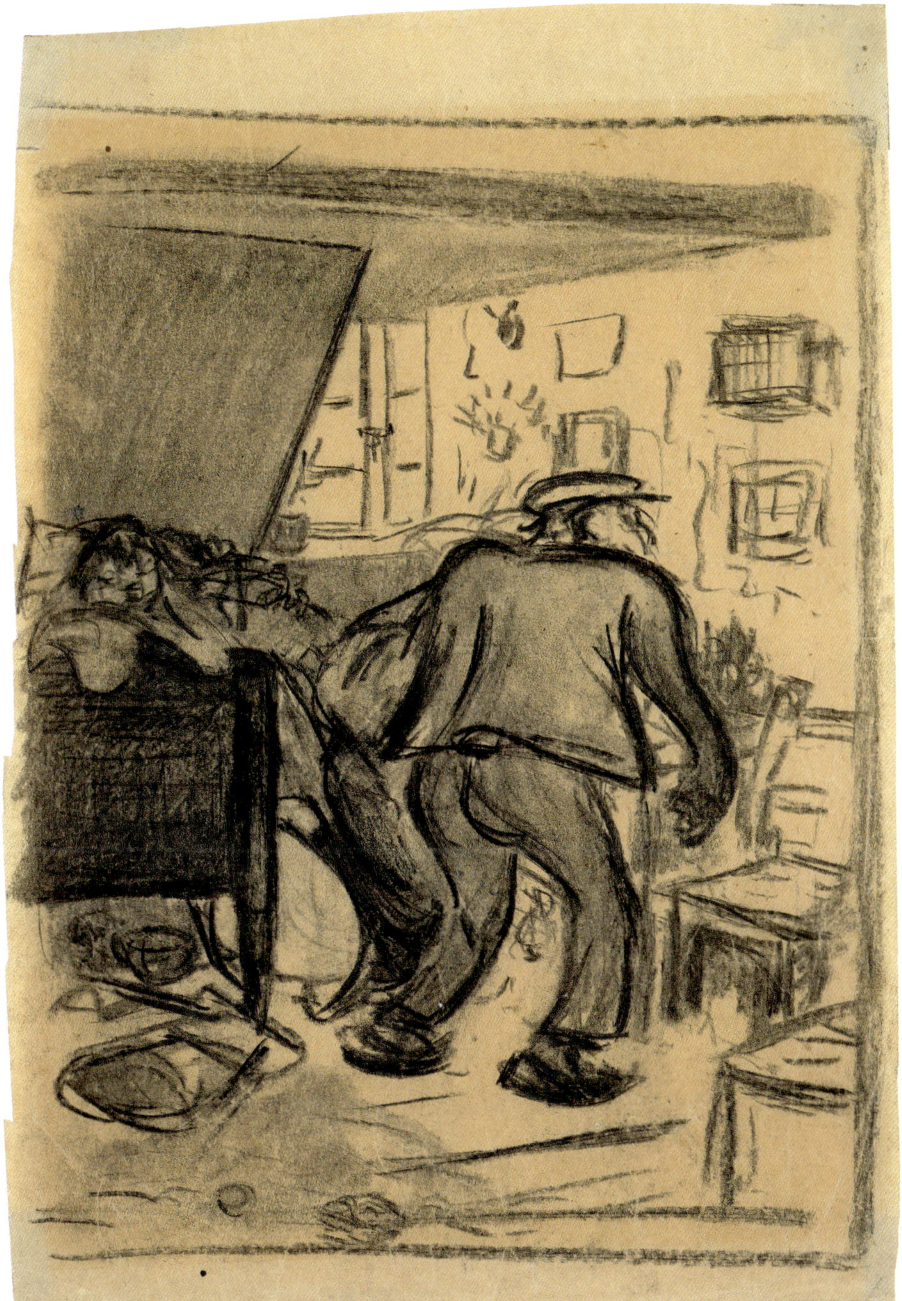

Der Mörder, 1908
Schwarze Kreide, 39,5 x 27 cm

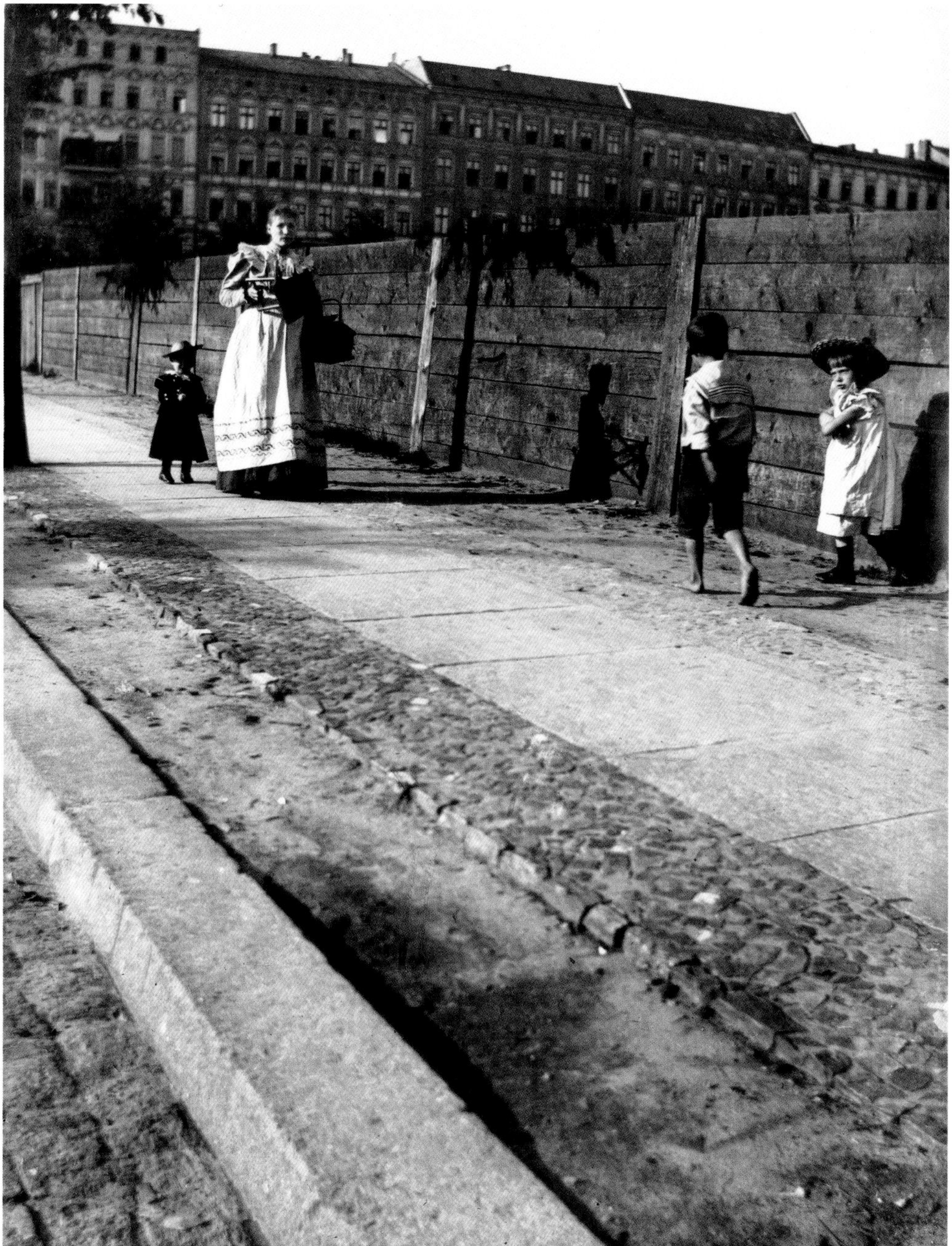

Frau und Kinder in der Sophie-Charlotte-Straße, im Hintergrund
Knobelsdorffstraße, Herbst 1898. WV 184

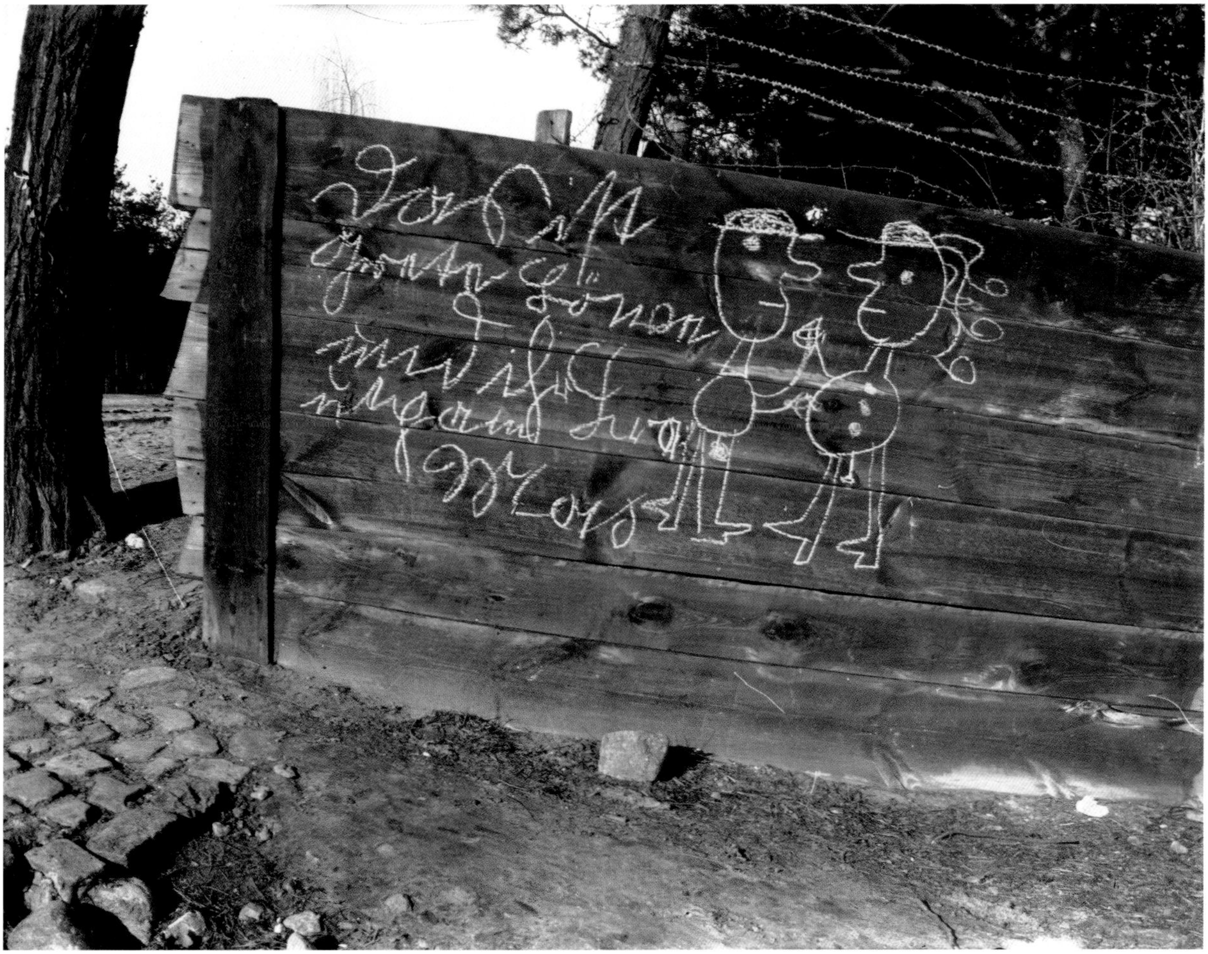

Kinderzeichnung auf einem Bretterzaun, Herbst 1901
WV 435

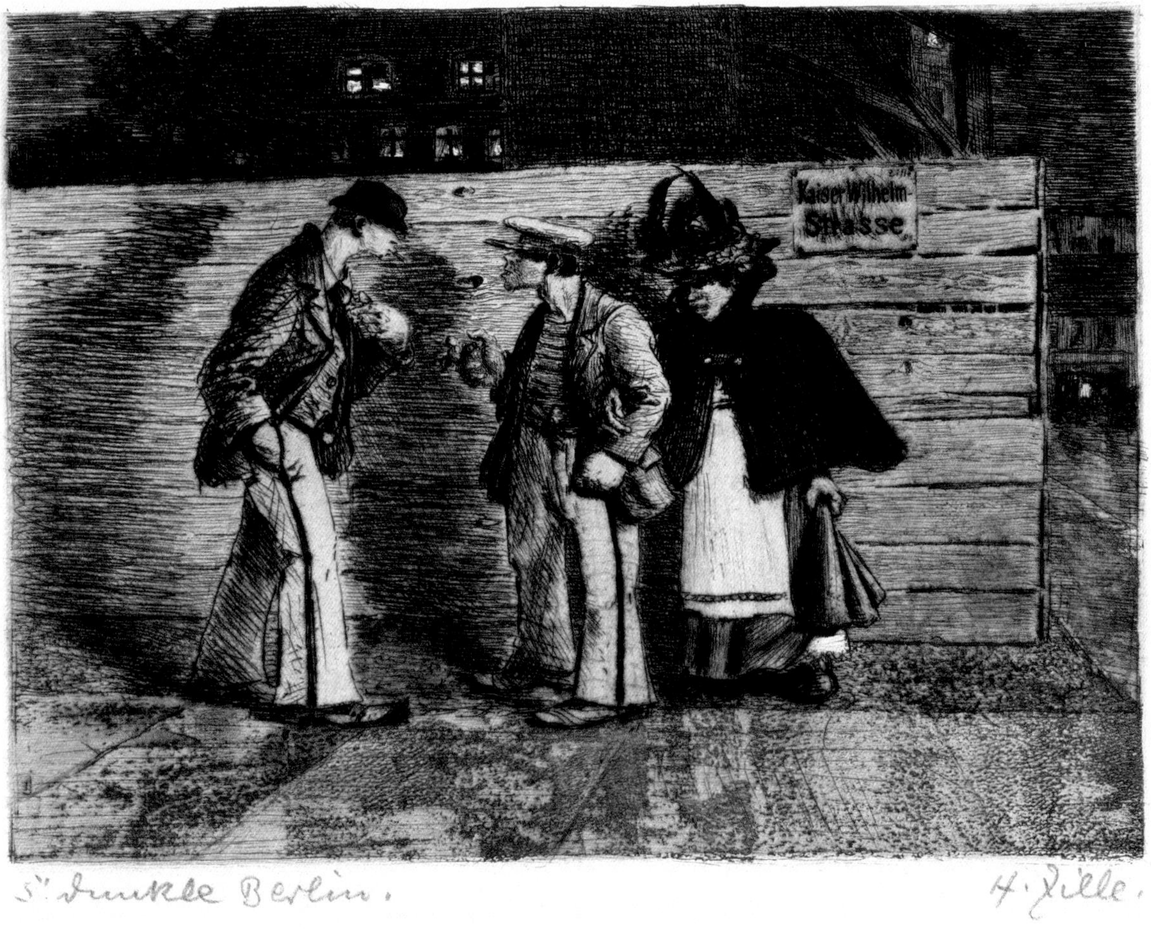

's dunkle Berlin, 1898, 4. Blatt des Mappenwerkes „Zwölf Künstlerdrucke", 1909
Radierung, 16 x 22 cm. WV 15

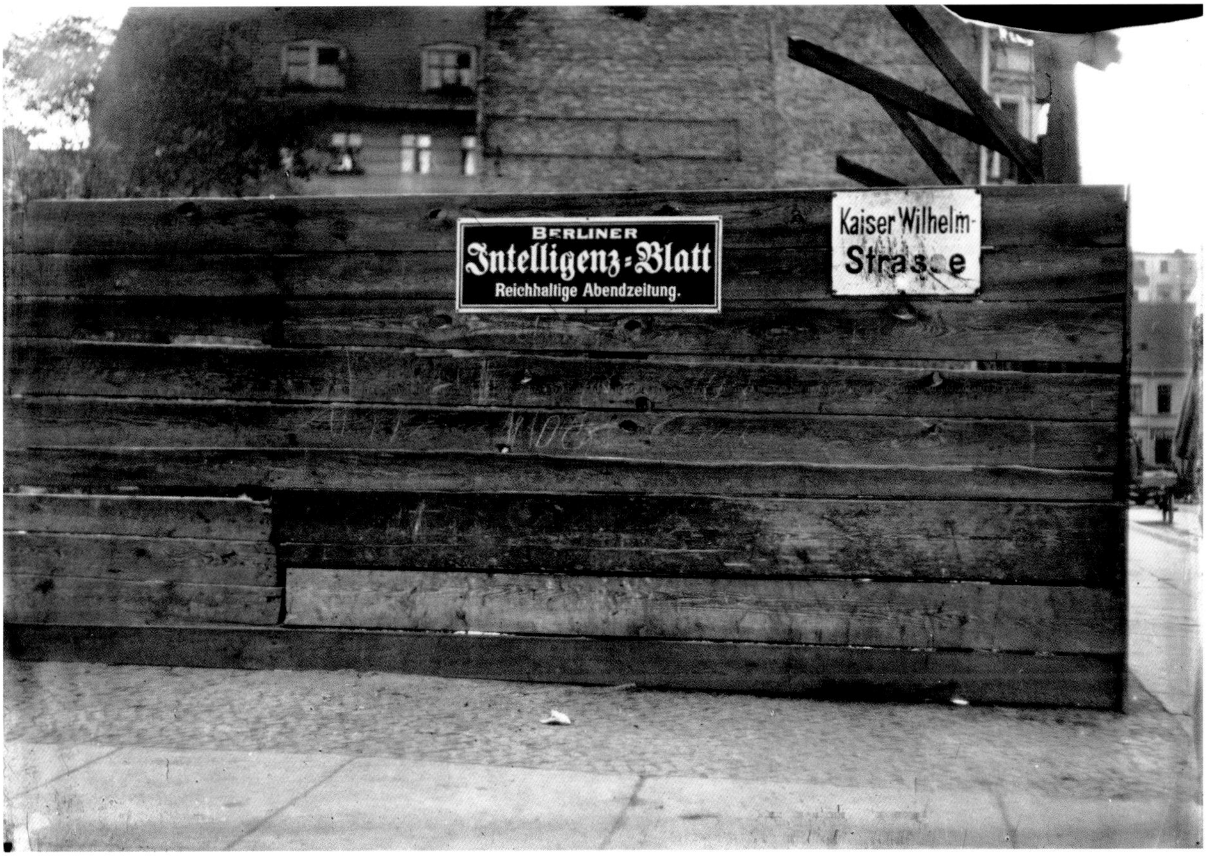

Bretterzaun, Kaiser-Wilhelm-Straße, Sommer 1897
WV 48

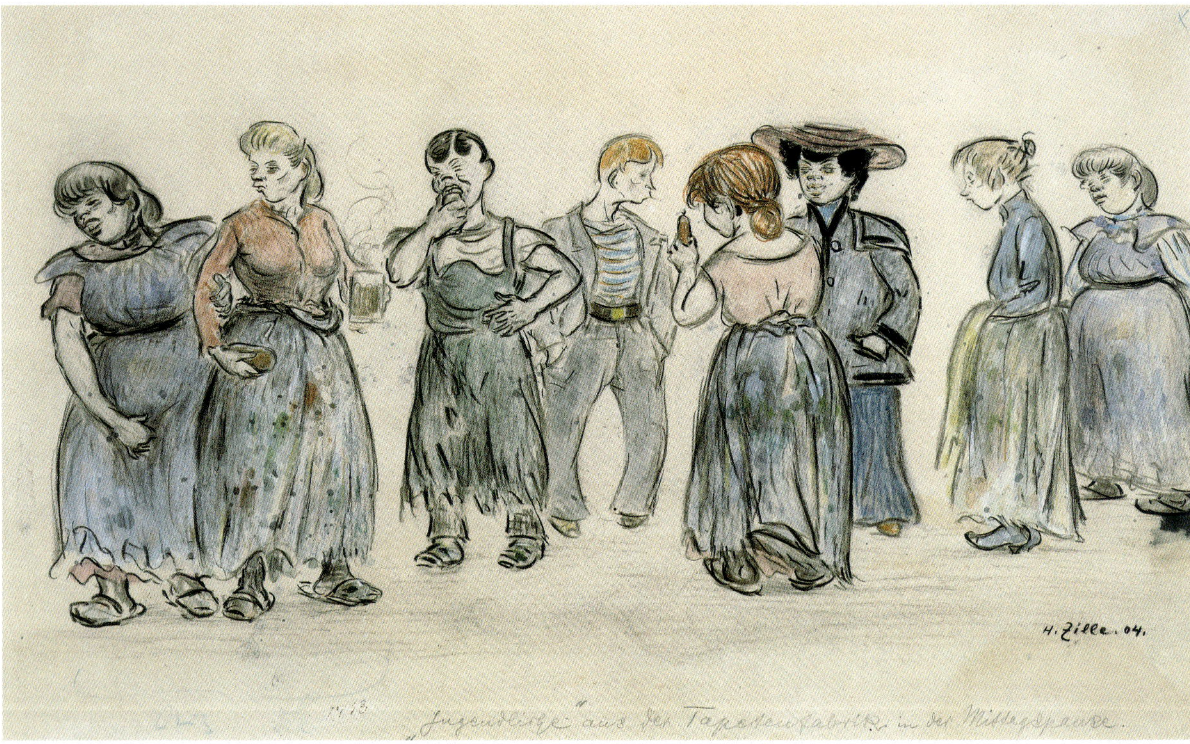

Jugendliche aus der Tapetenfabrik, 1904
Schwarze und farbige Kreiden, 46 x 28 cm

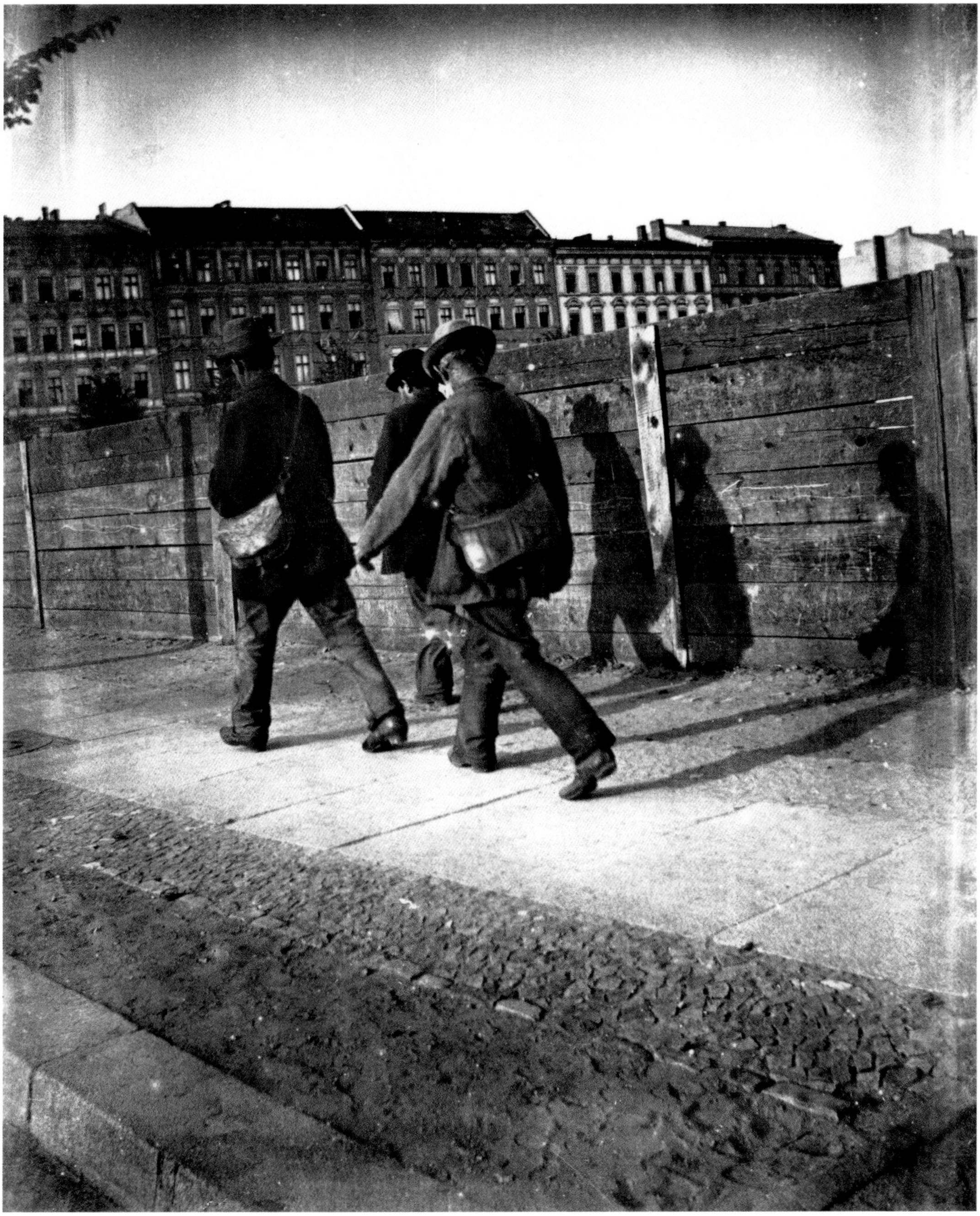

Drei Männer auf dem Heimweg, Sophie-Charlotte-Straße,
im Hintergrund Knobelsdorffstraße, Herbst 1898. WV 183

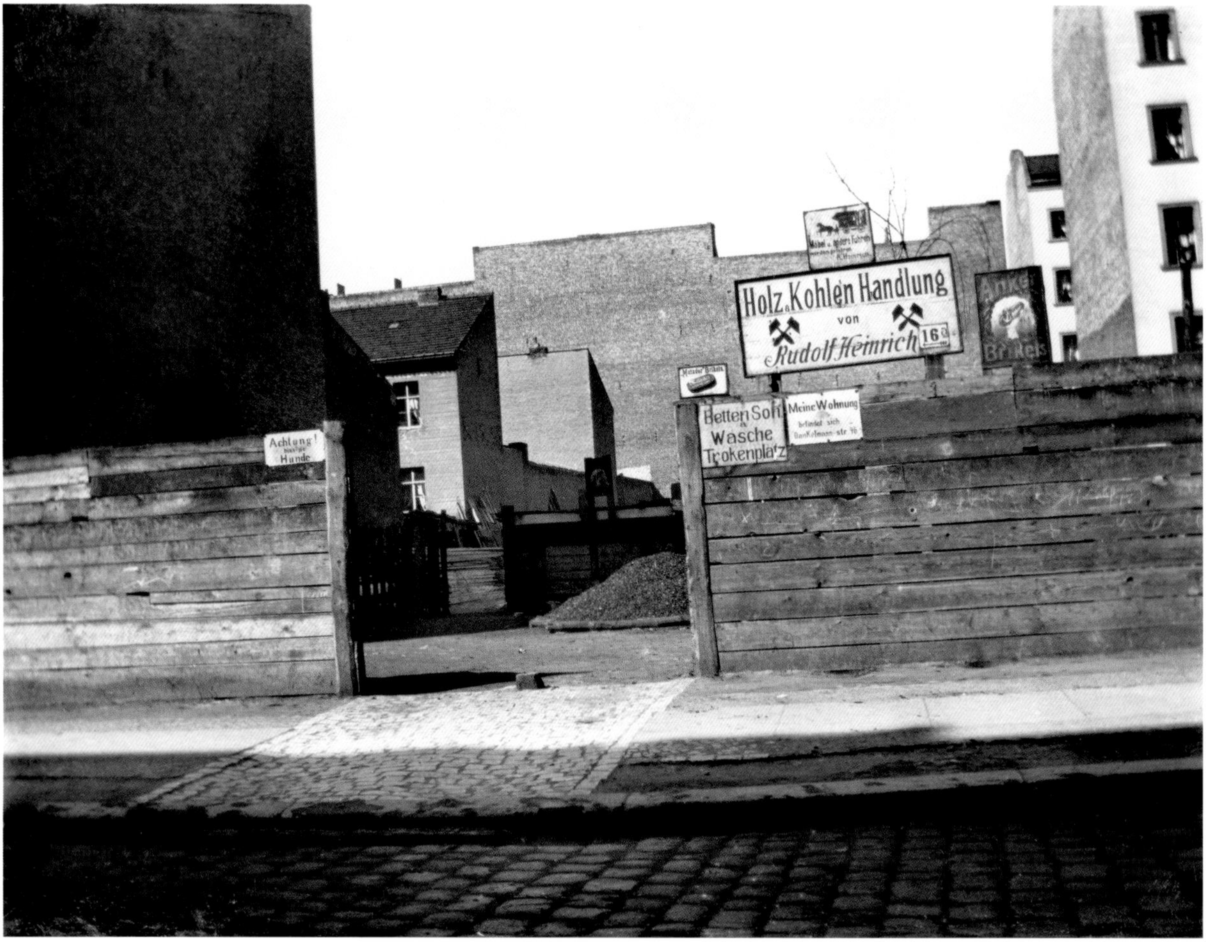

Kohlenplatz, Herbst 1901
WV 438

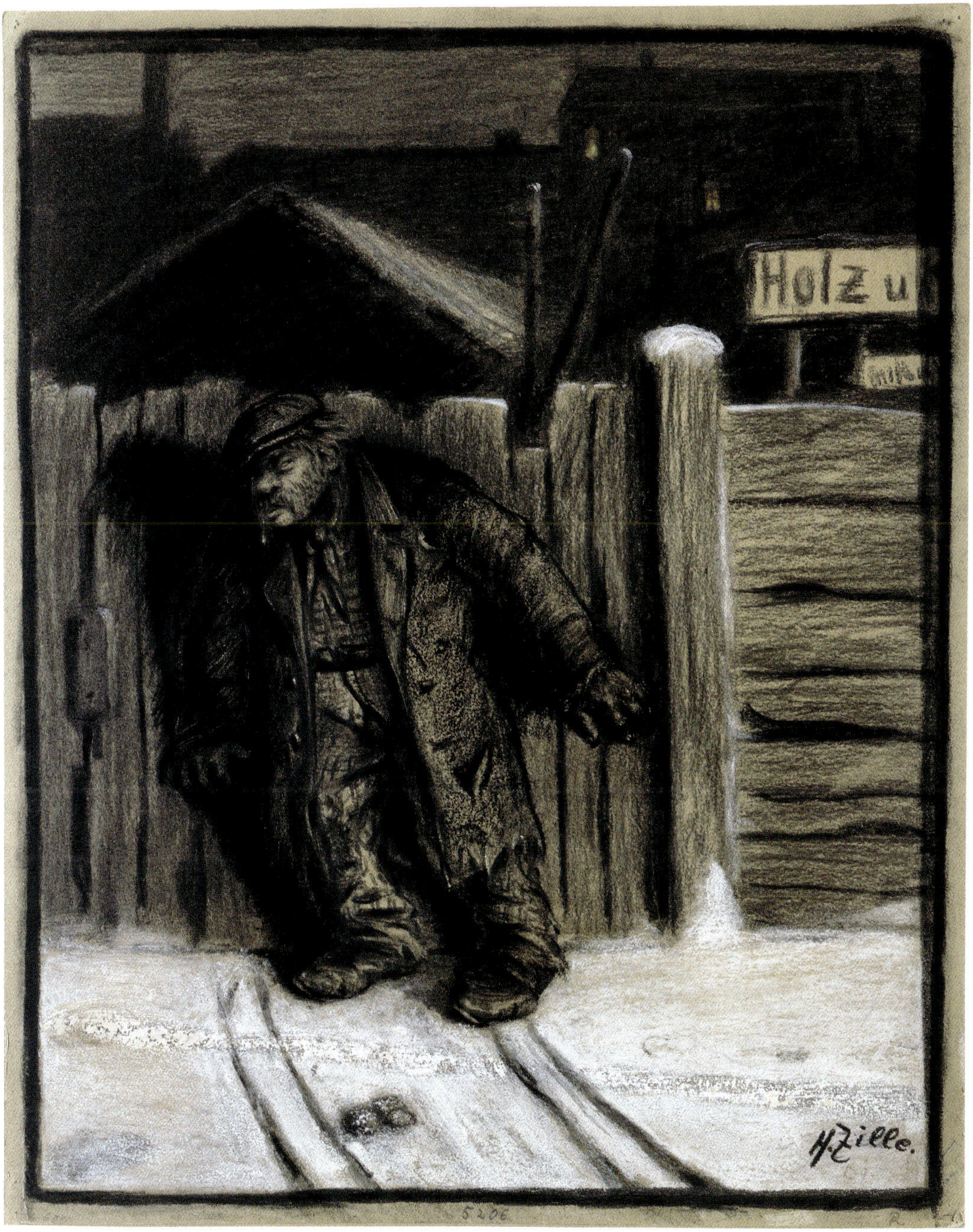

Mann vor einem Bretterzaun, 1901
Schwarze und farbige Kreiden, 37,5 x 29,5 cm

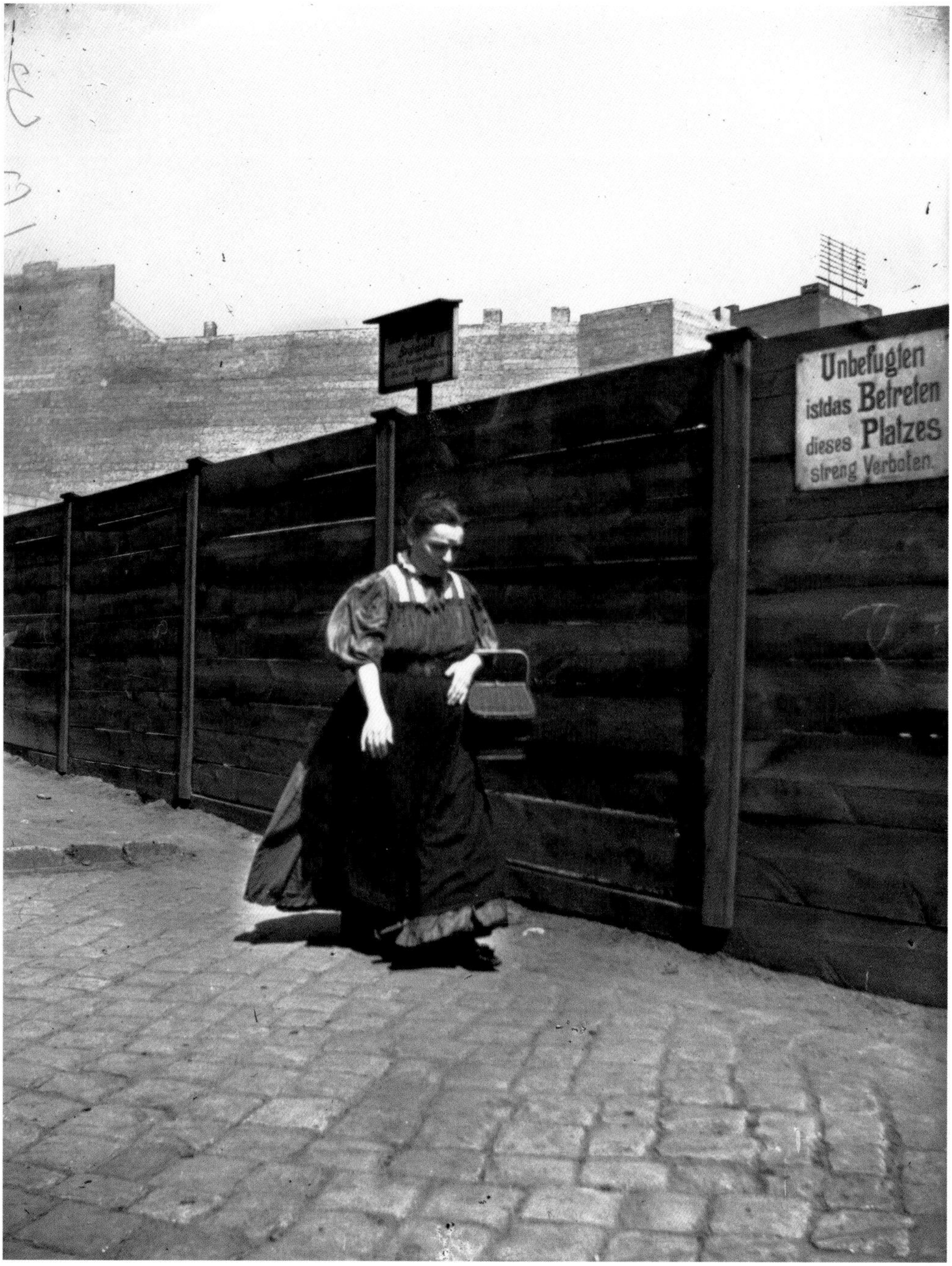

Frau mit Korb, Herbst 1898
WV 181

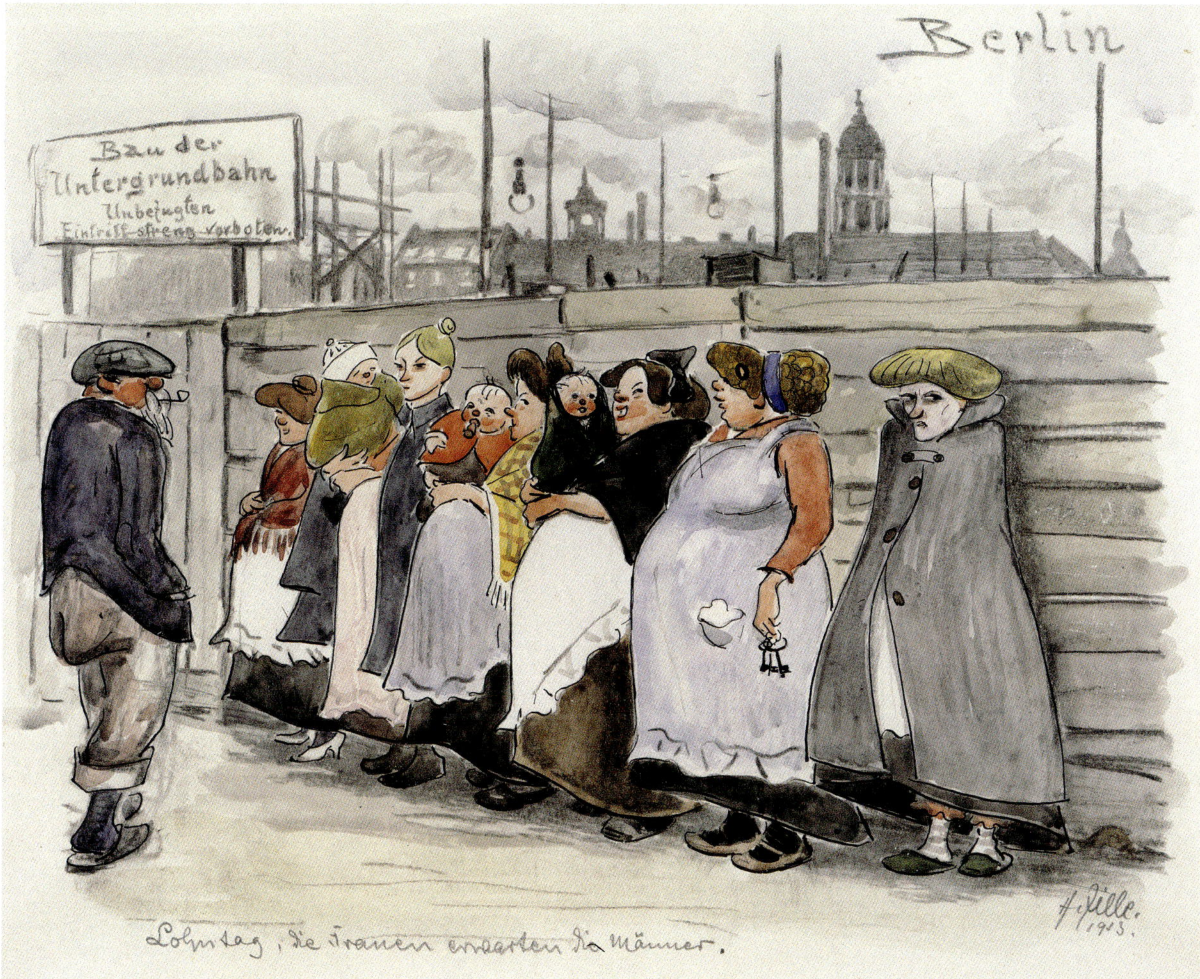

Berlin. Lohntag, 1913
Kreide, Feder, Aquarell, 25,0 x 30,5 cm

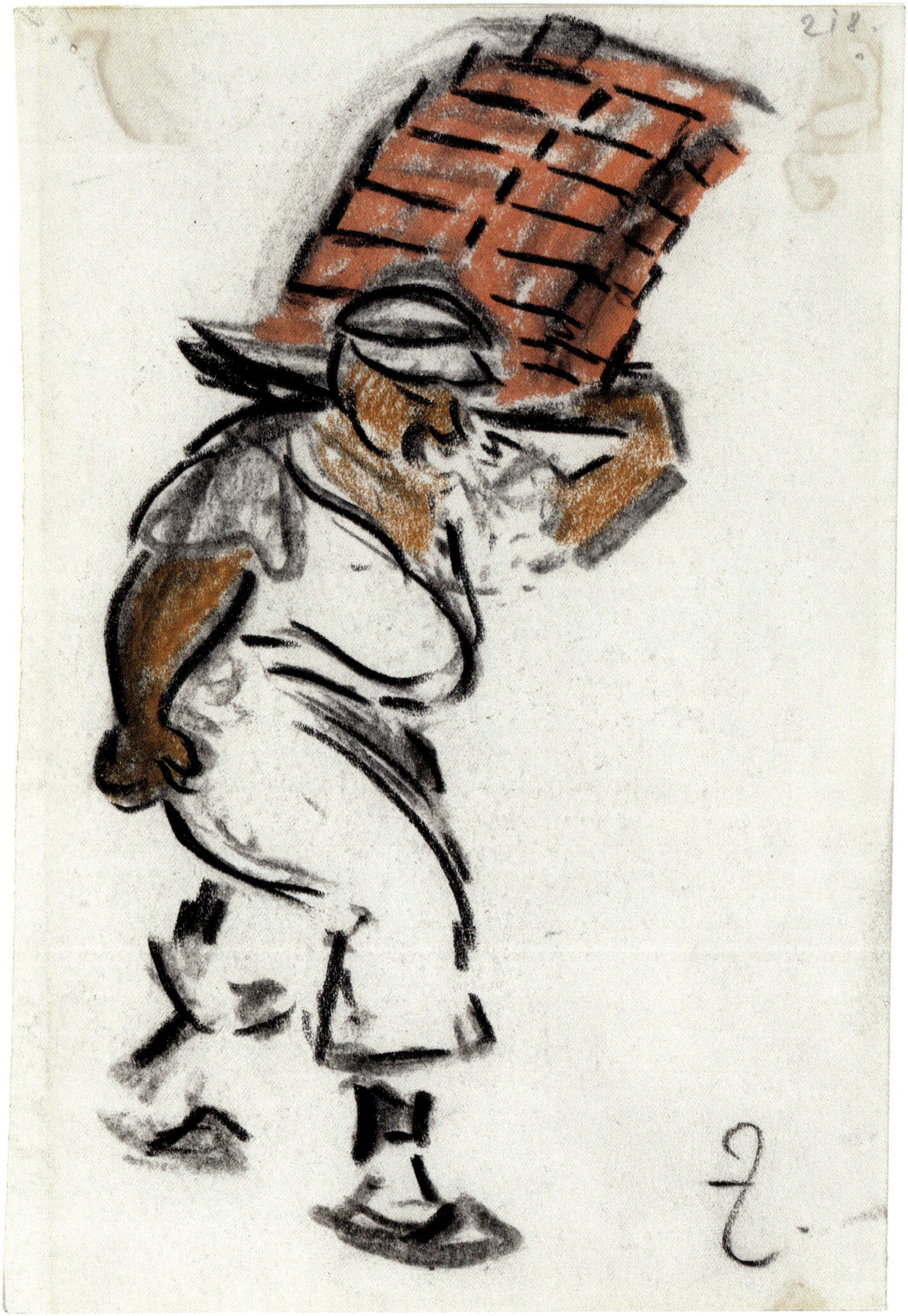

Steinträger, o. J.
Schwarze und farbige Kreiden, 18,5 x 13 cm

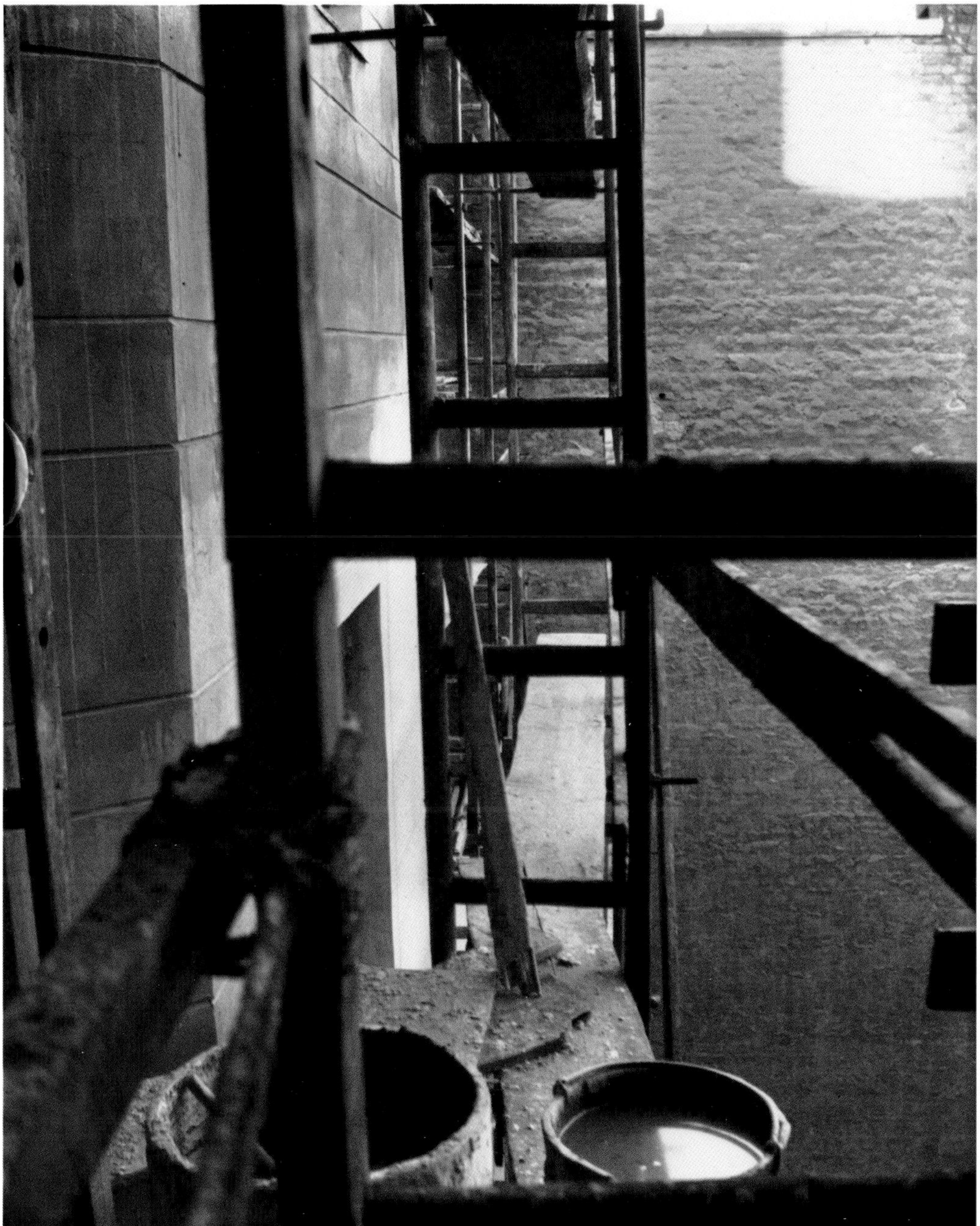

Putzgerüst im Hof des Charlottenburger Wohnhauses, Blick aus dem Küchenfenster, Herbst 1898
WV 169

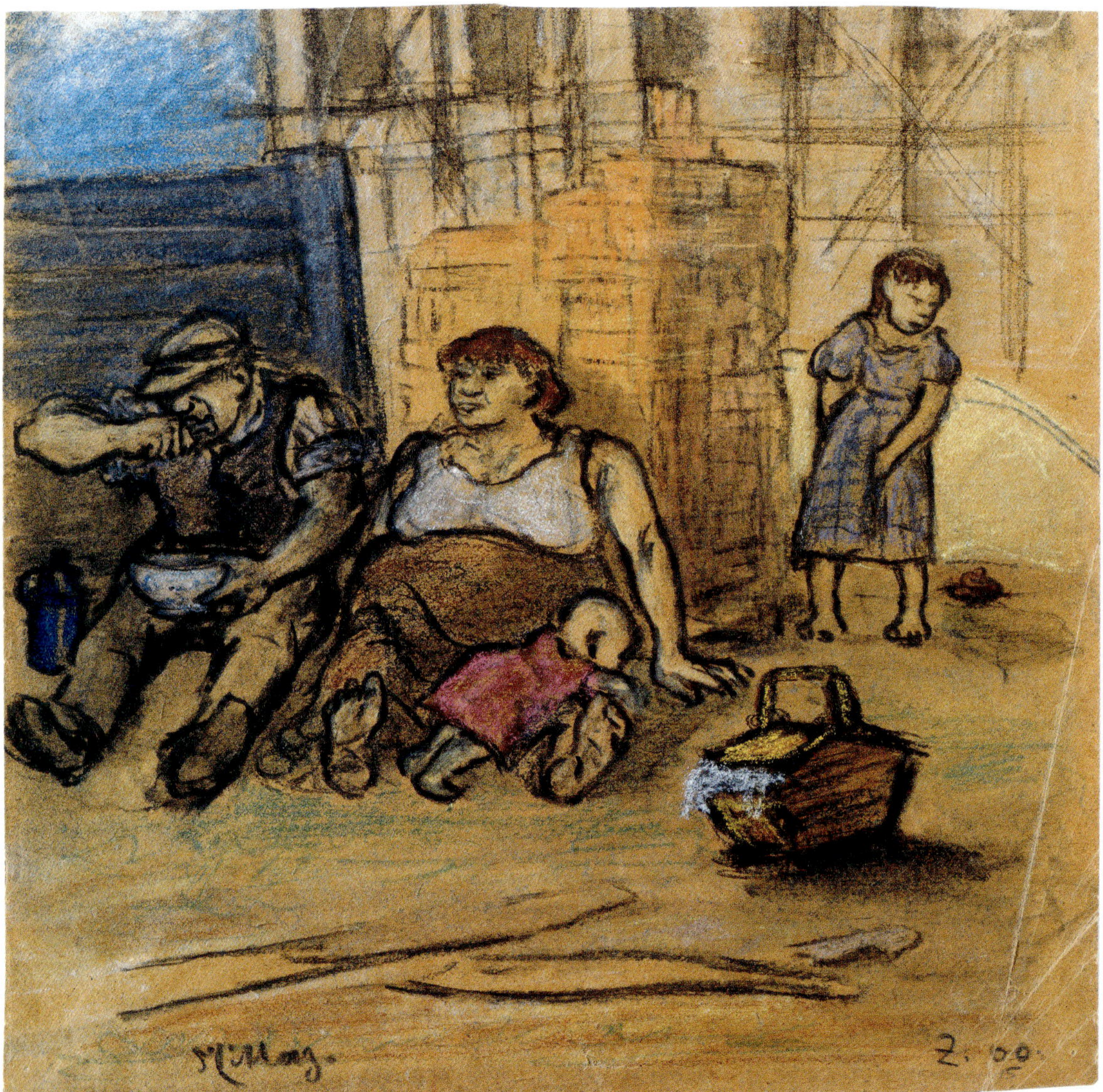

Mittag, o. J.
Schwarze und farbige Kreiden, 22,5 x 22,5 cm

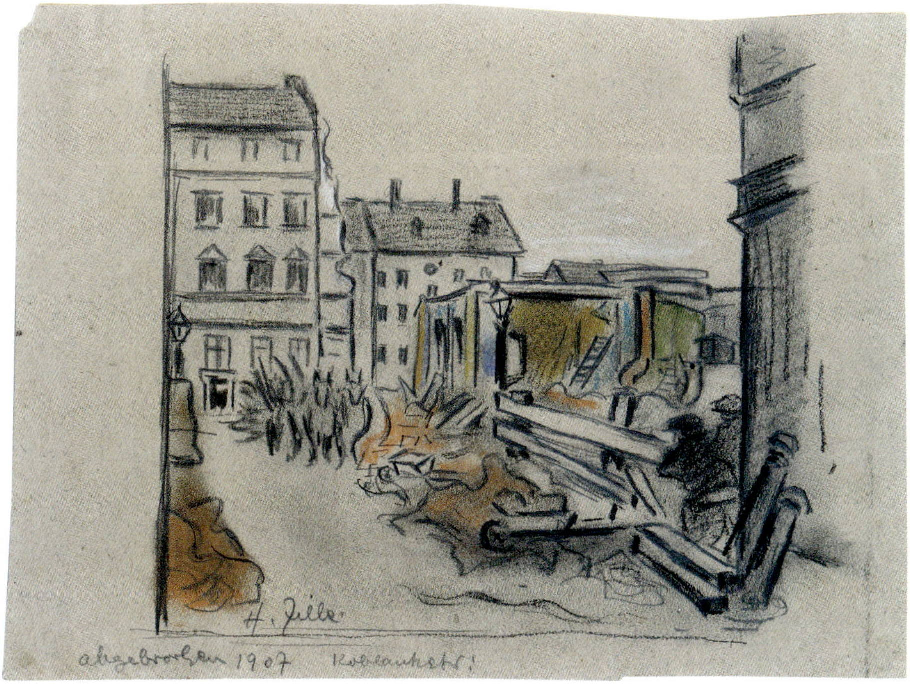

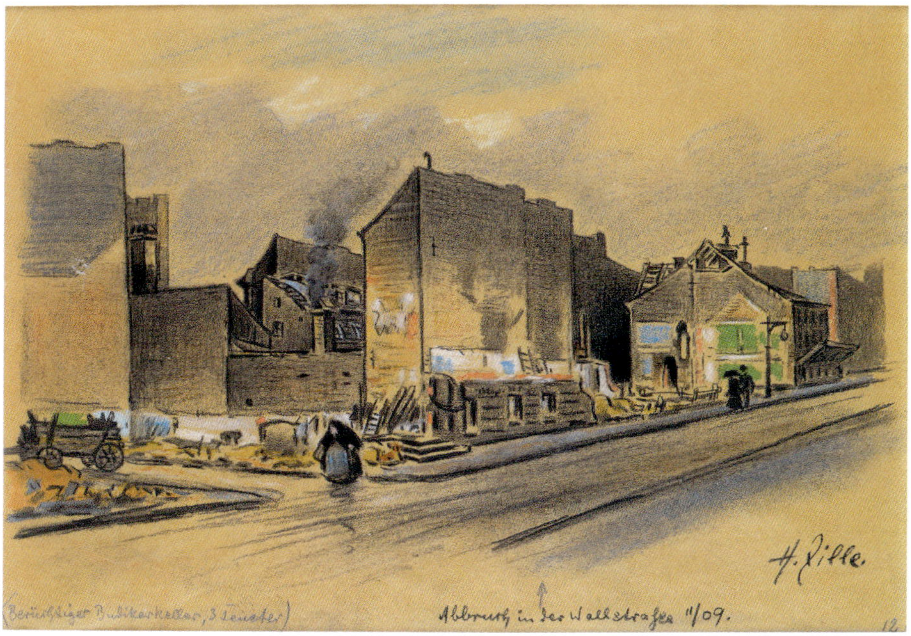

Abbruch in der Koblankstraße, 1907
Schwarze und farbige Kreiden, 19,5 x 26 cm

Abbruch in der Wallstraße, 1909
Schwarze und farbige Kreiden, 21 x 30,5 cm

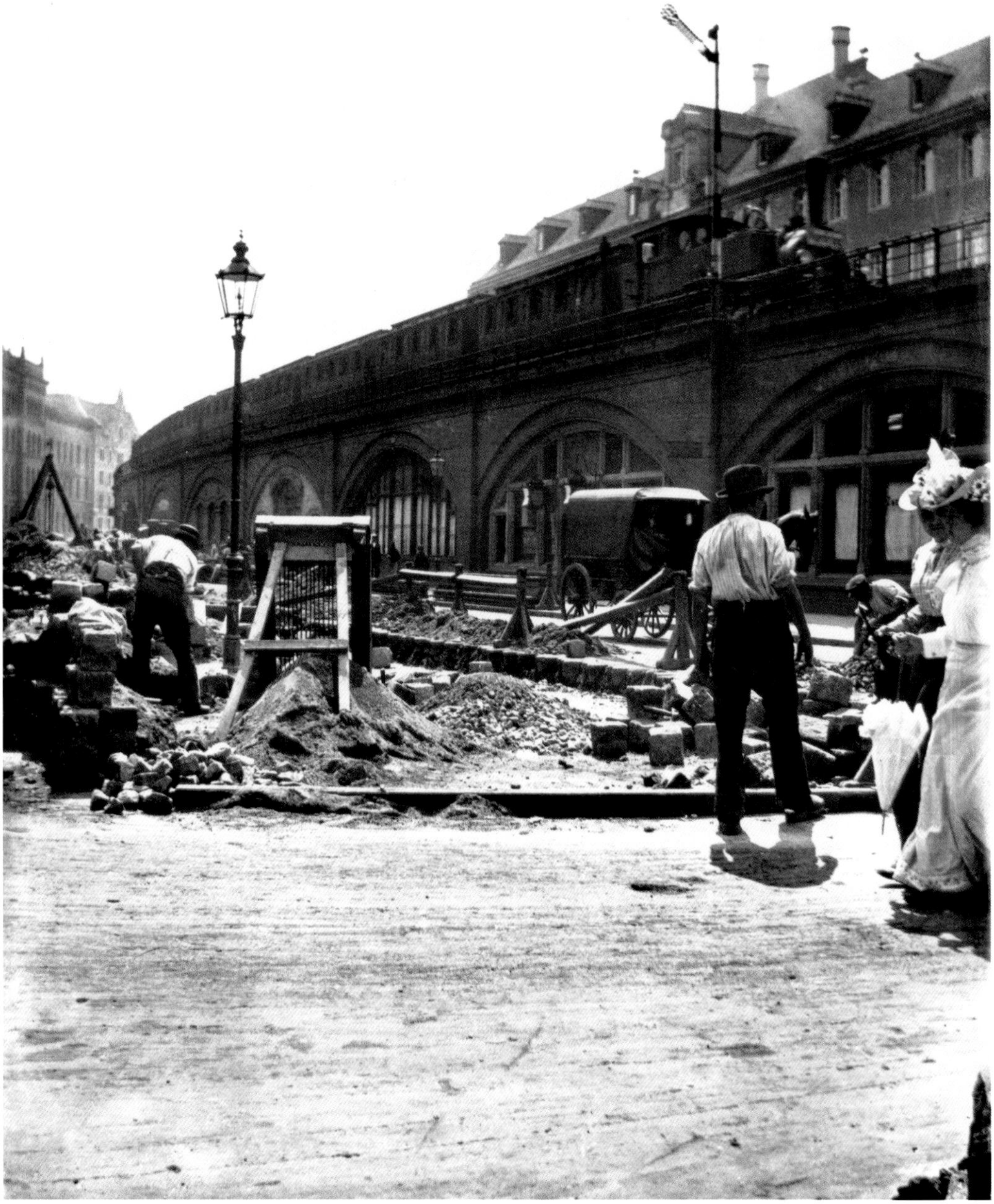

An der Stadtbahn, spätere Dircksenstraße, Sommer 1898
WV 139

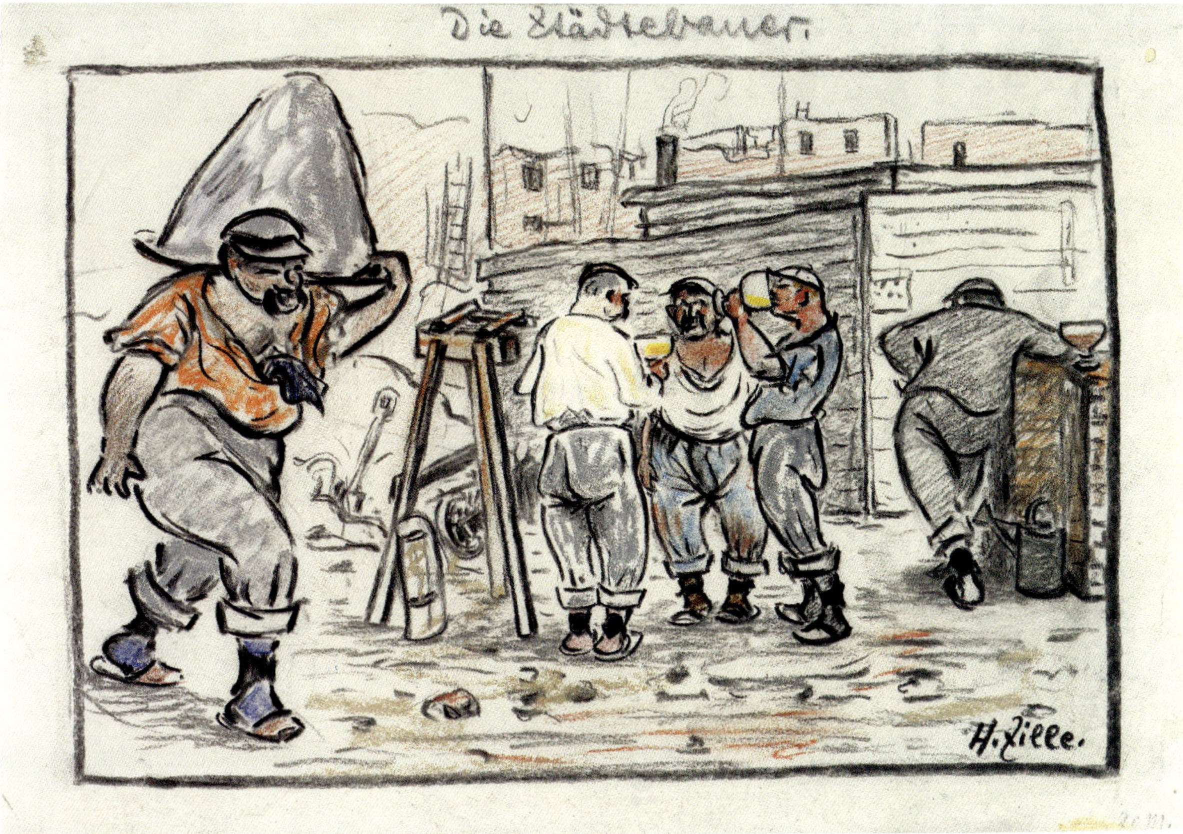

Die Städtebauer, o. J.
Schwarze und farbige Kreiden, 21,5 x 31 cm

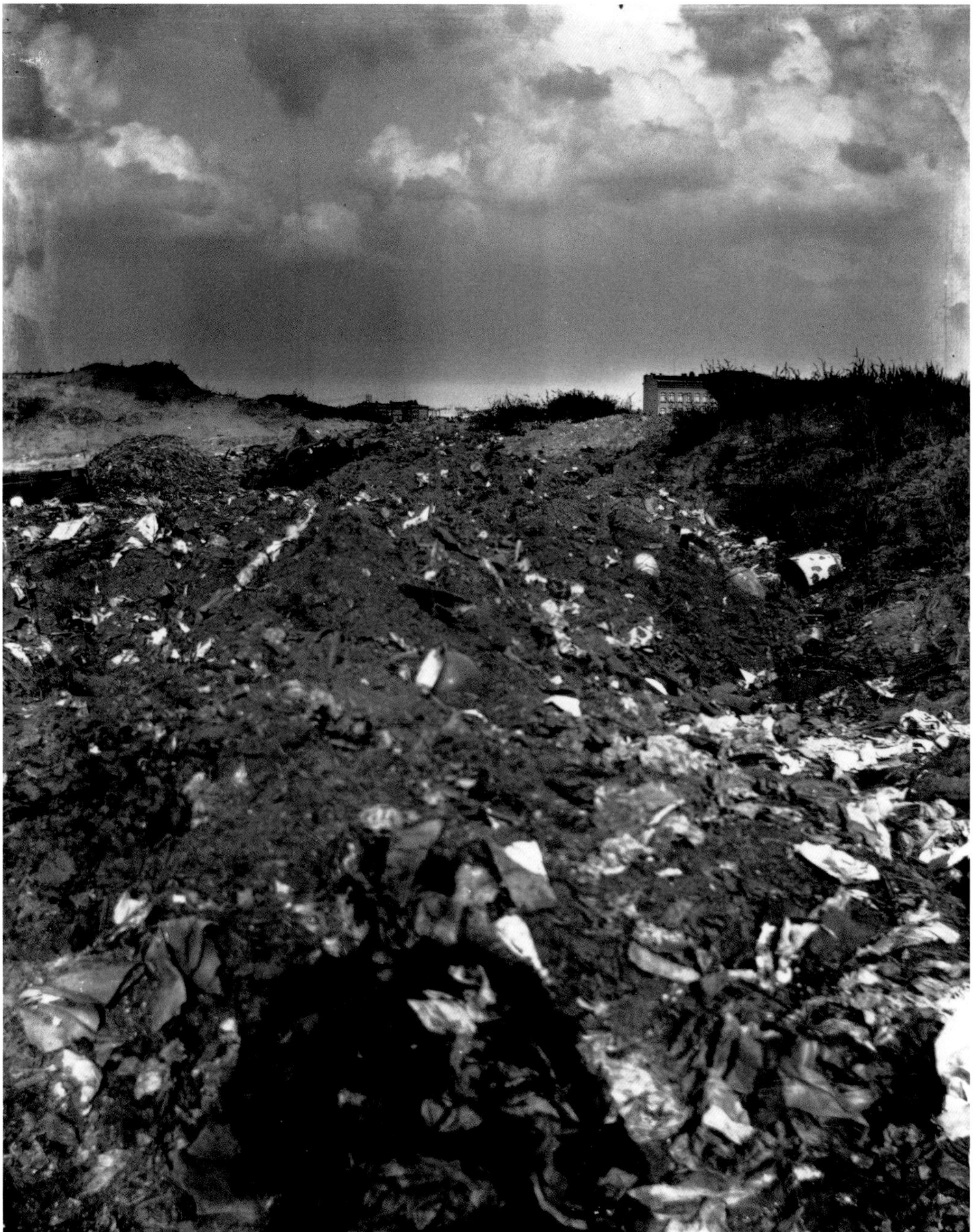

Wilde Müllkippe in Charlottenburg, Sommer 1898
WV 122

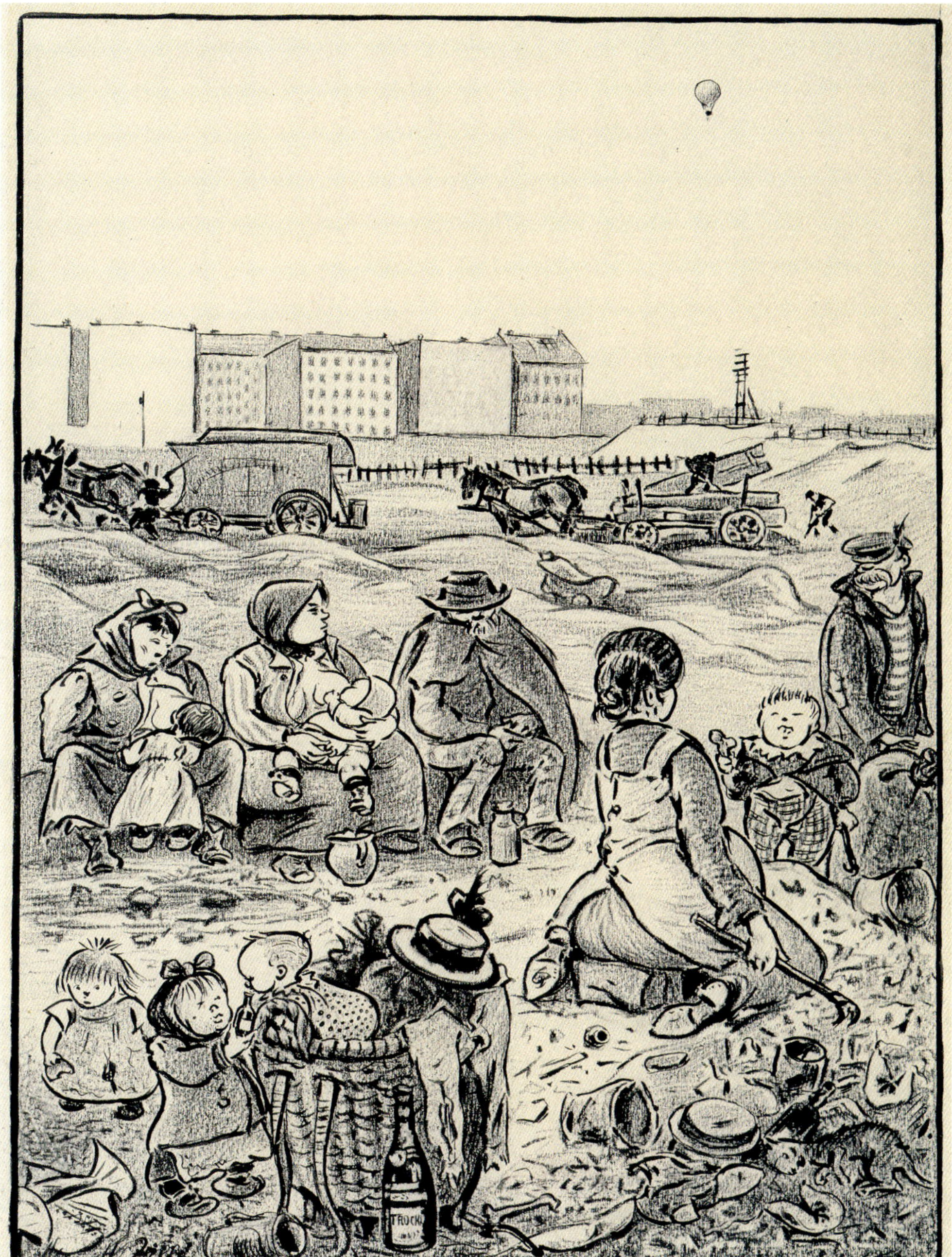

Rast auf dem Müllplatz vor der Stadt, o. J.
Feder, schwarze Kreide, 32 x 24,5 cm

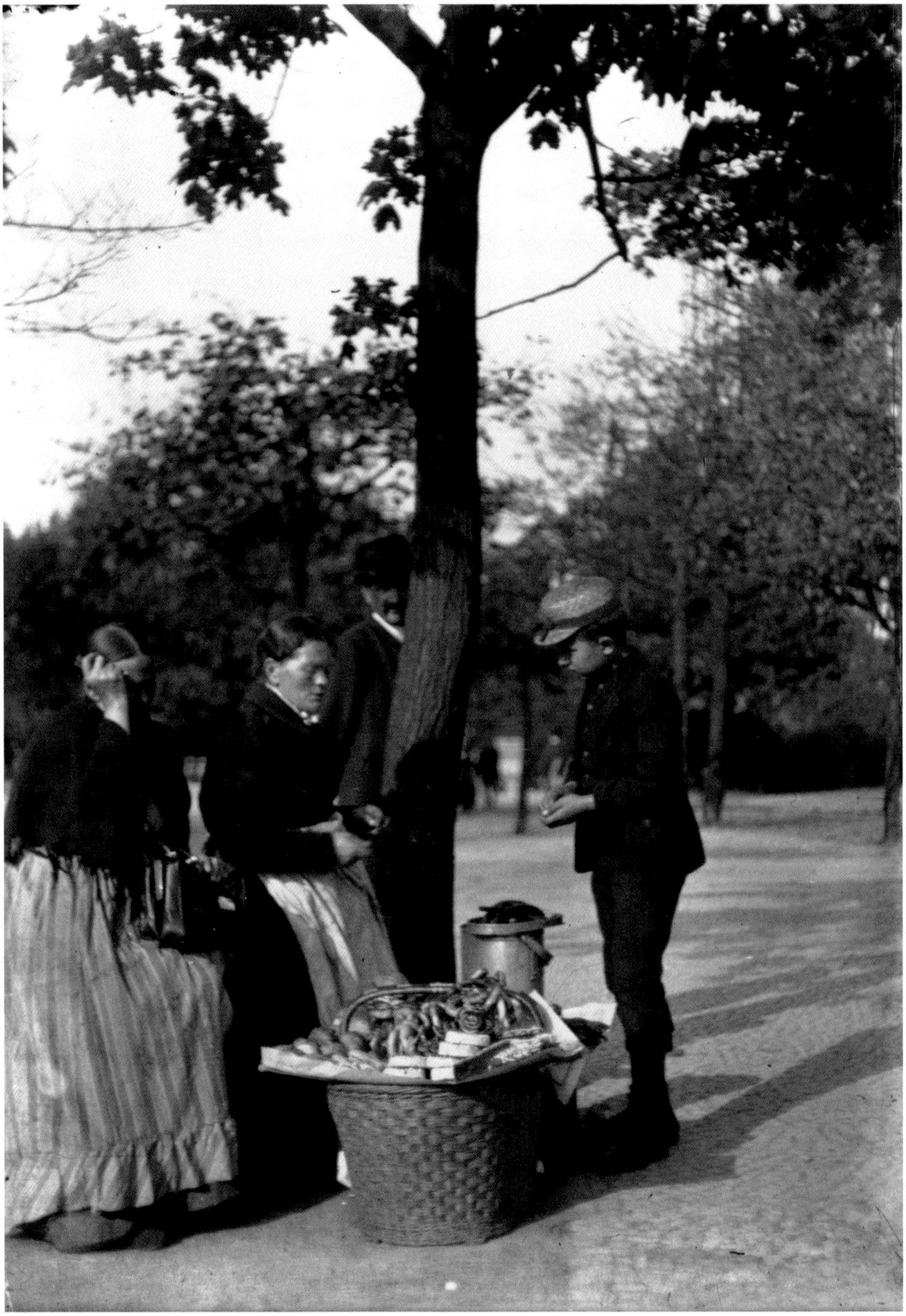

Brezelstand, rechts Zilles Sohn Hans, Sommer 1897
WV 52

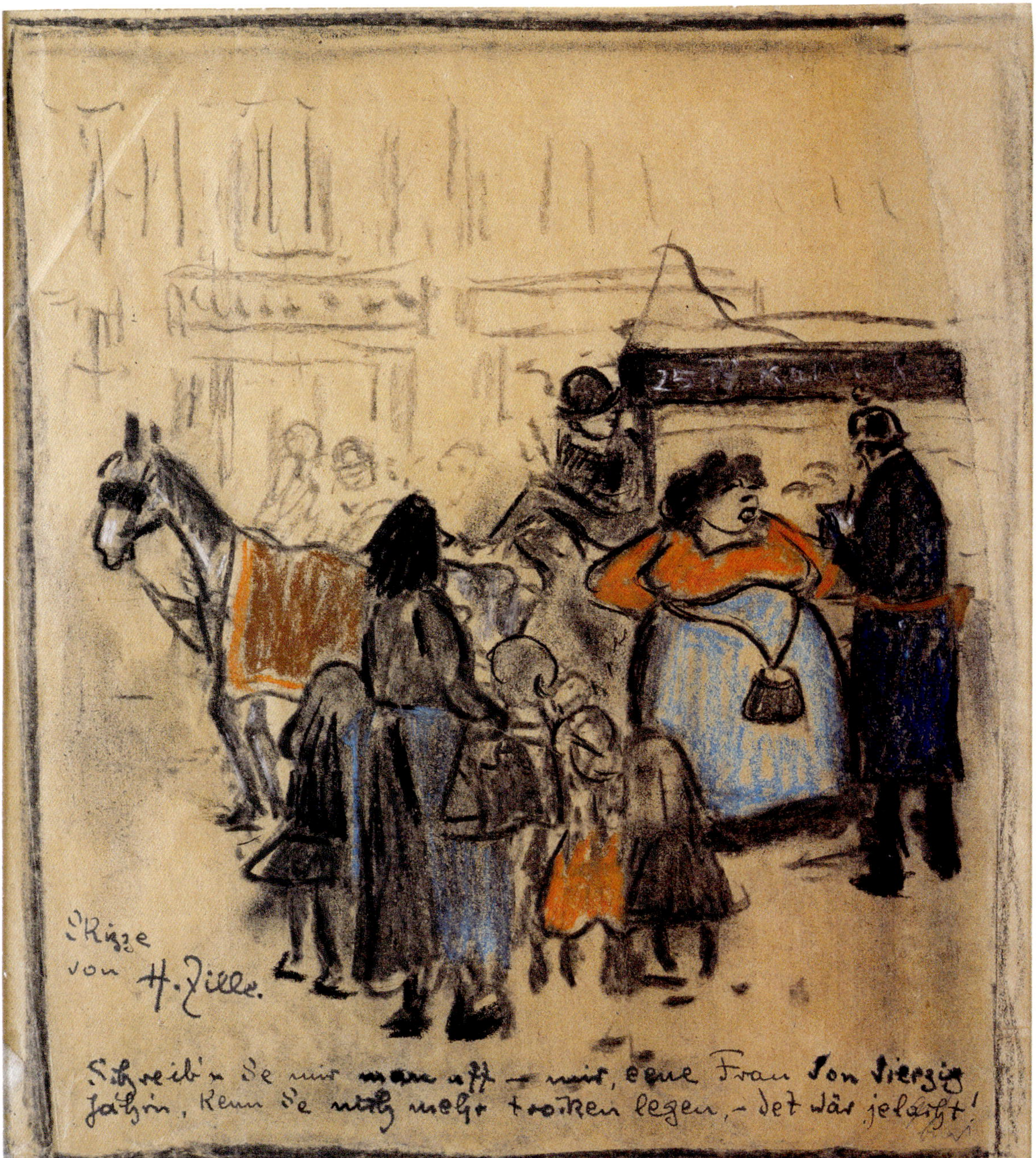

Verbotener Straßenhandel, um 1913
Schwarze und farbige Kreiden, 37 x 32,5 cm

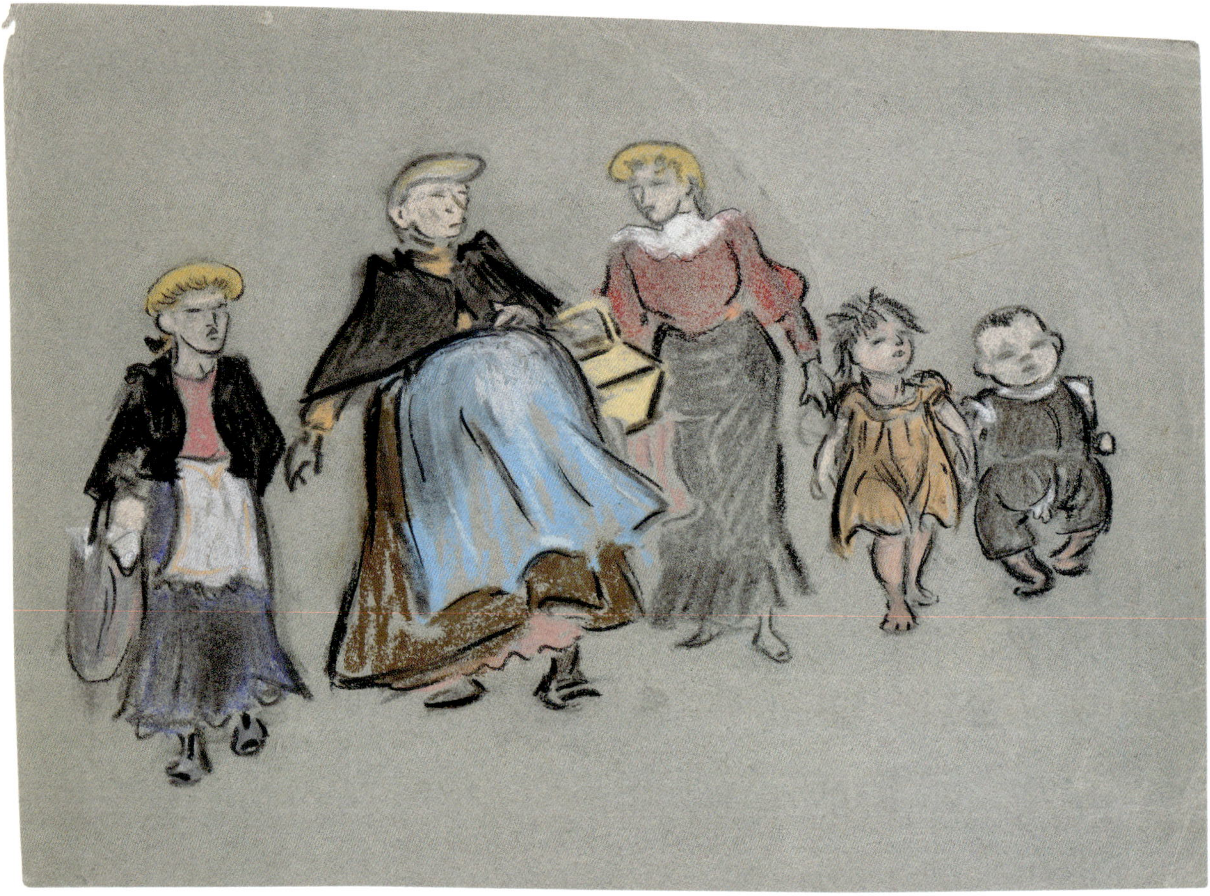

Mütter und Kinder, o. J.
Schwarze und farbige Kreiden, 20,5 x 28 cm

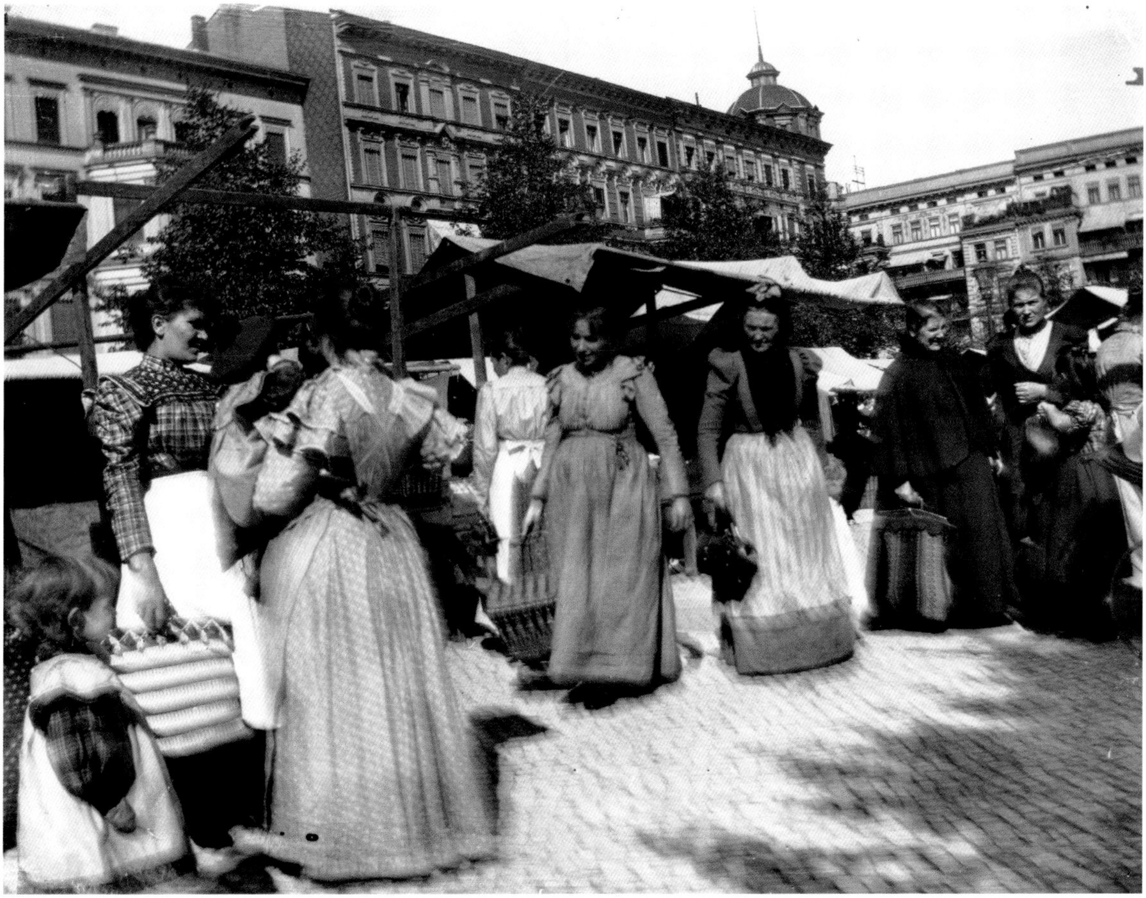

Markt, Friedrich-Karl-Platz, Nordwestseite, Sommer 1898
WV 144

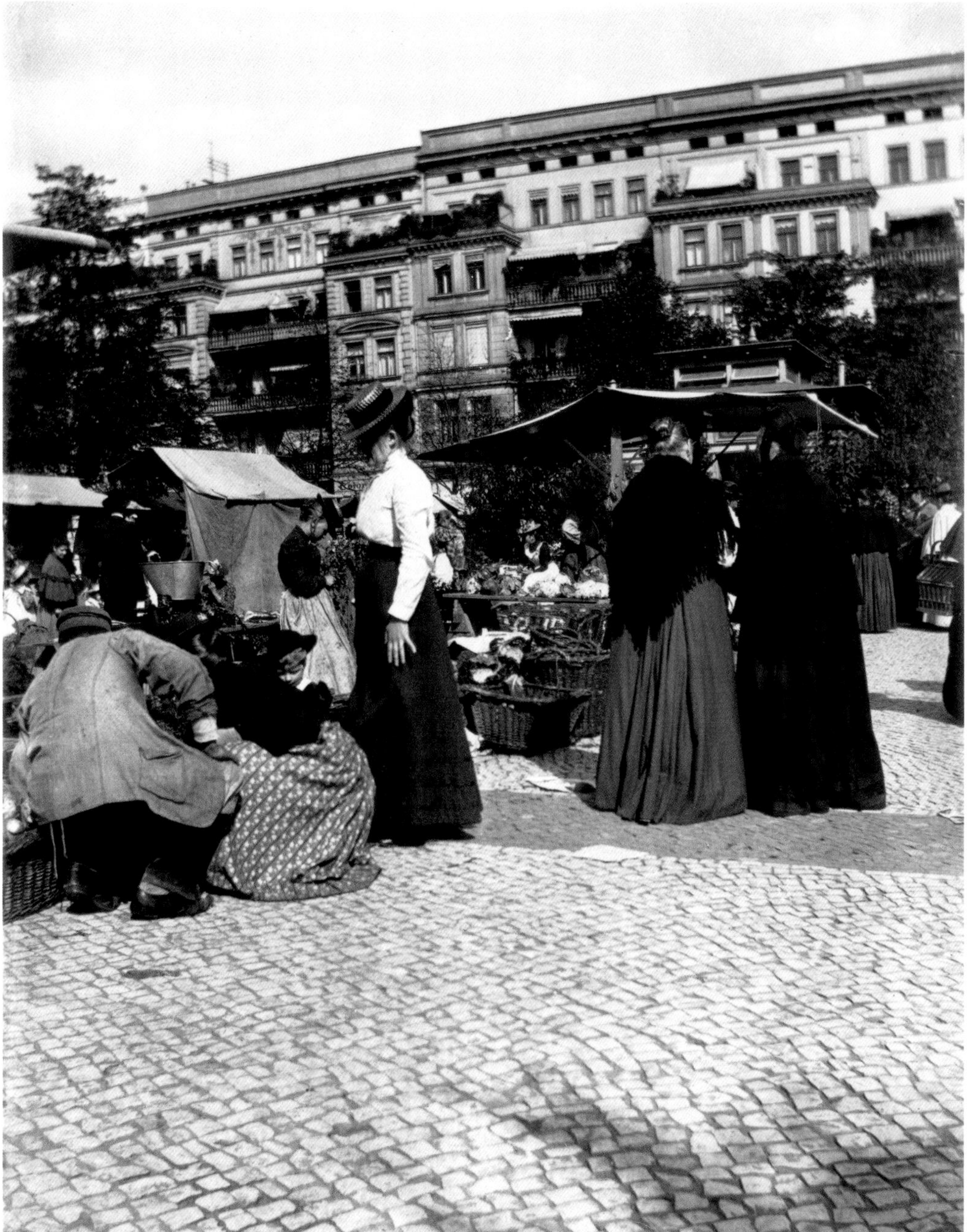

Markt, Friedrich-Karl-Platz, Nordwestseite, Sommer 1898
WV 148

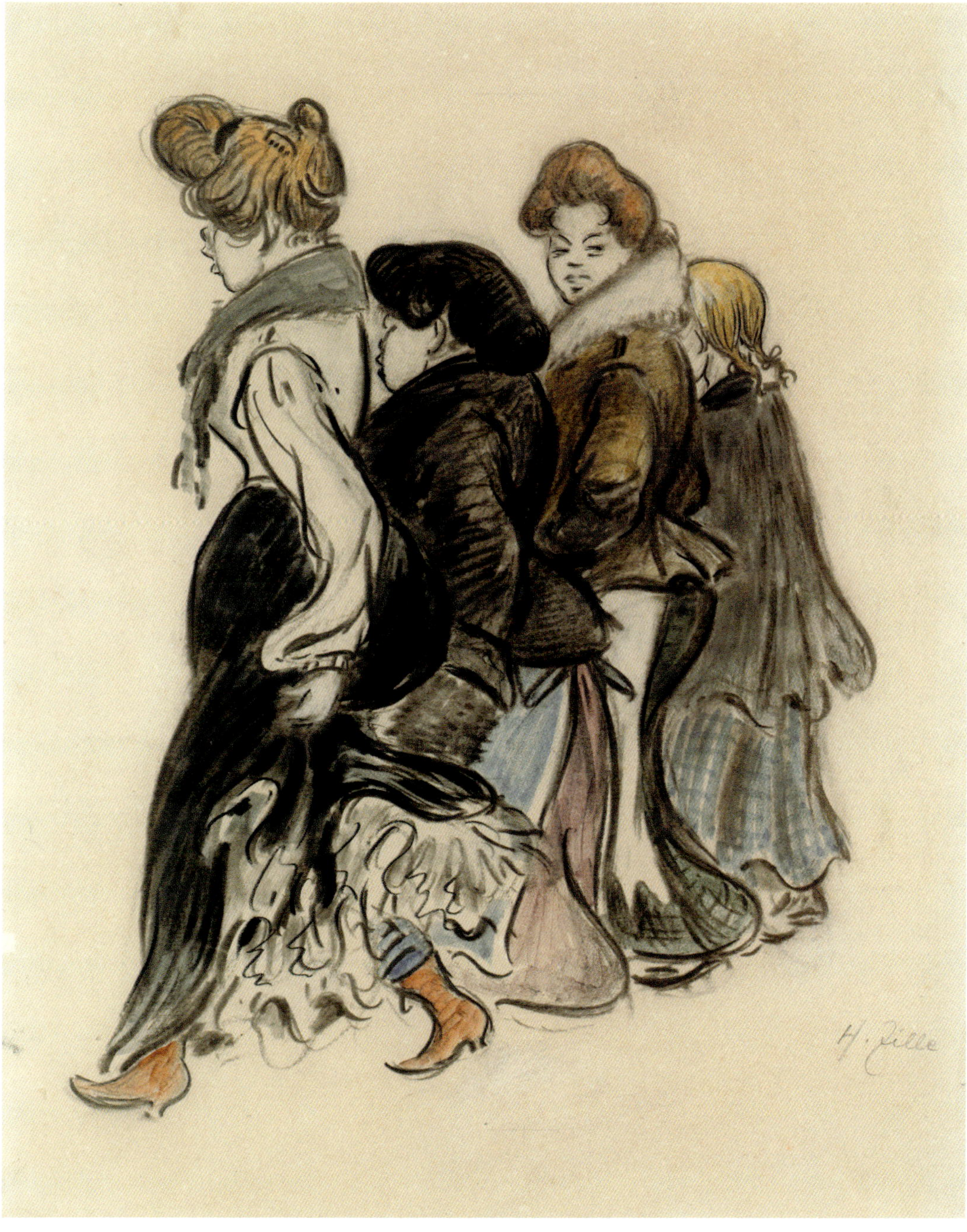

Berlinerinnen, o. J.
Schwarze und farbige Kreiden, Aquarell, 35 x 28

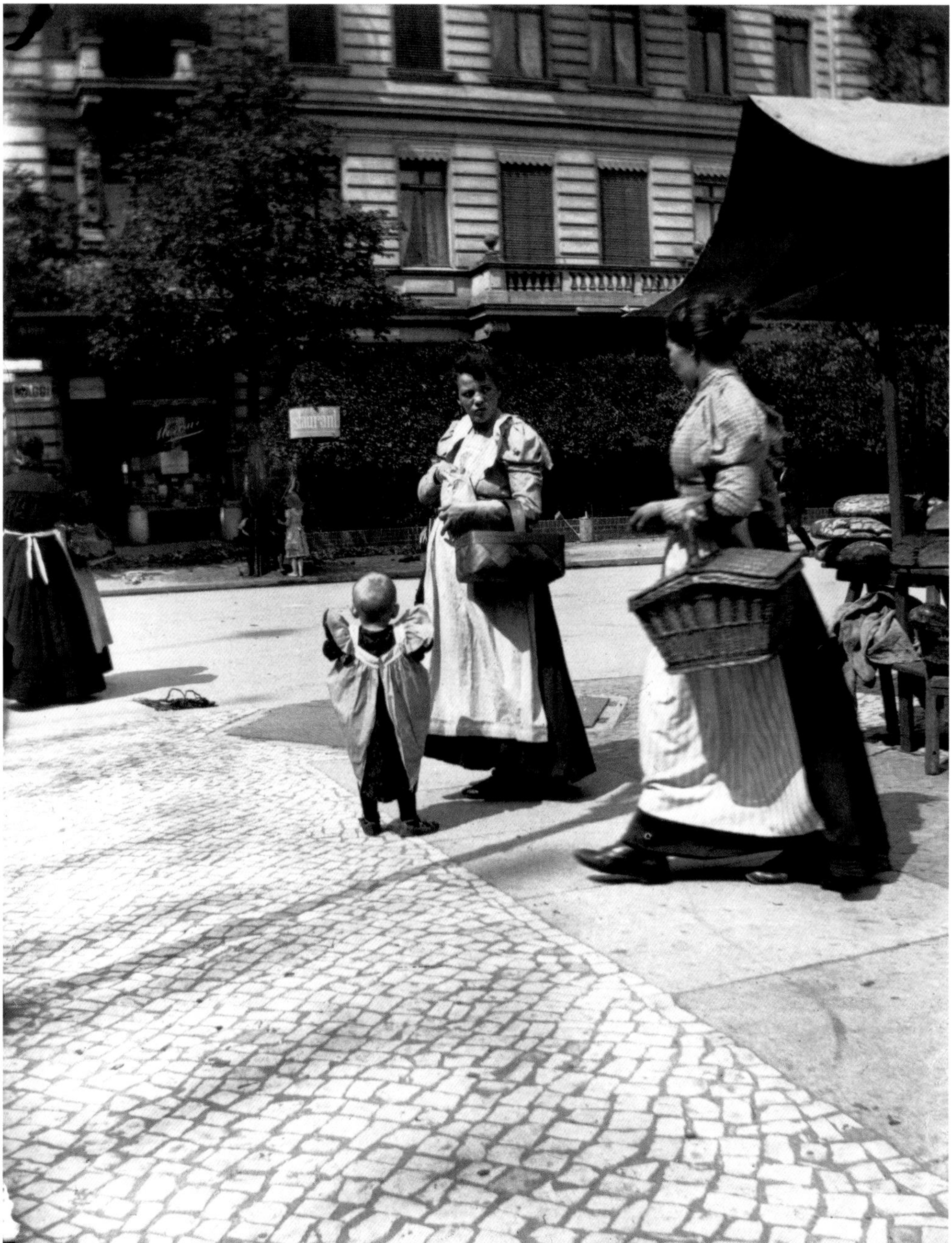

Markt, Friedrich-Karl-Platz, Nordwestseite, Sommer 1898
WV 156

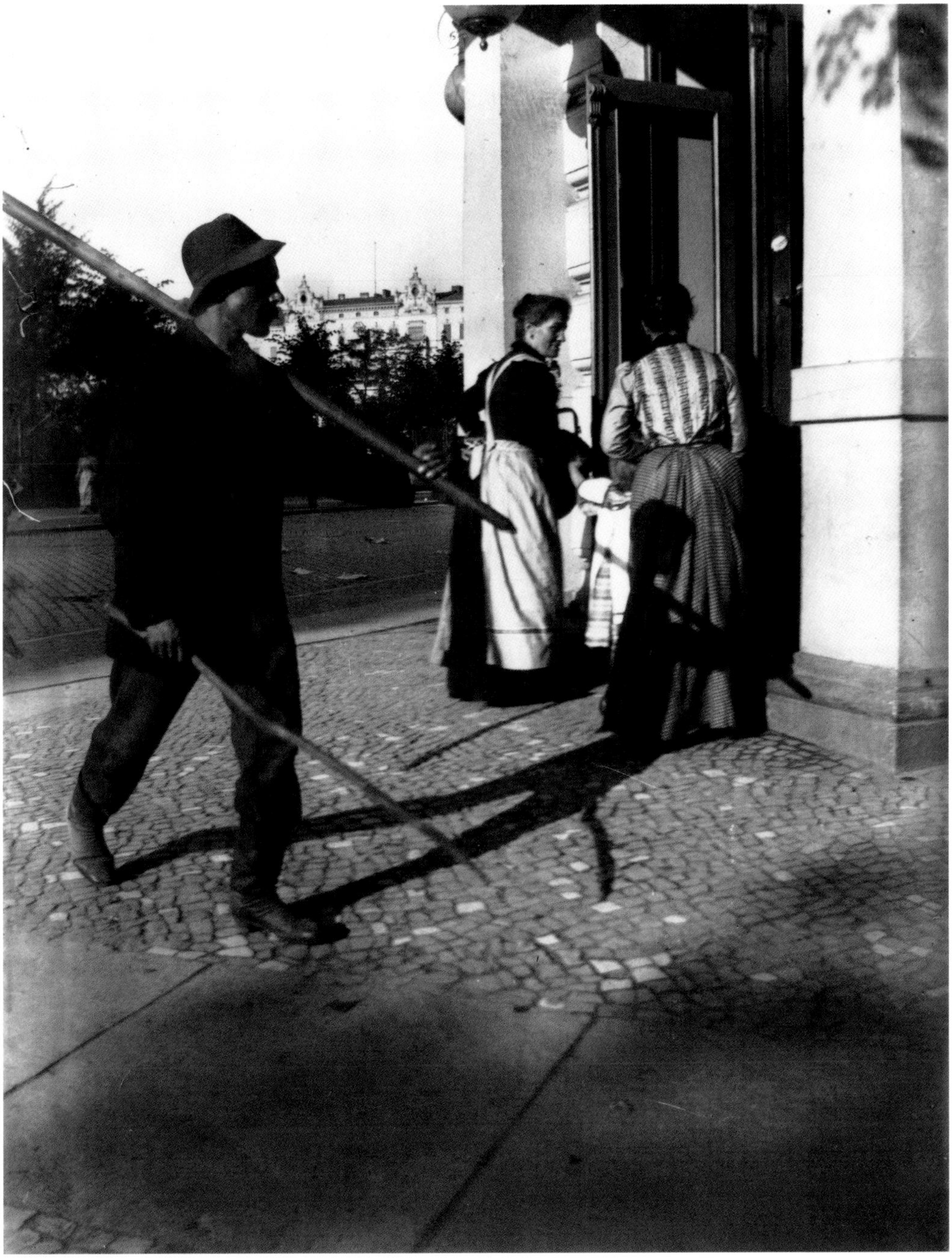

Mann und zwei Frauen auf der Straße, Sommer 1898
WV 142

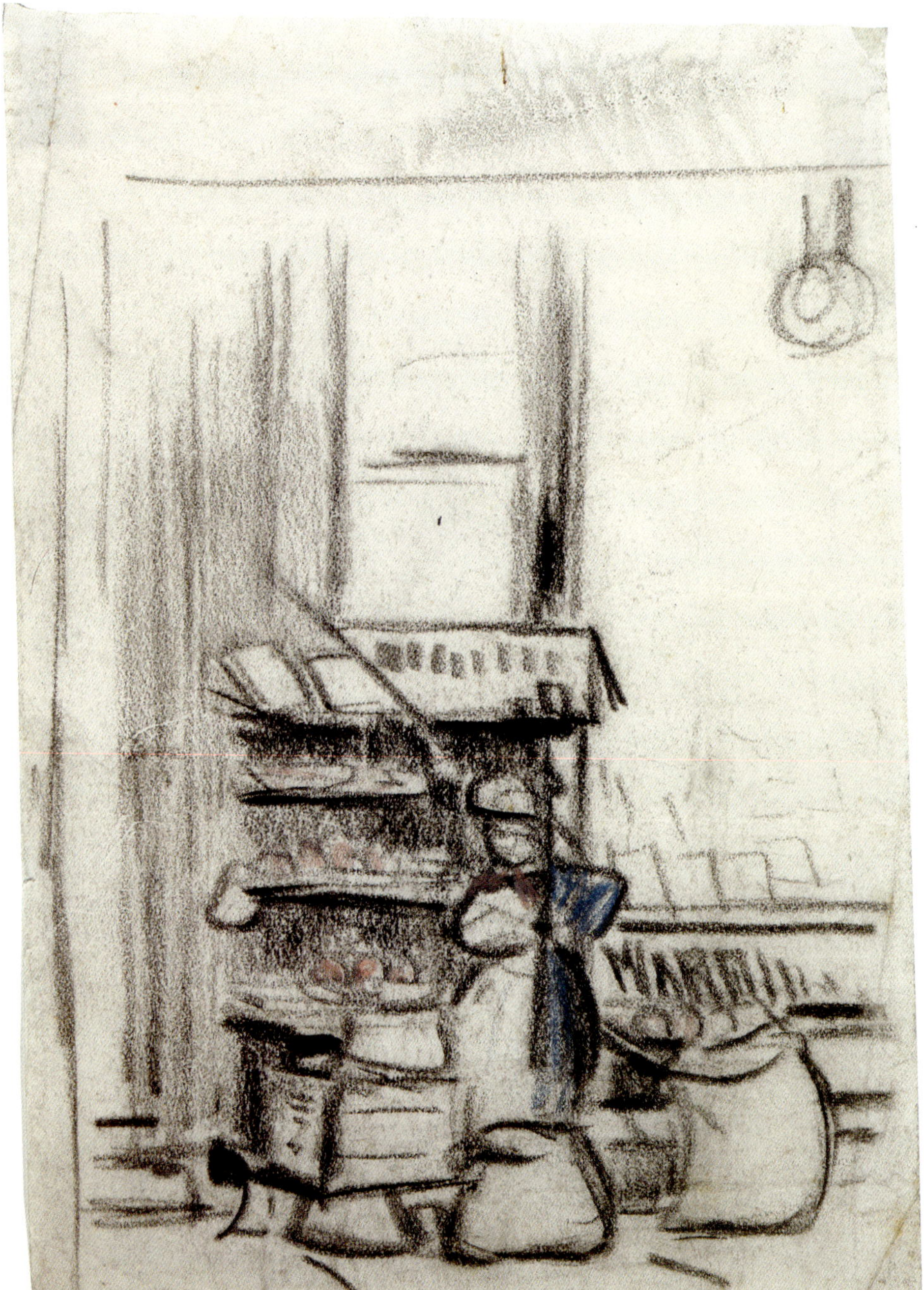

Marktstand, o. J.
Schwarze und farbige Kreiden, 19,5 x 13,5 cm

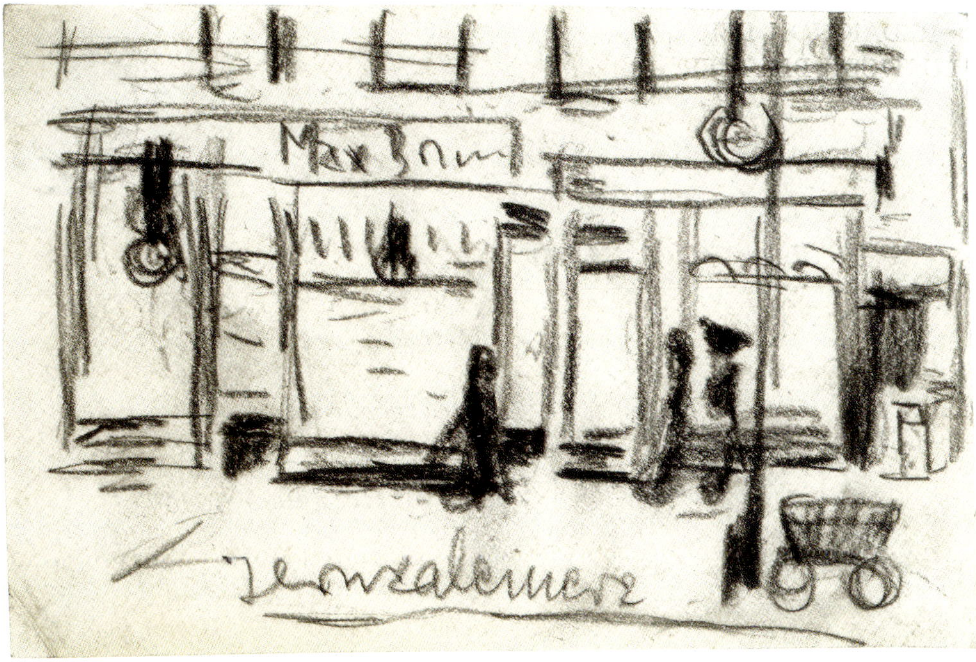

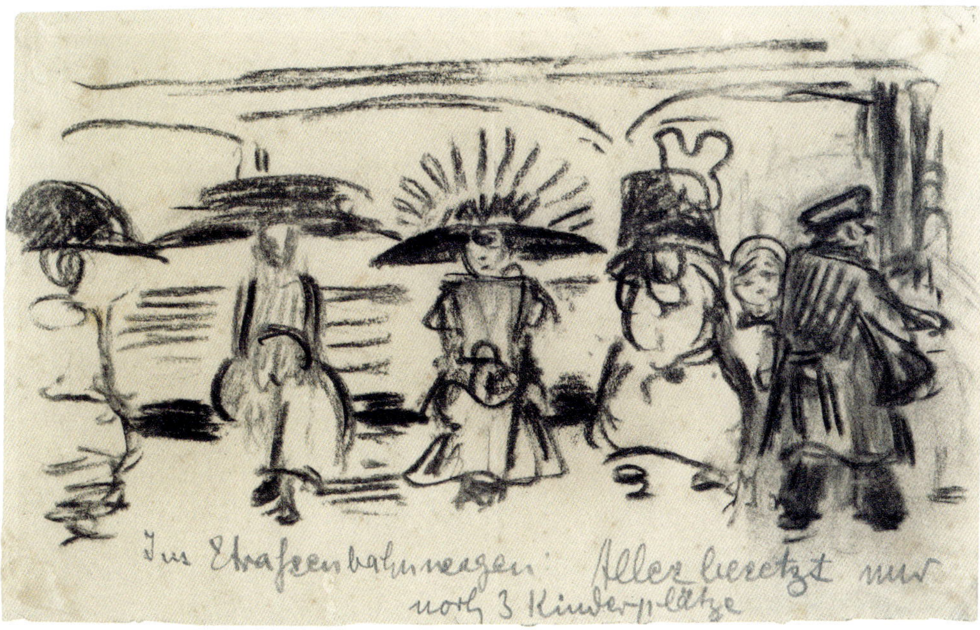

Jerusalemer Straße, o. J.
Schwarze Kreide, 11 x 16,5 cm

Im Straßenbahnwagen, o. J.
Schwarze Kreide, 12,5 x 20 cm

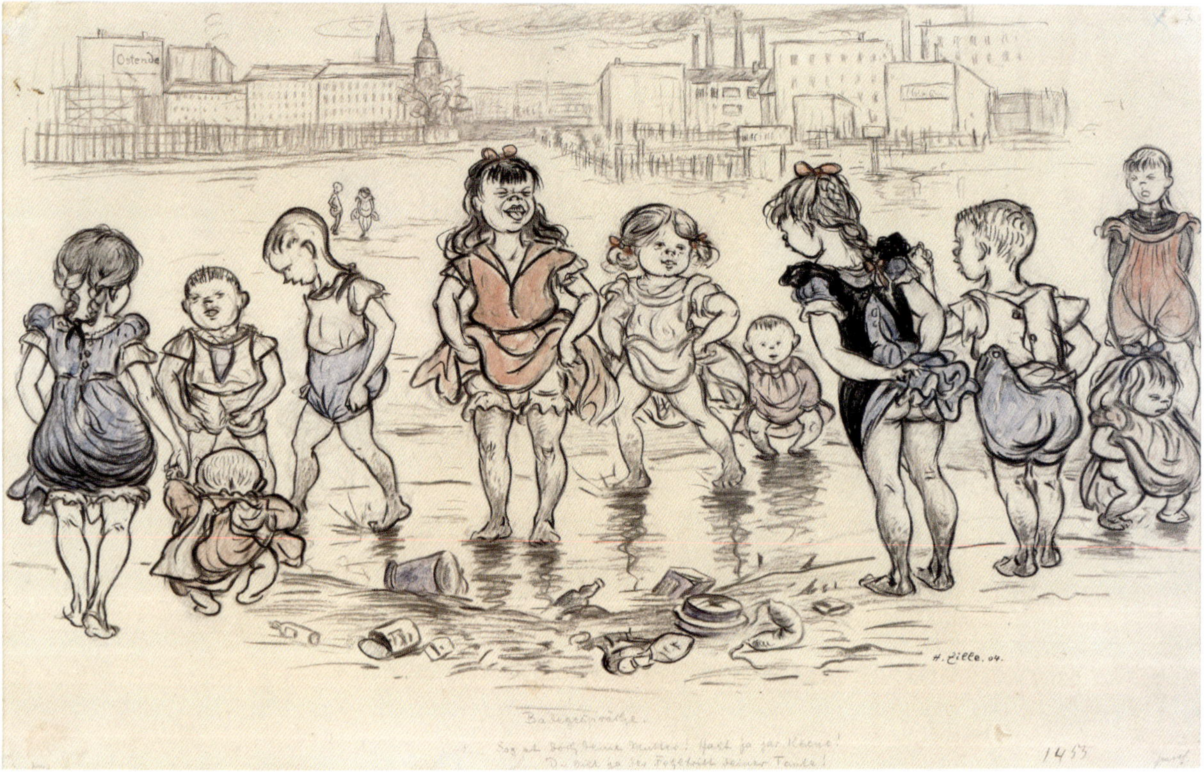

Badegespräche, 1904
Kreide, Tusche, Aquarell, 29 x 45,5 cm

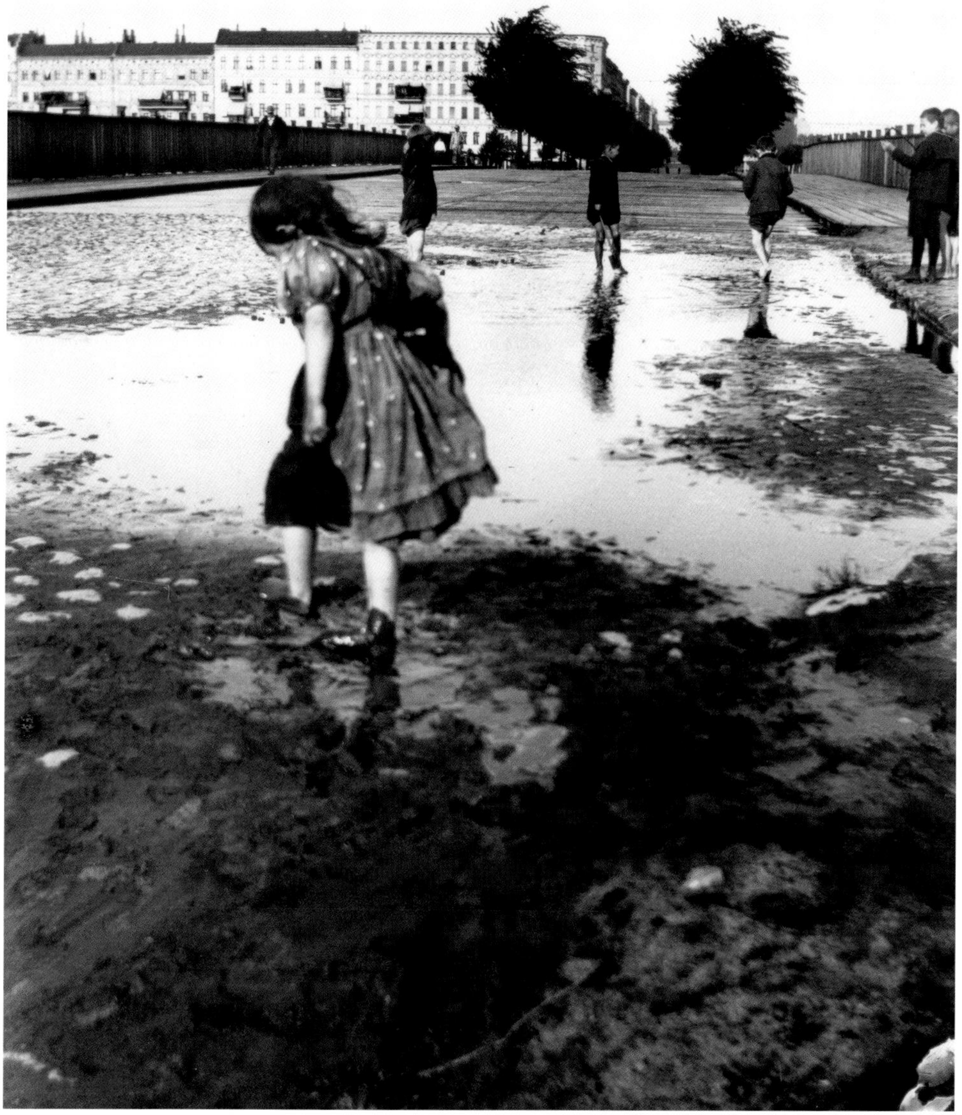

Kinder auf der Knobelsdorffbrücke, Blick Richtung Charlottenburg, Sommer 1898
WV 159

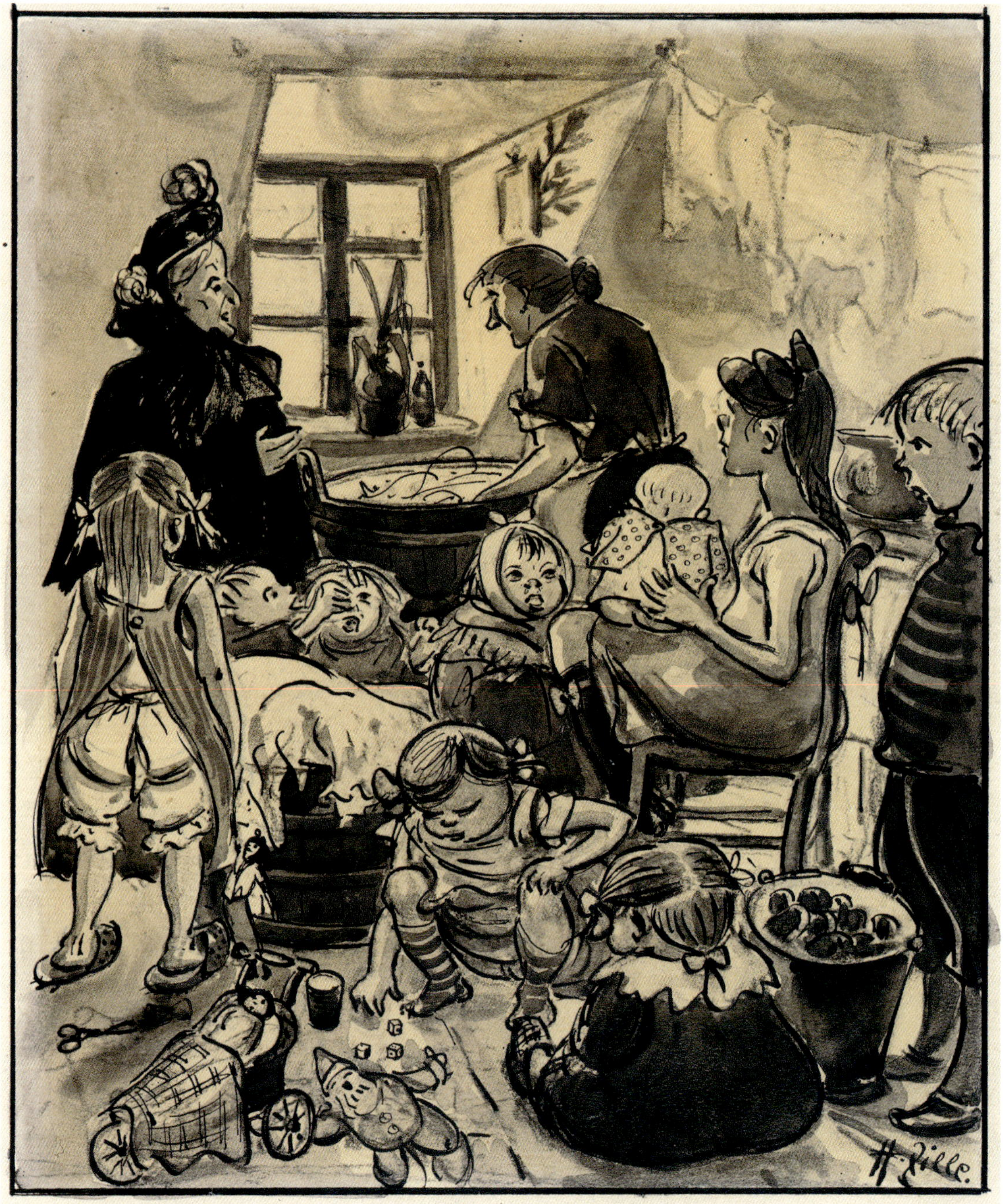

Besuch in der Dachkammer, o. J.
Feder, Kreide, schwarze Tusche, 30 x 25 cm

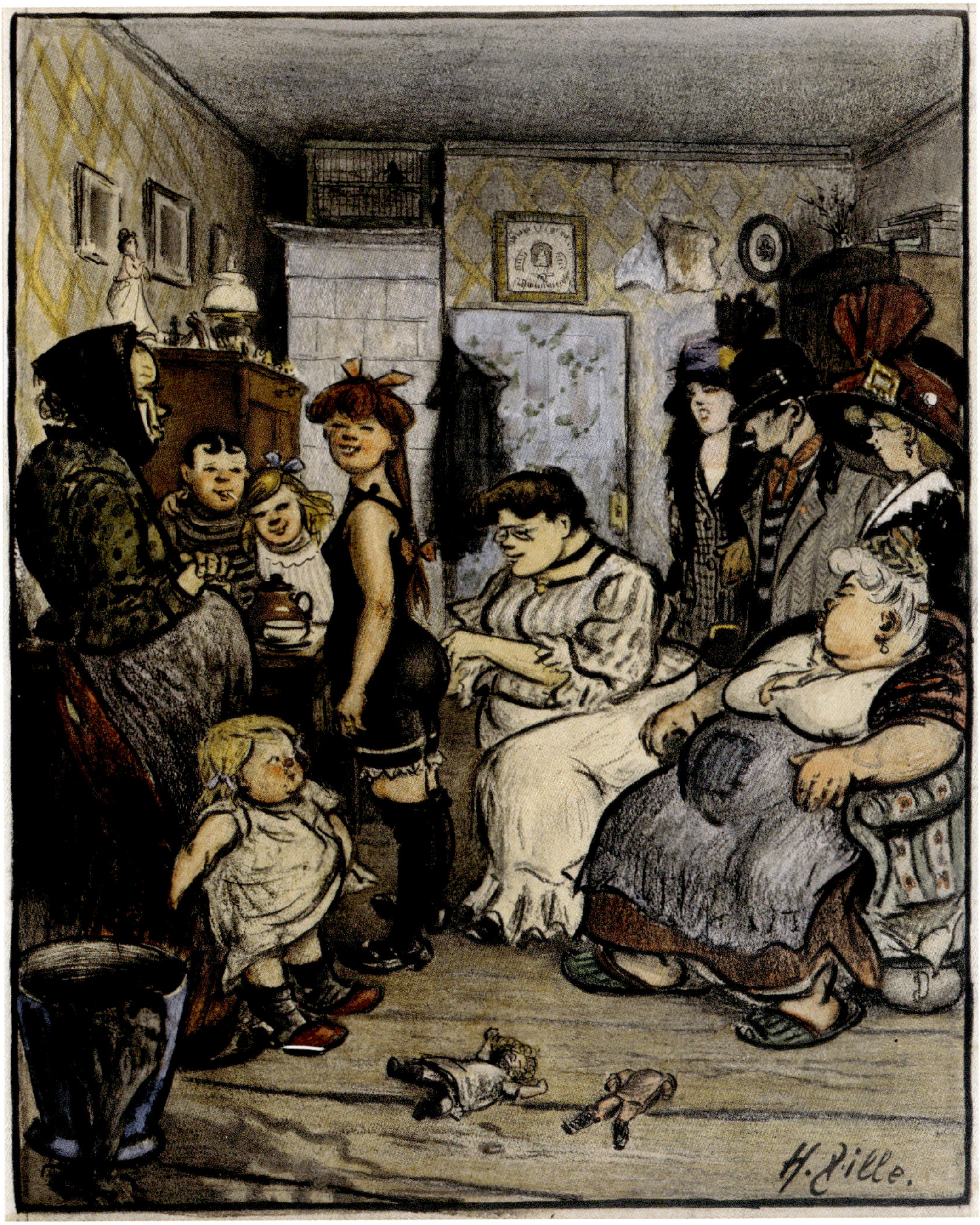

In die Ferienkolonie, 1911
Schwarze und farbige Kreiden, Feder, Aquarell, 39,5 x 30,5 cm

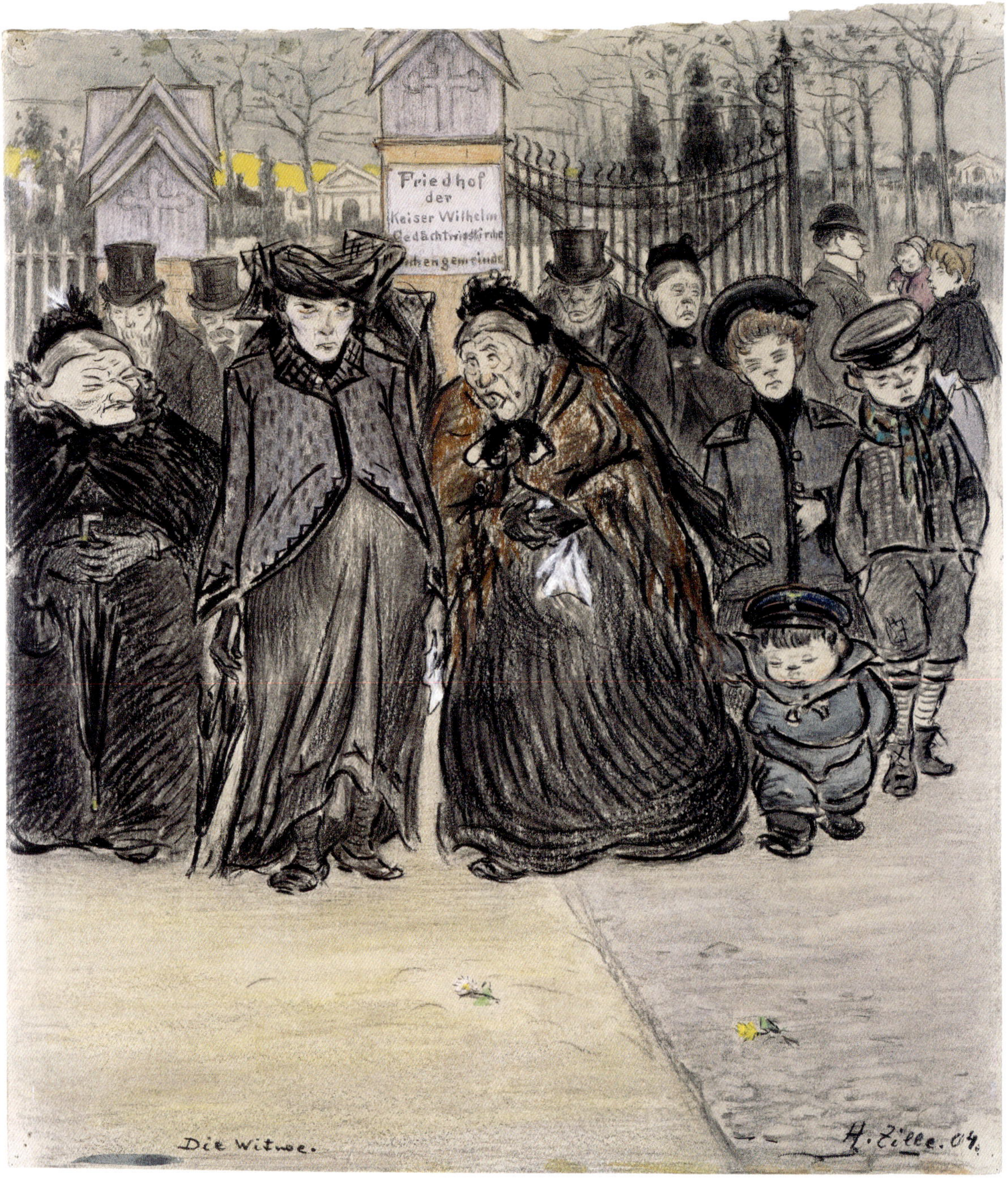

Die Witwe, 1904
Schwarze und farbige Kreiden, Aquarell, 31,5 x 28 cm

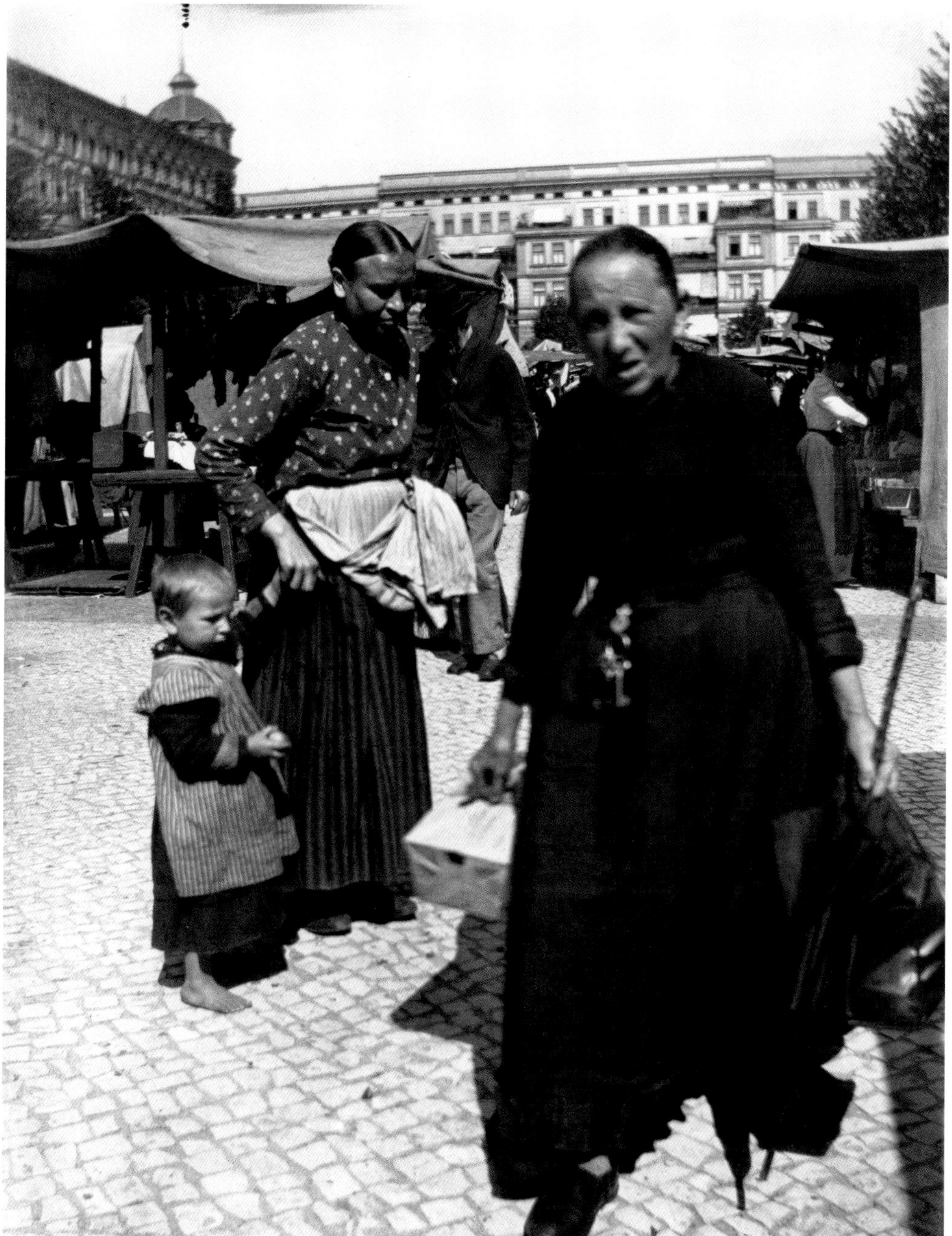

Markt, Friedrich-Karl-Platz, Nordwestseite, Sommer 1898
WV 153

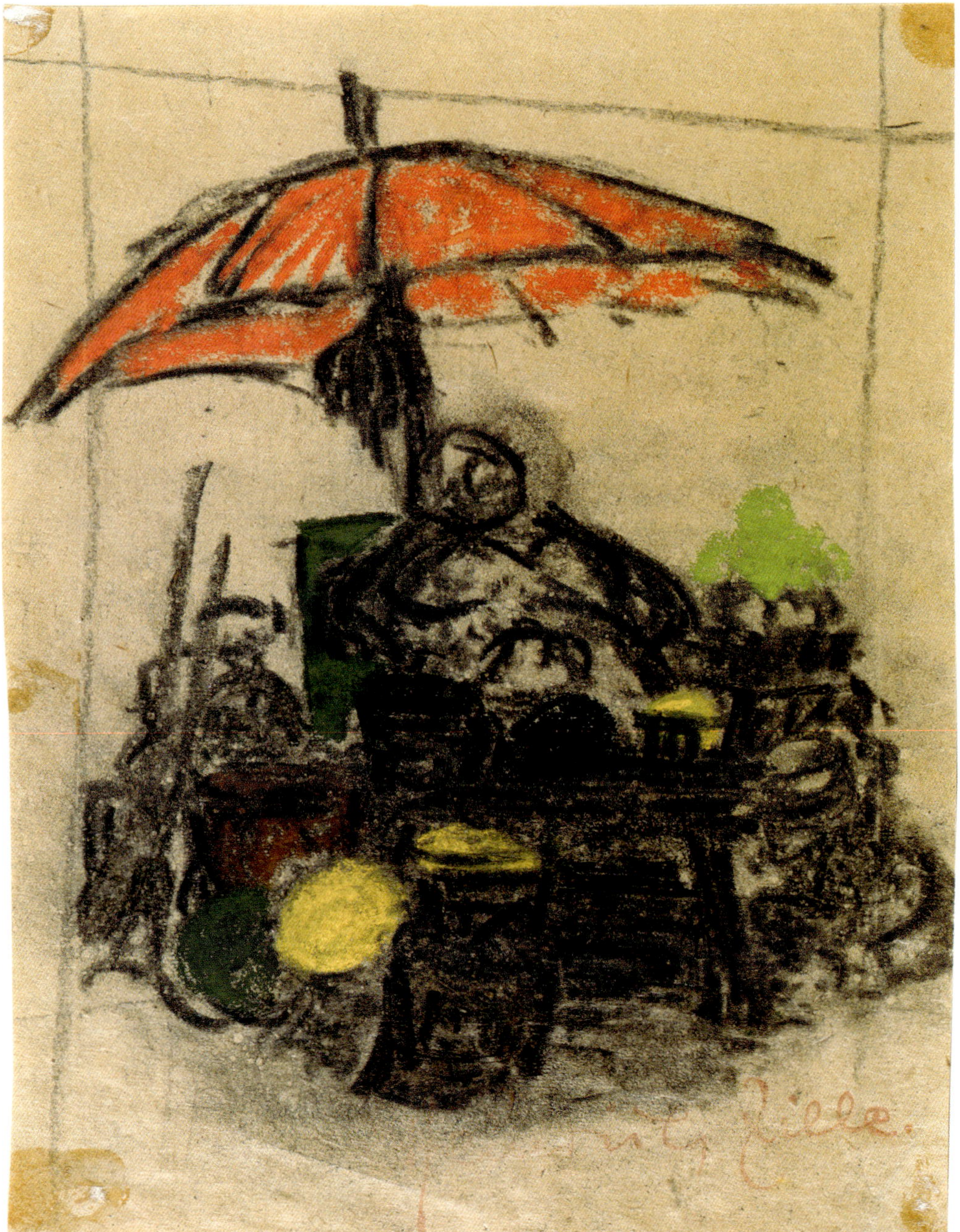

Marktfrau mit rotem Schirm, o. J.
Graphit, Kohle und farbige Kreiden, 21,5 x 16,5 cm

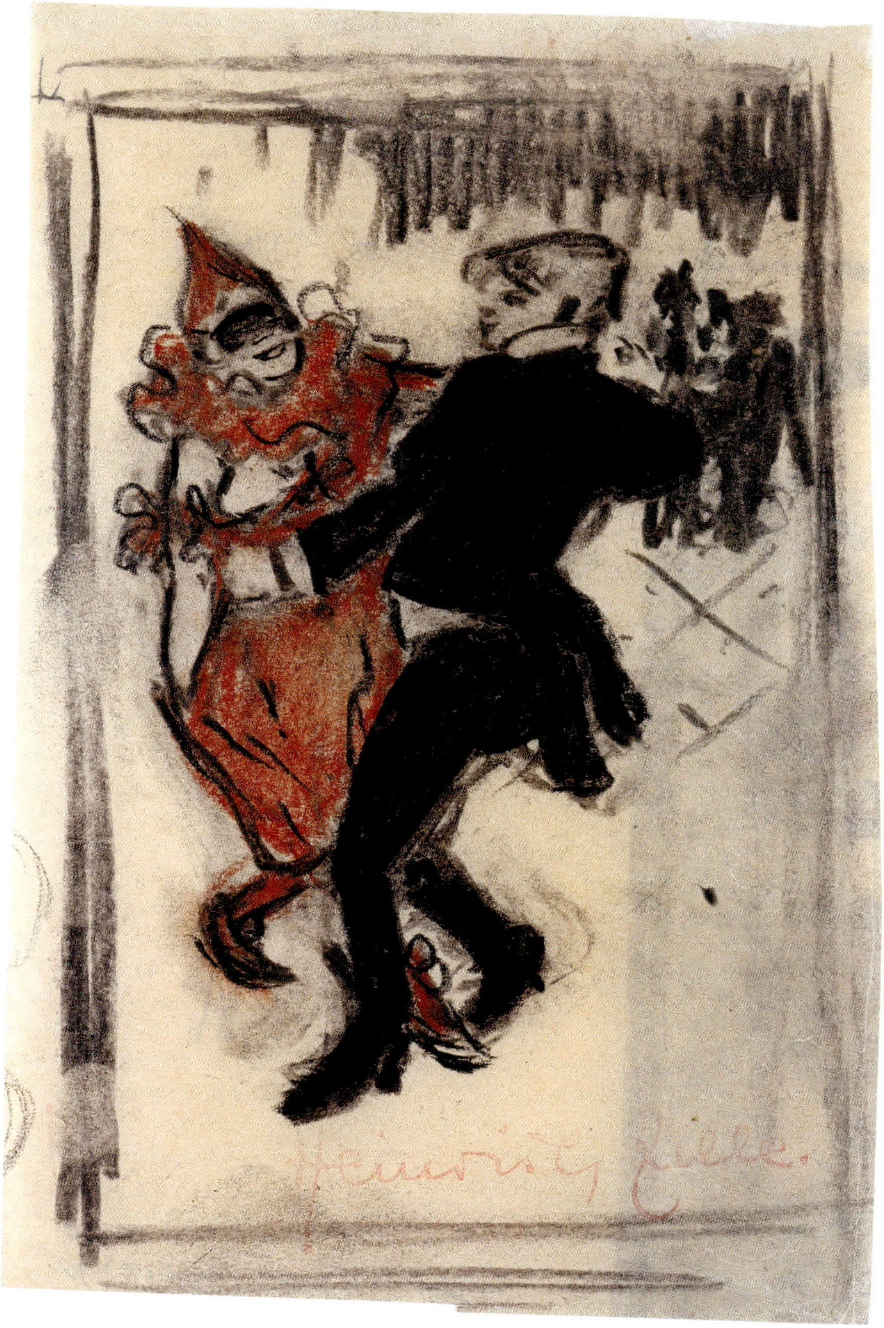

Tanzendes Paar beim Maskenball, o. J.
Schwarze und farbige Kreiden, 22,5 x 14,5 cm

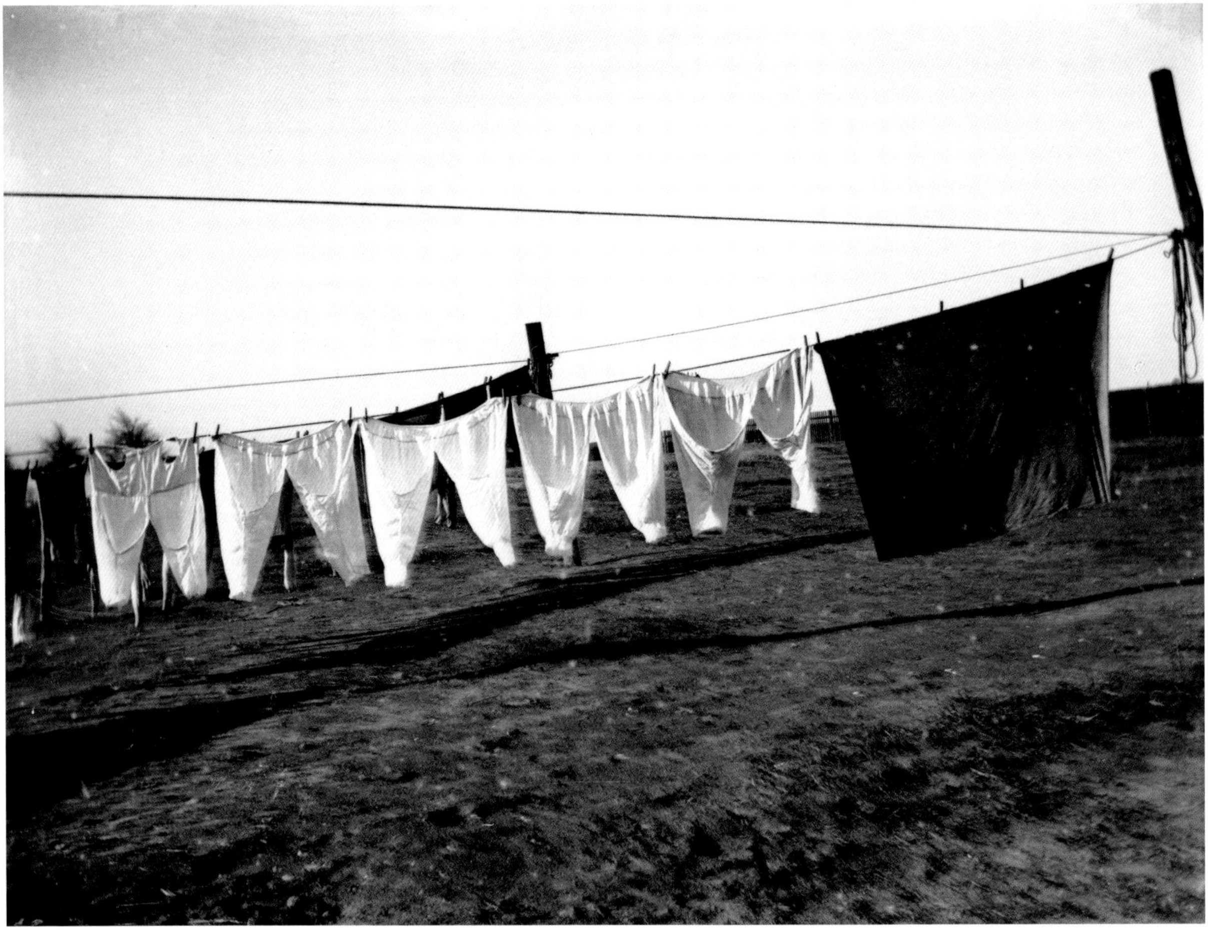

Trockenplatz gegenüber Zilles Wohnung in der Sophie-Charlotte-Straße, Herbst 1899
WV 257

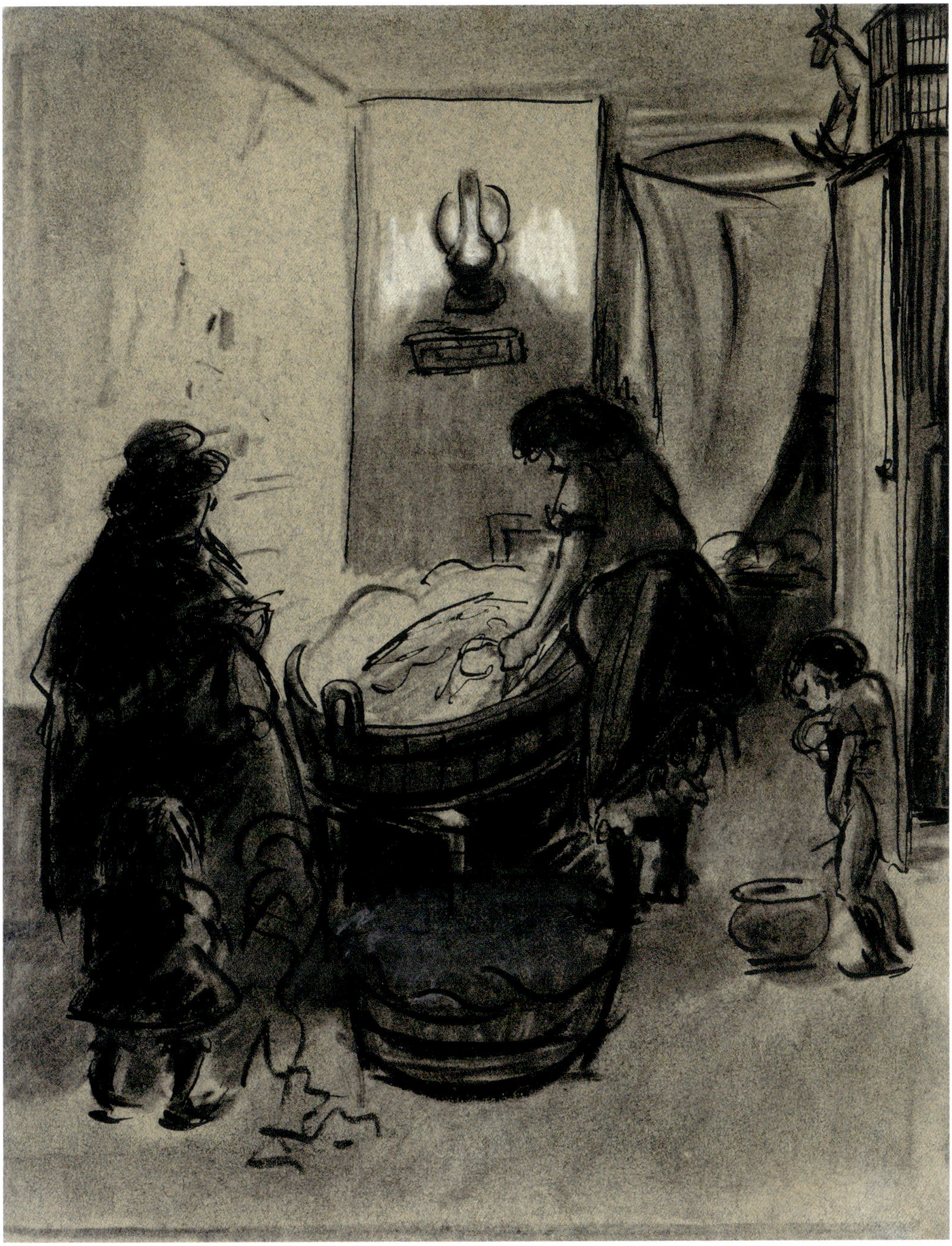

Beim Wäschewaschen, um 1910
Tuschfeder und Kohle, laviert, Nachlaß, 23 x 17,5 cm

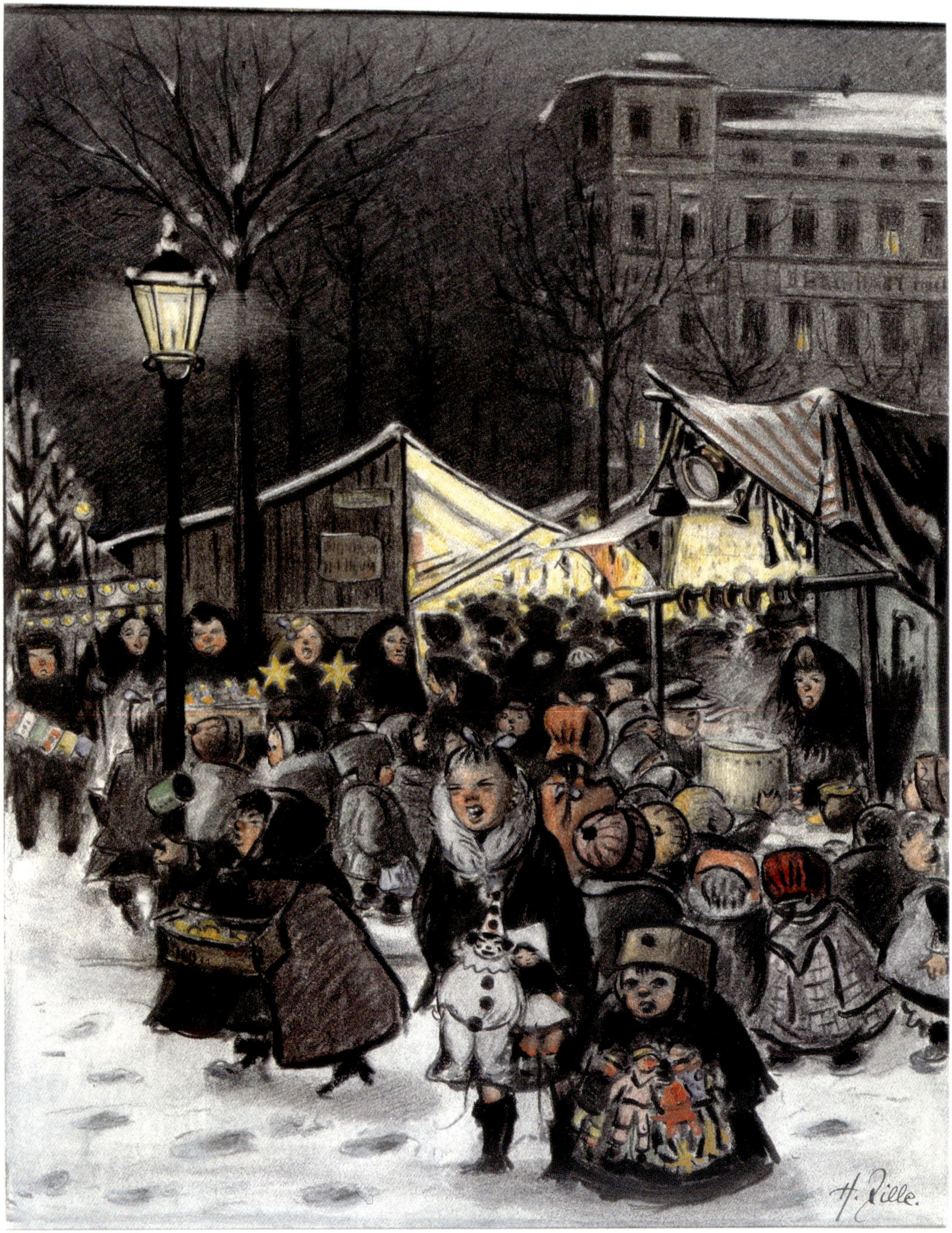

Weihnachtsmarkt am Arkonaplatz, um 1912
Schwarze und farbige Kreiden, 43,5 x 33 cm

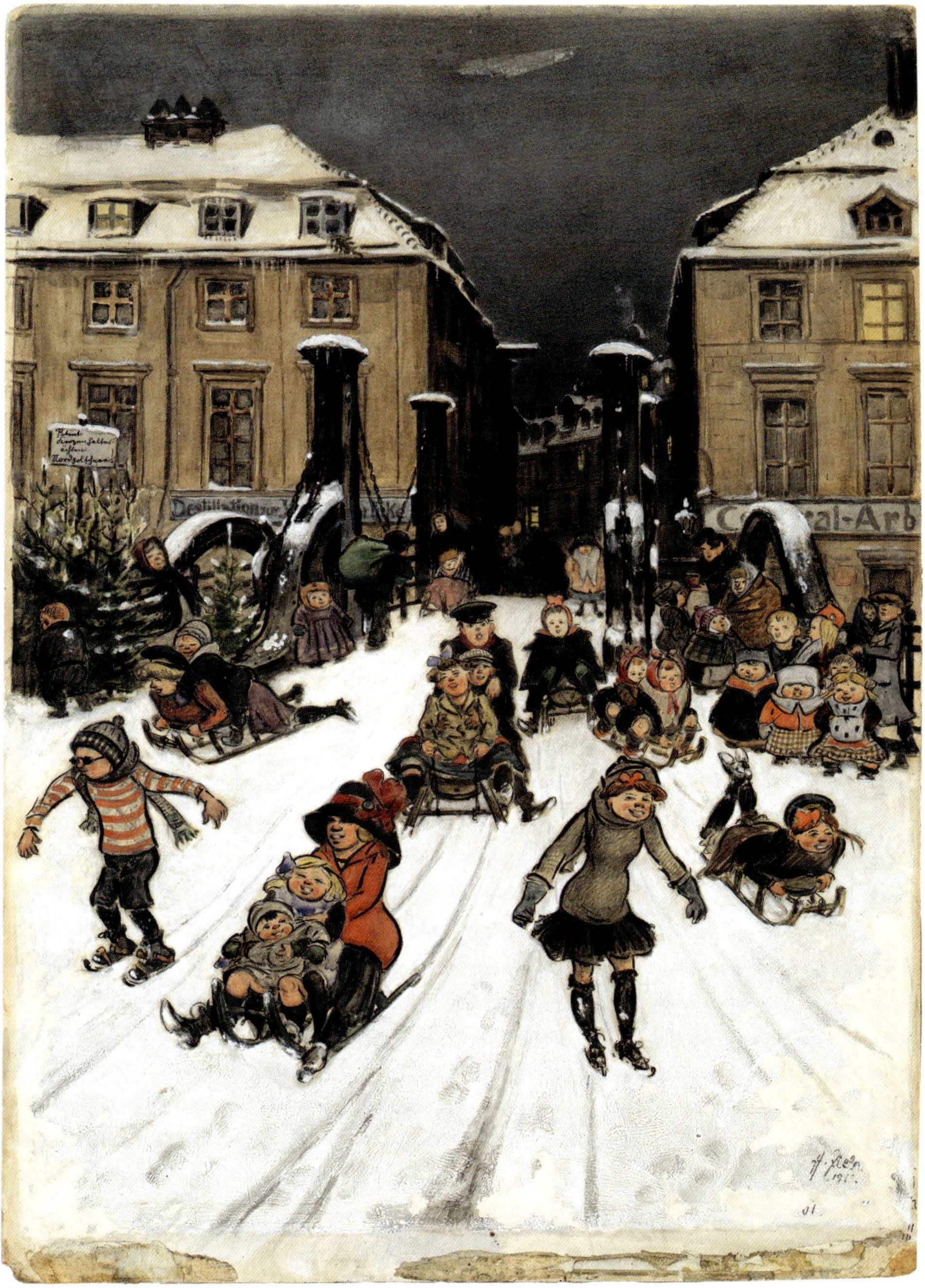

Winterfreuden an der Jungfernbrücke, 1911
Schwarze Kreide und Aquarell, 59,5 x 43 cm

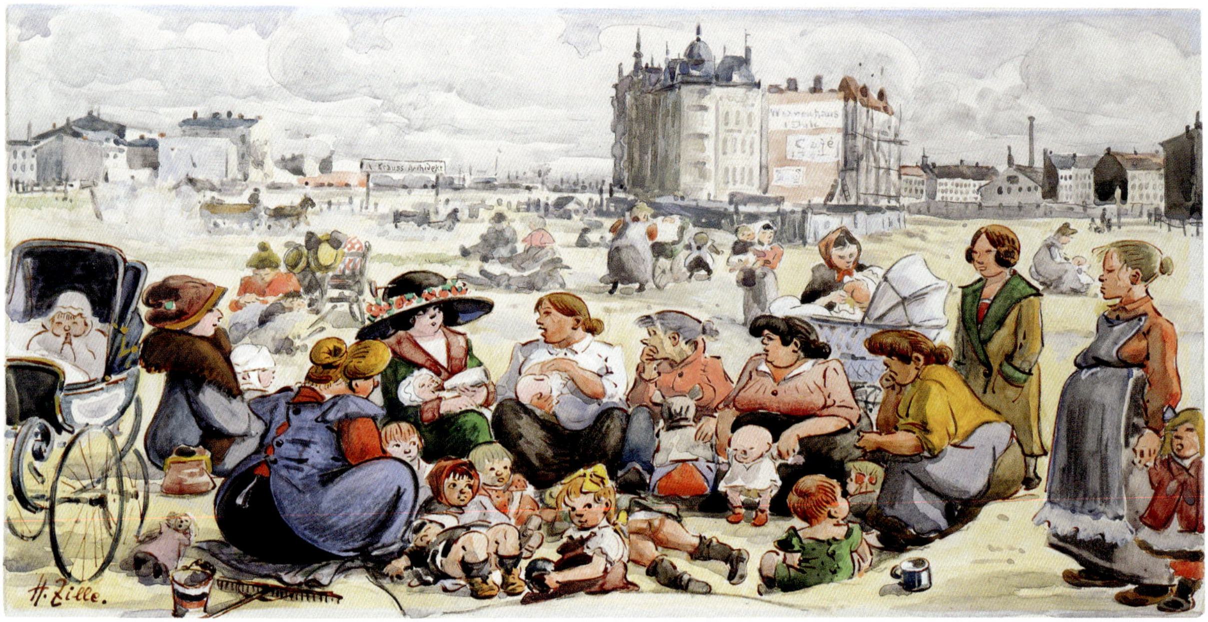

Das Flaschenkind, o. J.
Schwarze Kreide, Aquarell und Deckfarbe, 20,5 x 39 cm

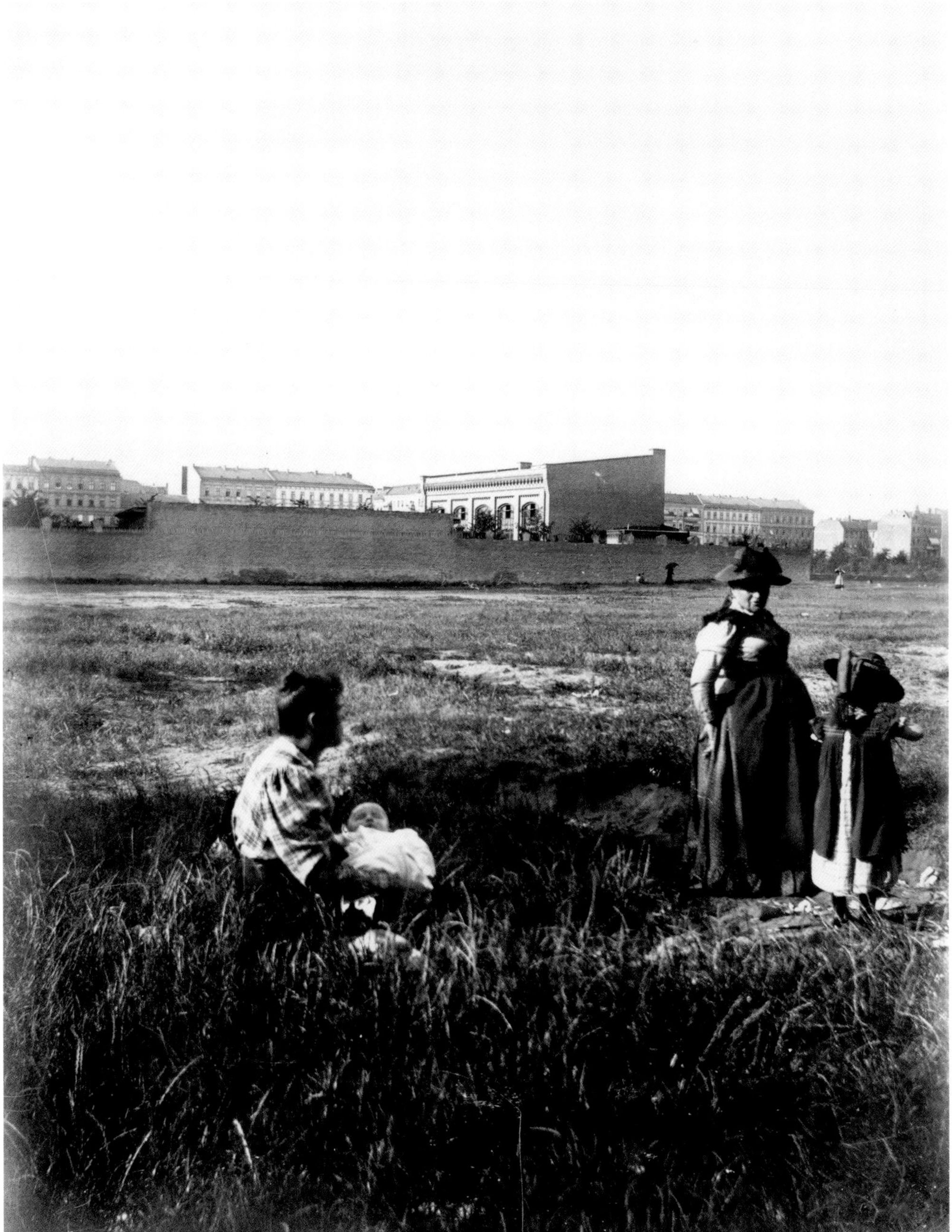

Frauen mit Kindern, Blick auf die Turnhalle der Gemeindeschule, Sommer 1898
WV 137

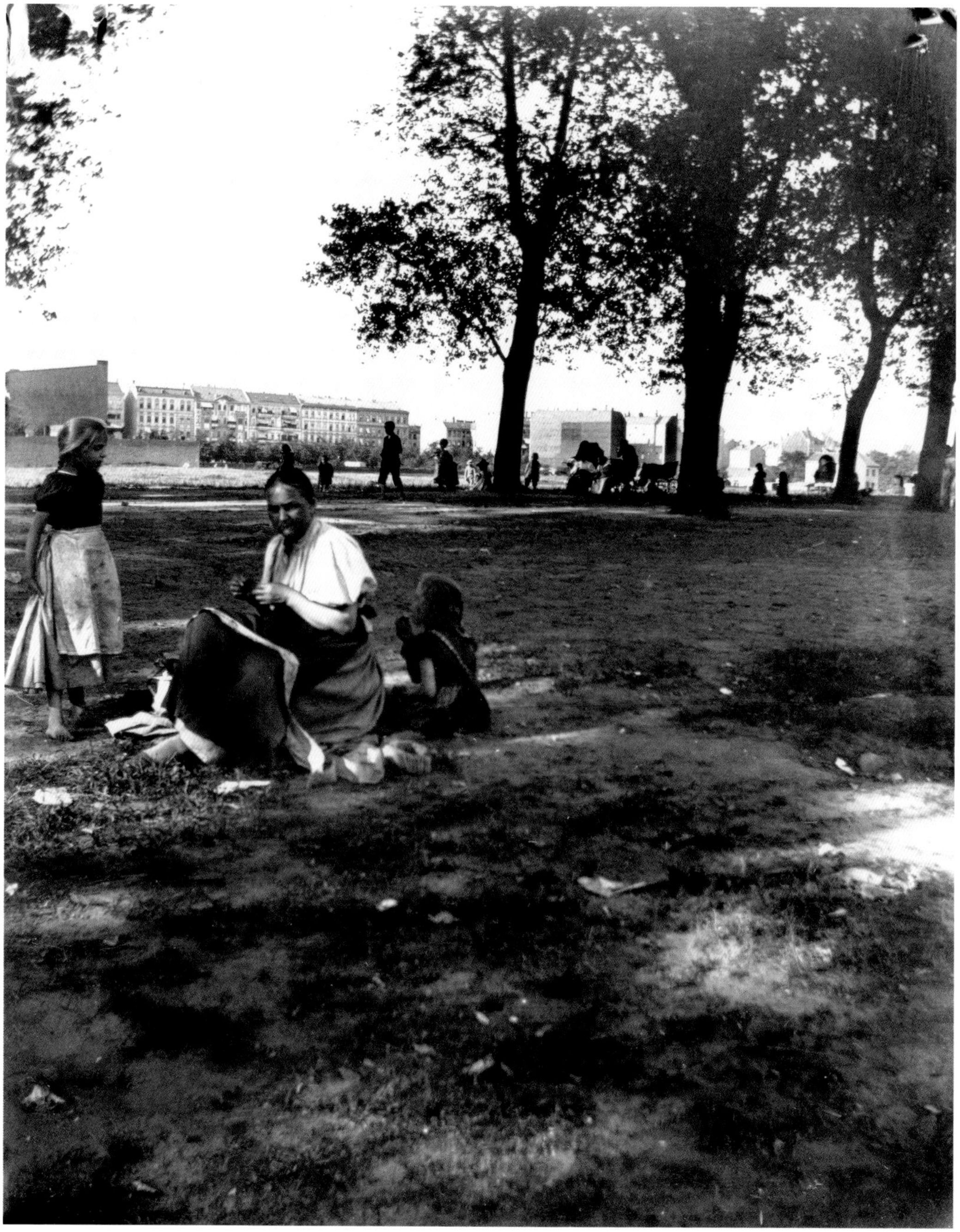

Sonntagnachmittag, Am Königsweg, Sommer 1898
WV 136

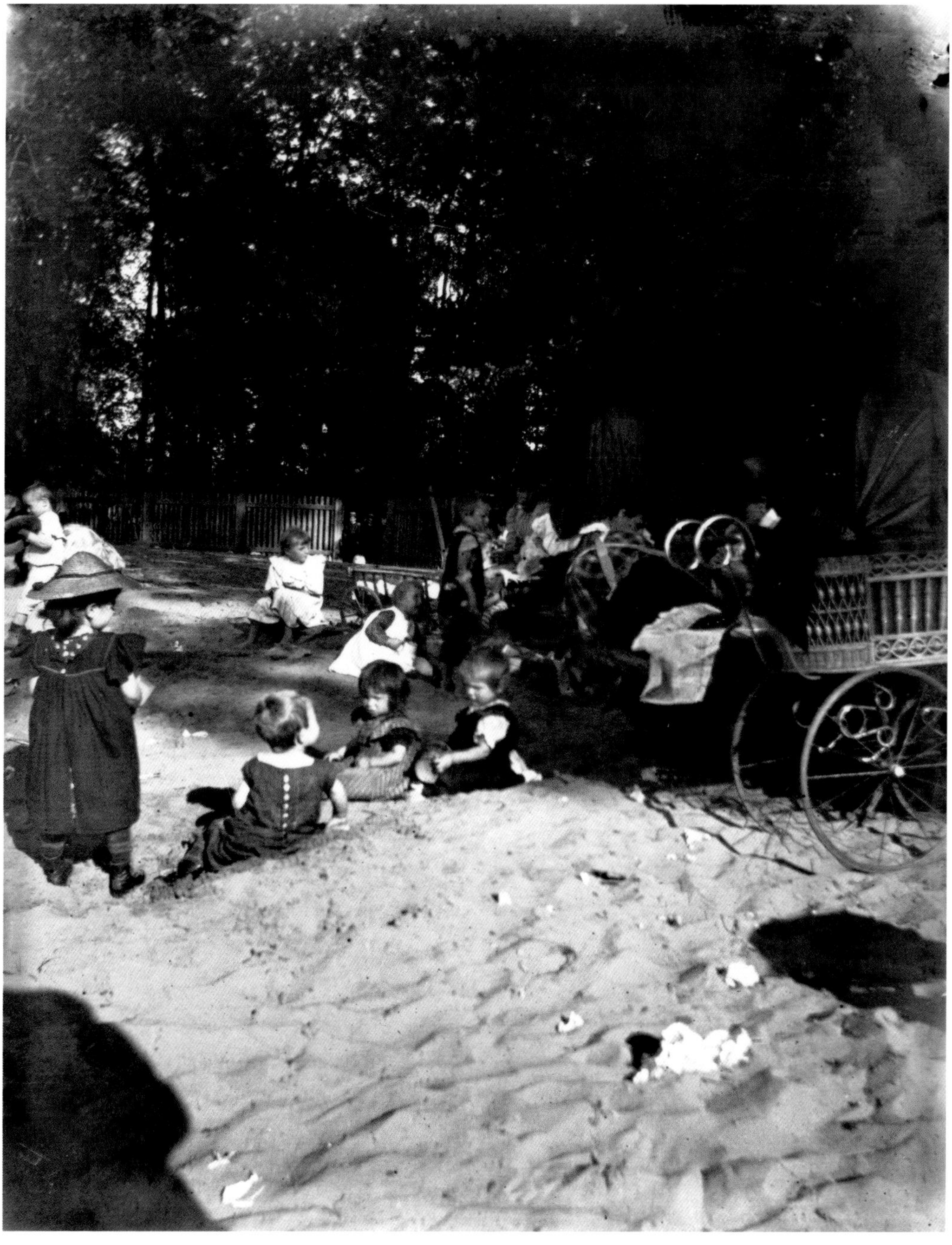

Kinderspielplatz, Sommer 1900
WV 319

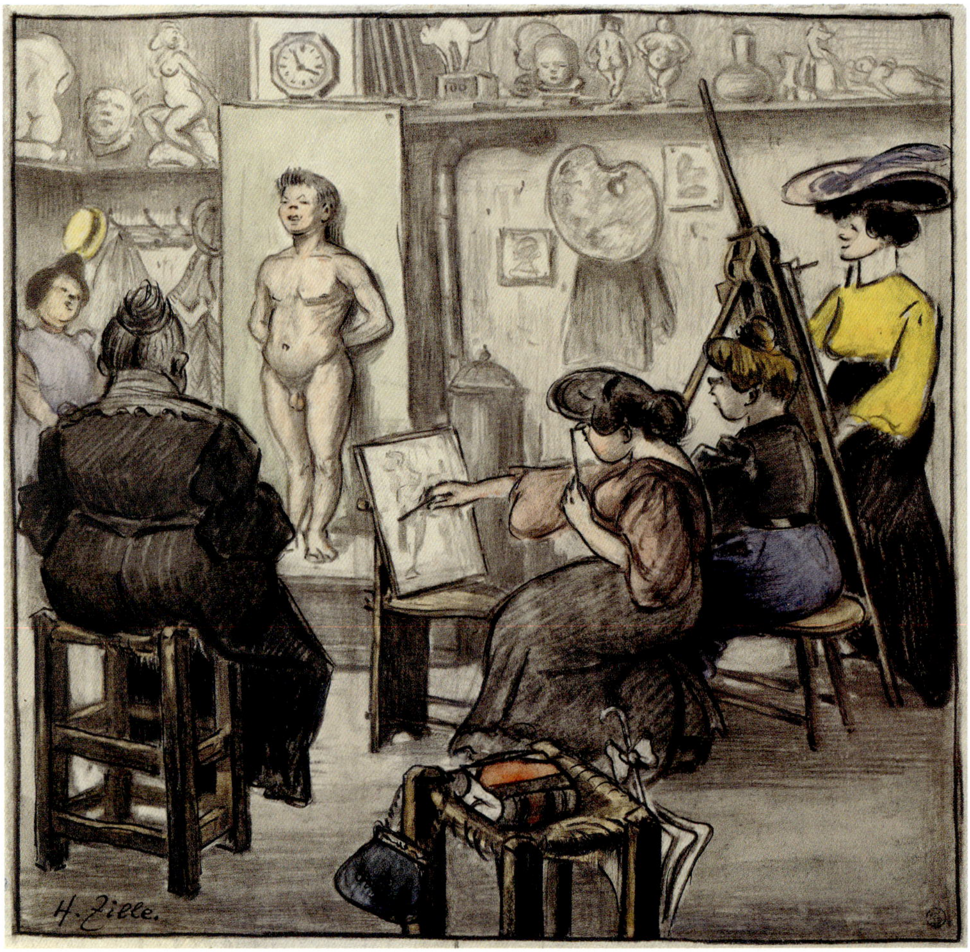

In der Damenklasse, um 1903
Graphit, Feder, schwarze Kreide und Aquarell, 21 x 33 cm

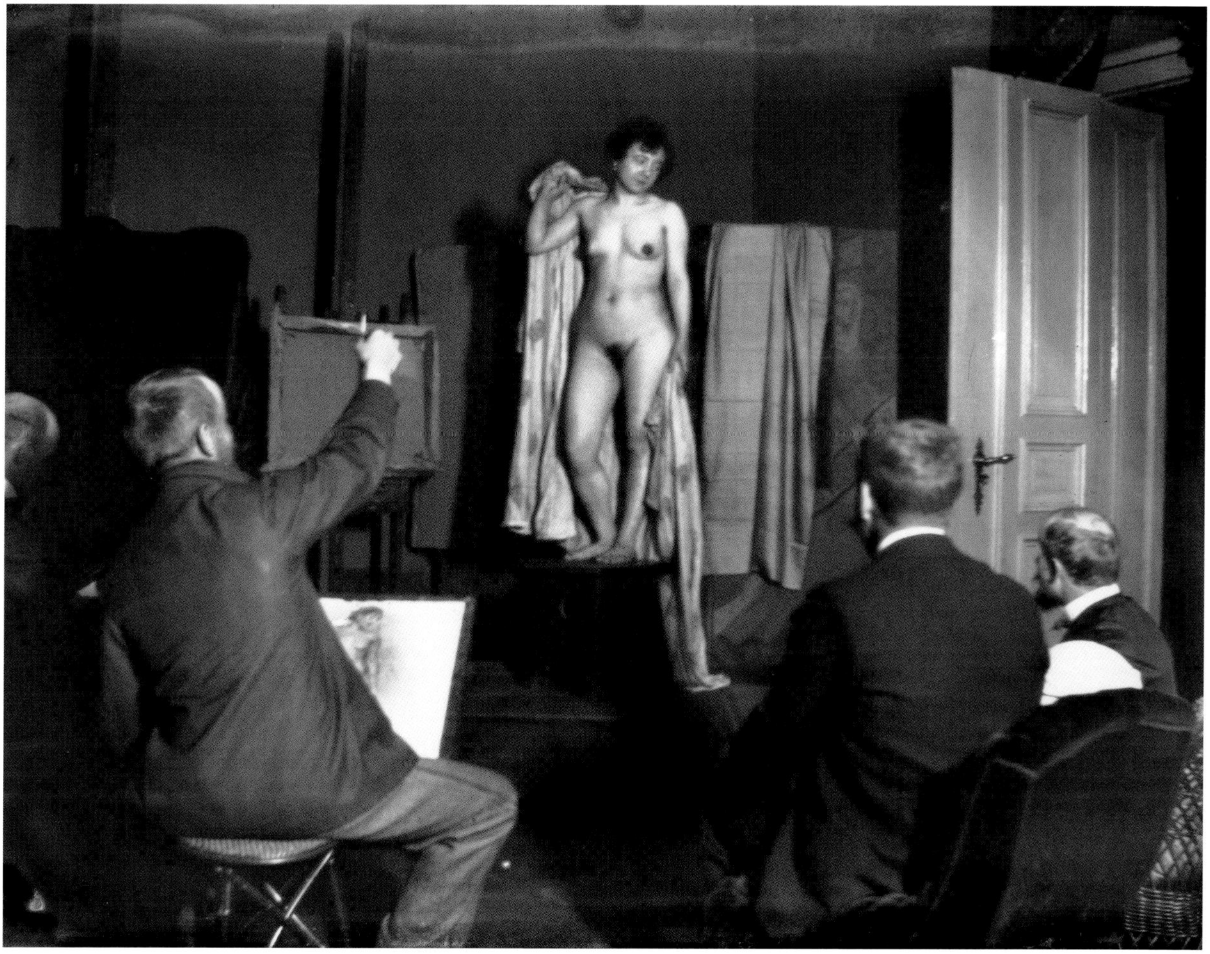

Abendakt in einem Maleratelier, Winter 1899/1900
WV 278

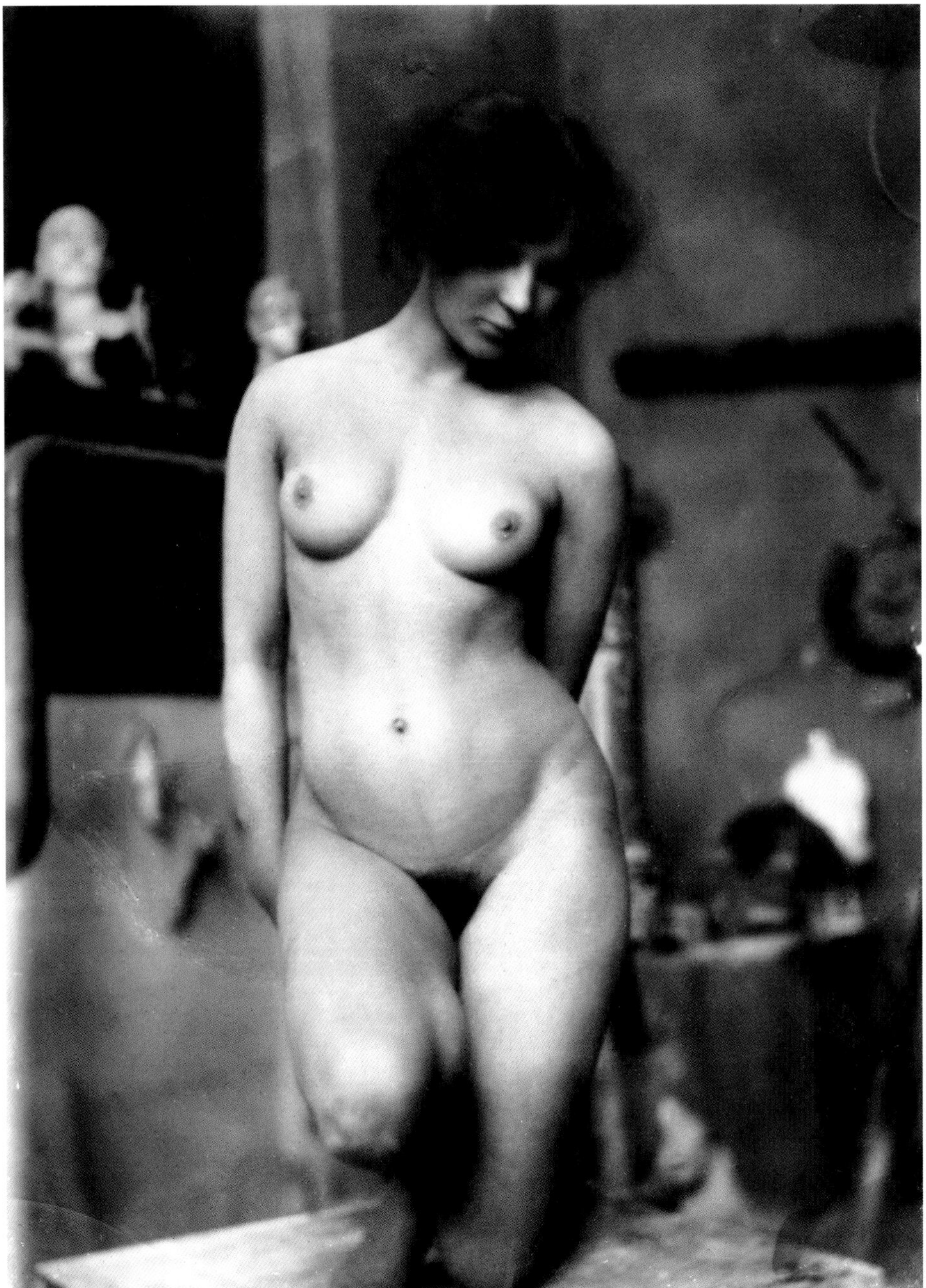

Aktmodell im Atelier von August Heer, Winter 1899/1900
WV 286

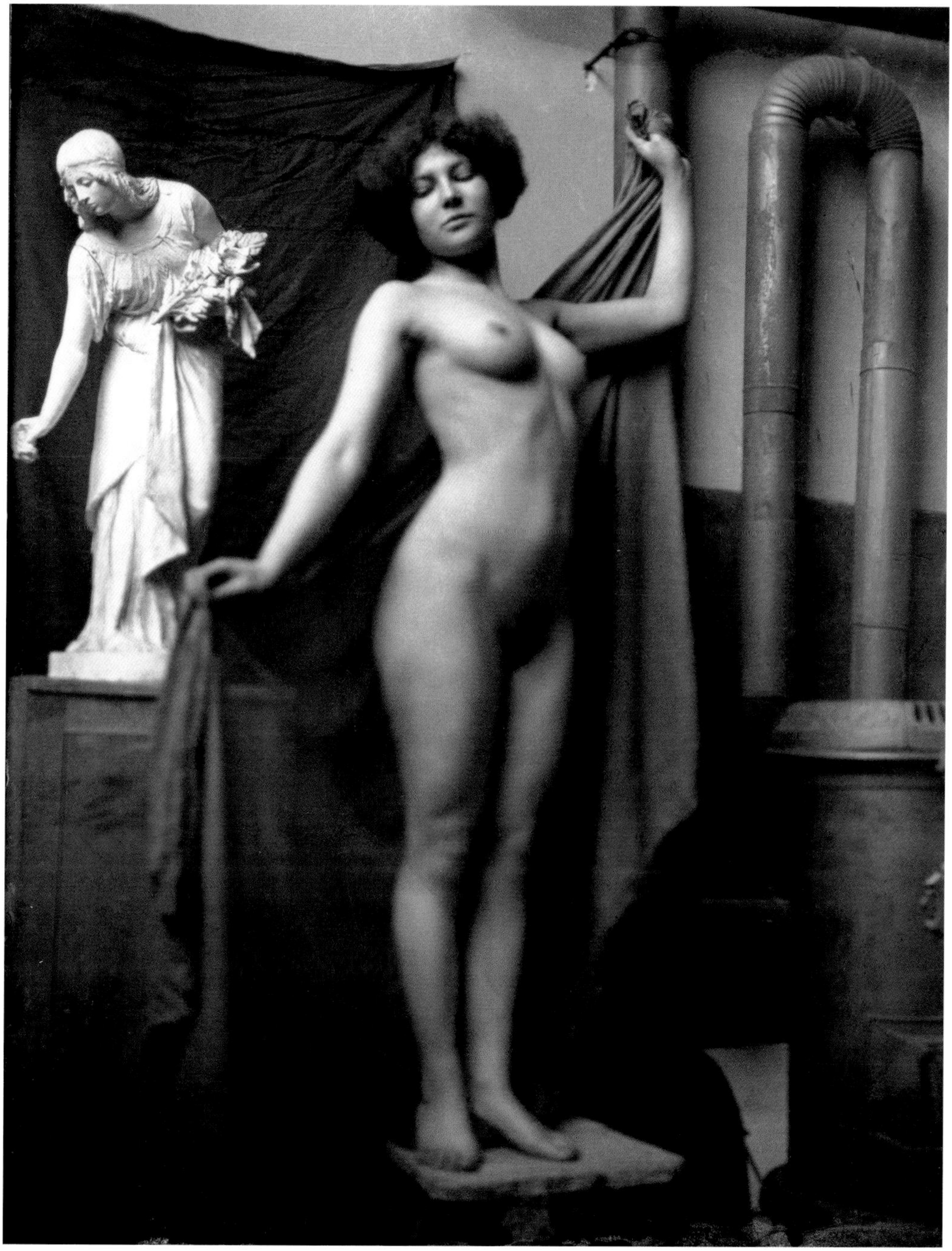

Aktmodell im Atelier von August Heer, Winter 1899/1900
WV 285

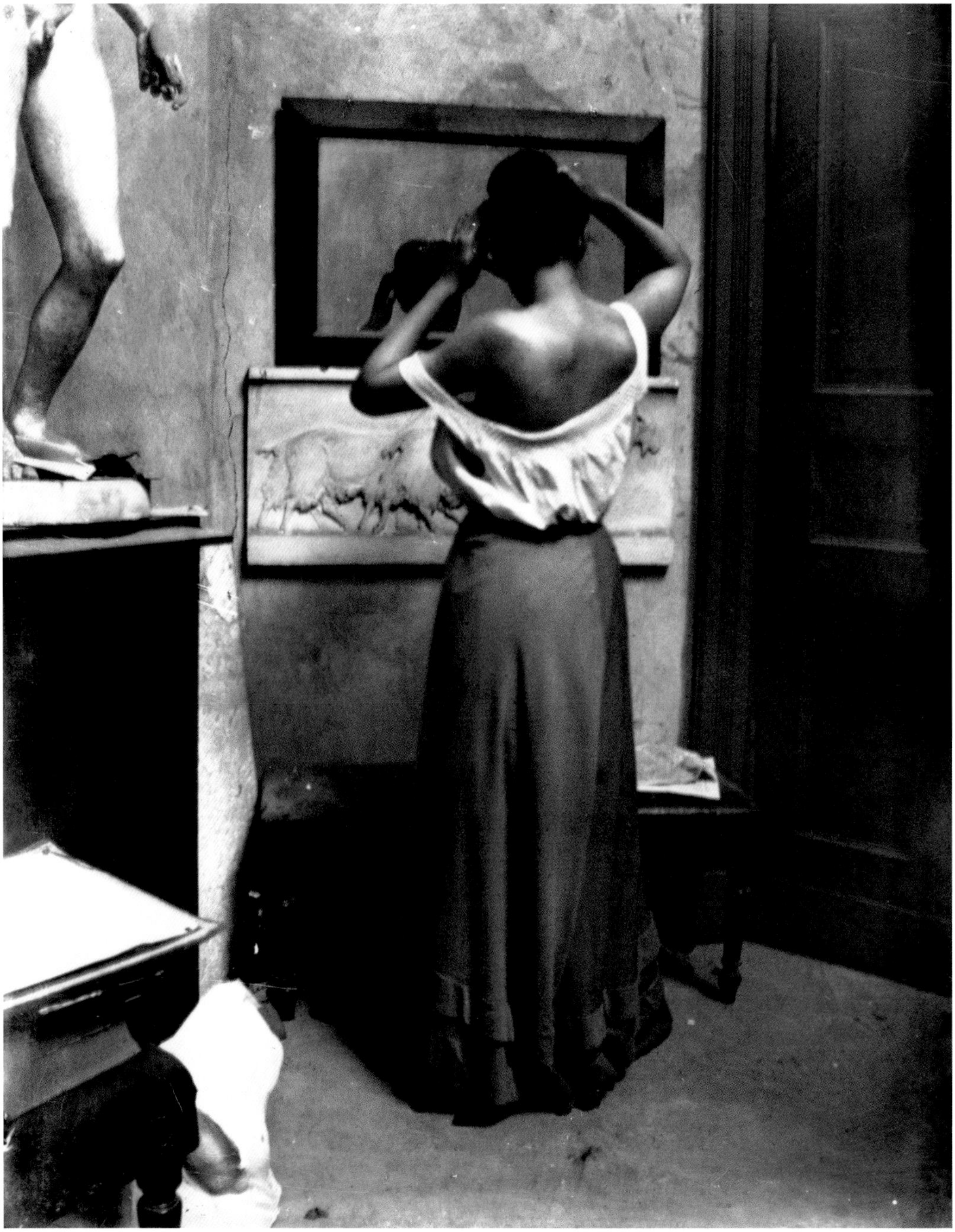

Aktmodell im Atelier von August Gaul, August 1901
WV 411

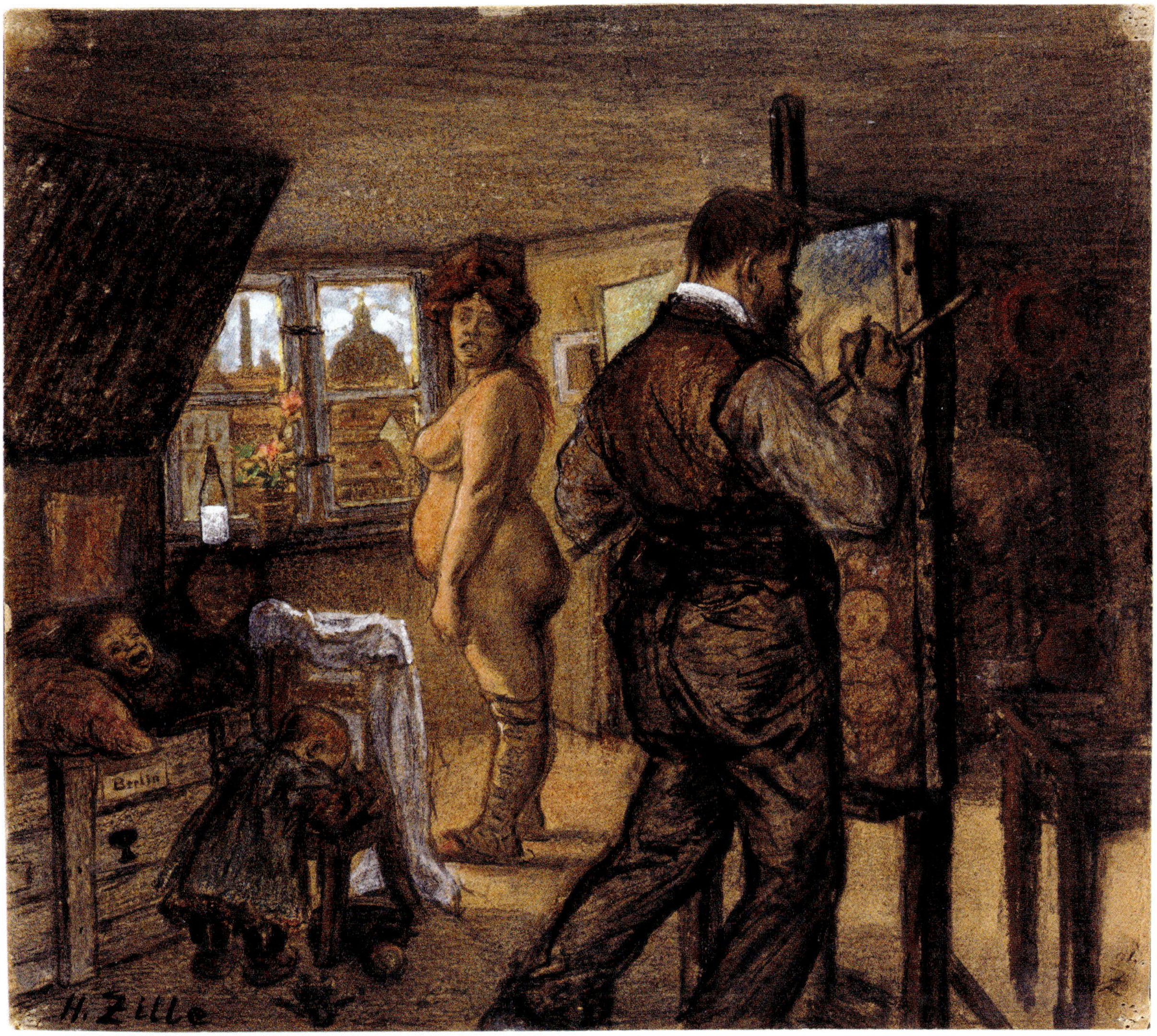

Der Frühlingsmaler, 1901
Kohle, Farbkreiden und Gouache, 24,5 x 27,5 cm

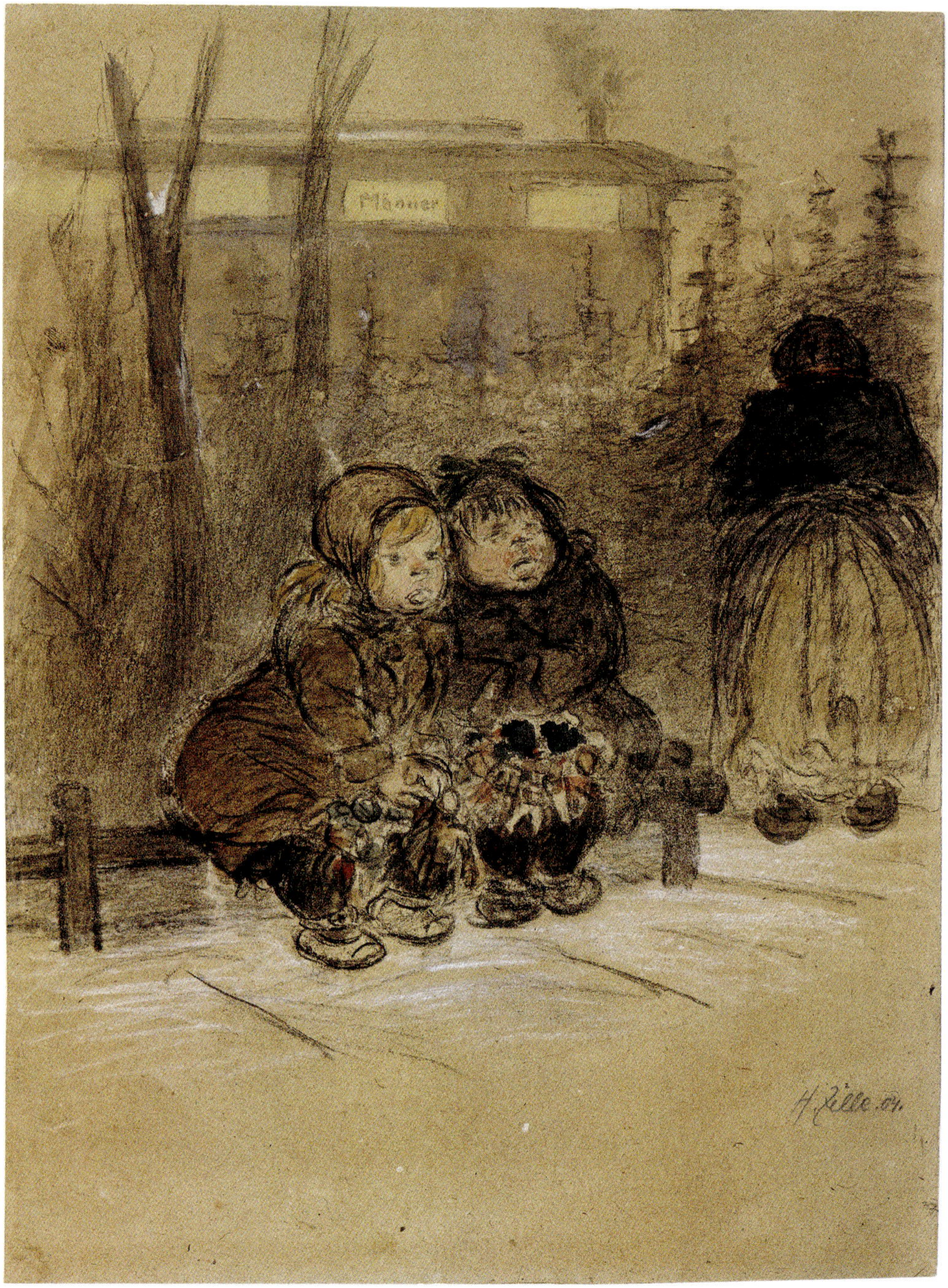

Berliner Weihnachtsmarkt, 1904
Schwarze und farbige Kreiden, Aquarell, 40 x 29,5 cm

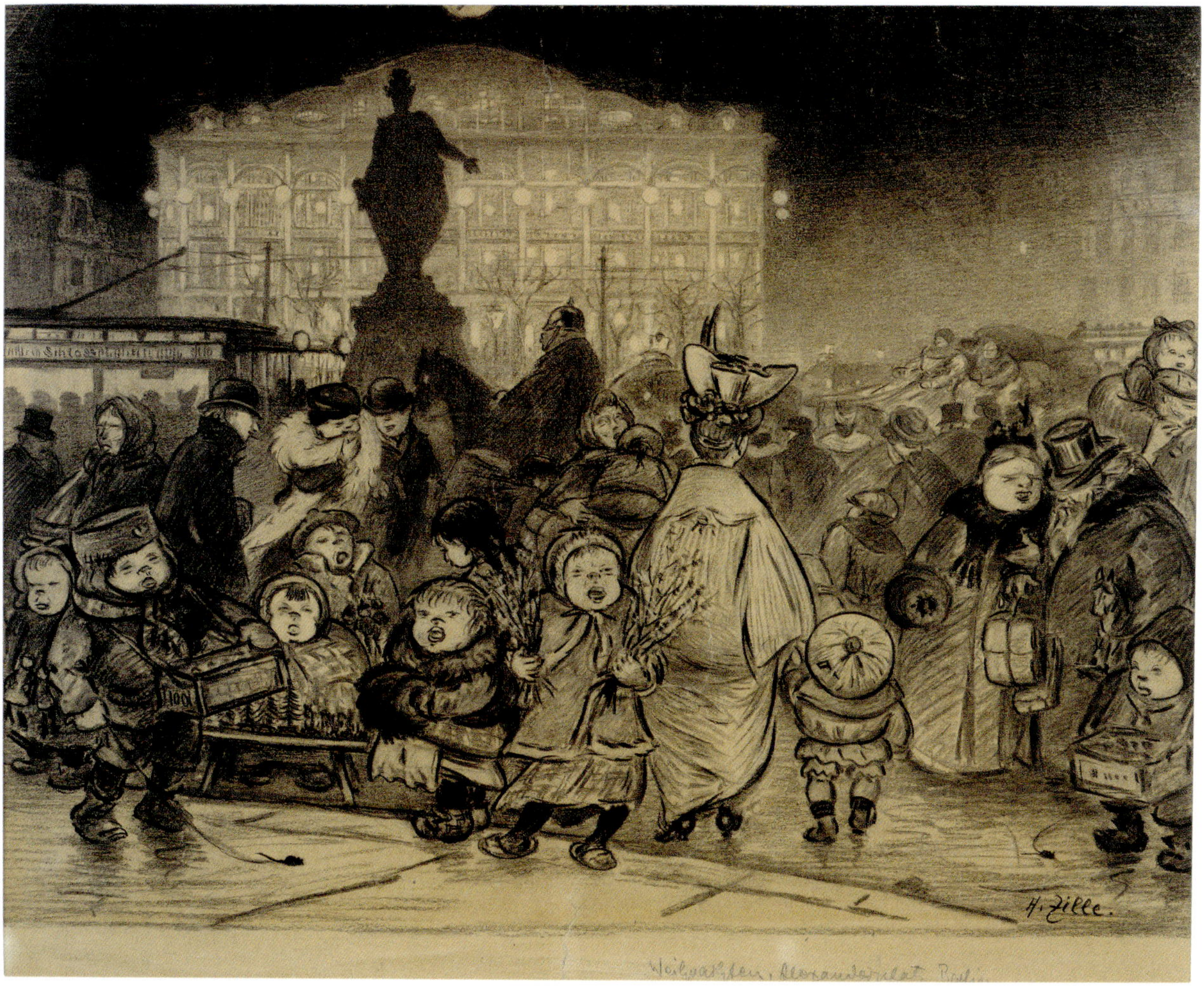

Weihnachtsmarktszene mit Berolina, o. J.
Schwarze Kreide, 38 x 47 cm

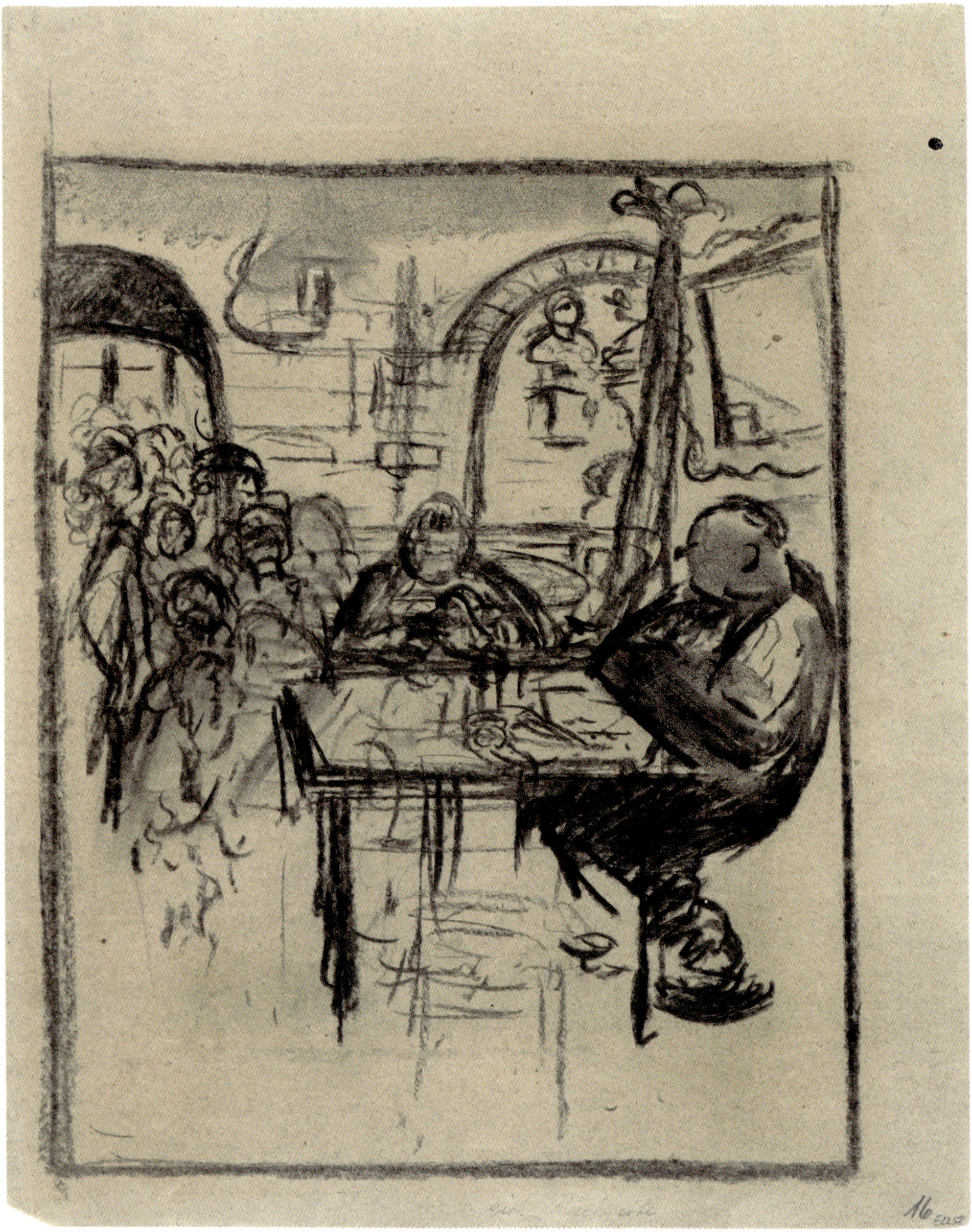

Kaiserloge, o. J.
Schwarze Kreide, 39,5 x 31,5 cm

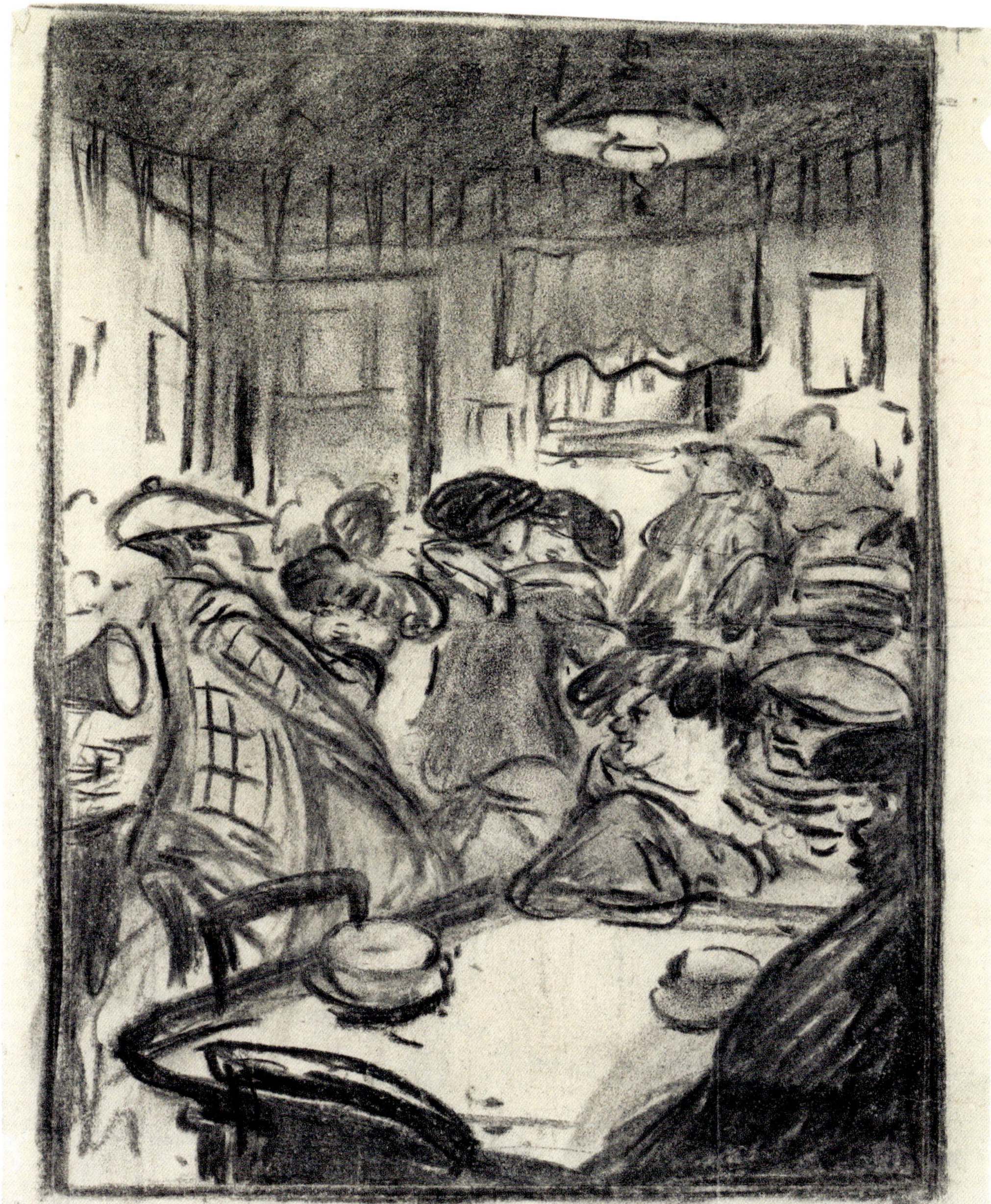

Kneipenszene, o. J.
Kohle und schwarze Kreide, 31 x 25,5 cm

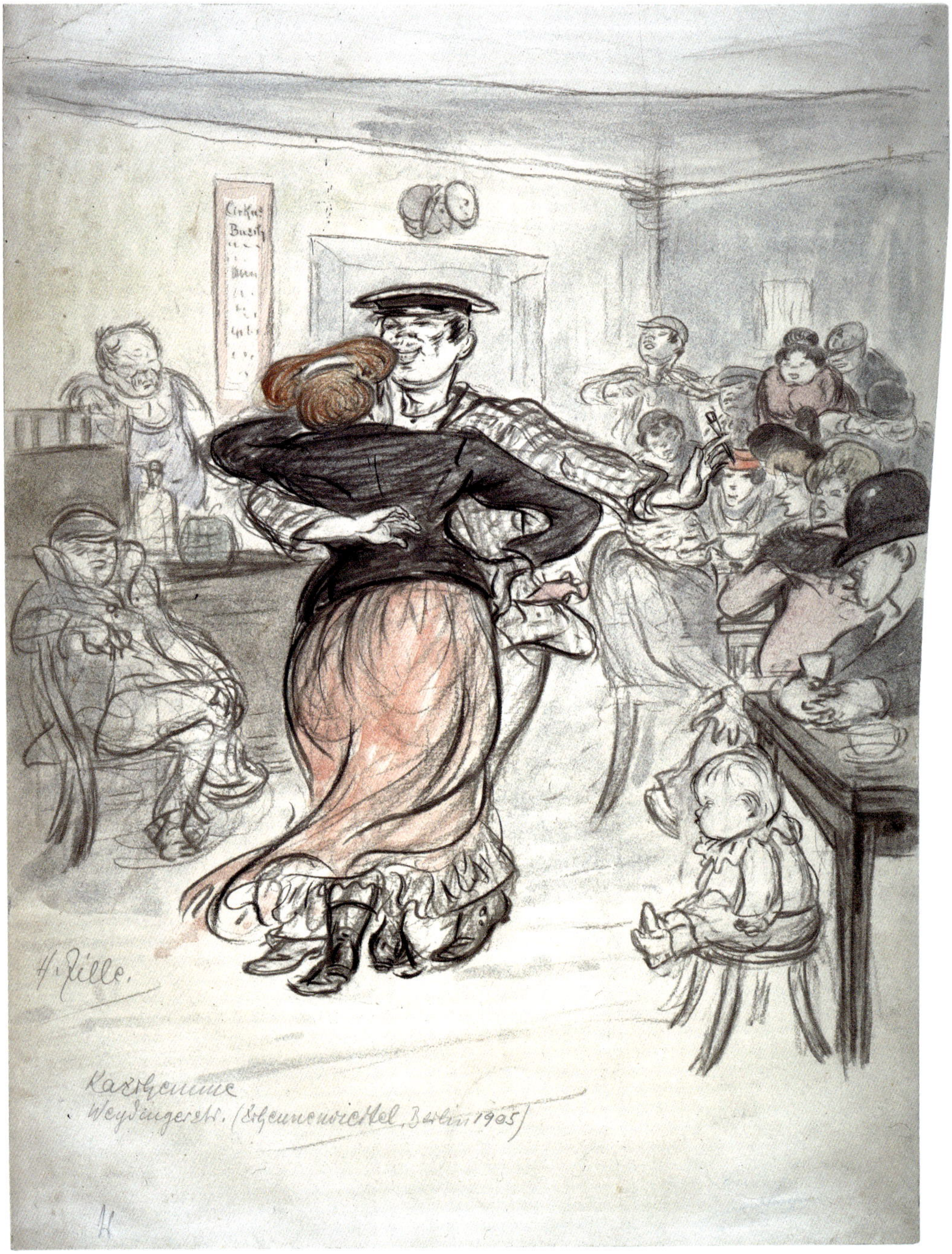

Kaschemme in der Weydingerstraße, 1905
Schwarze und farbige Kreiden, 40 x 29,5 cm

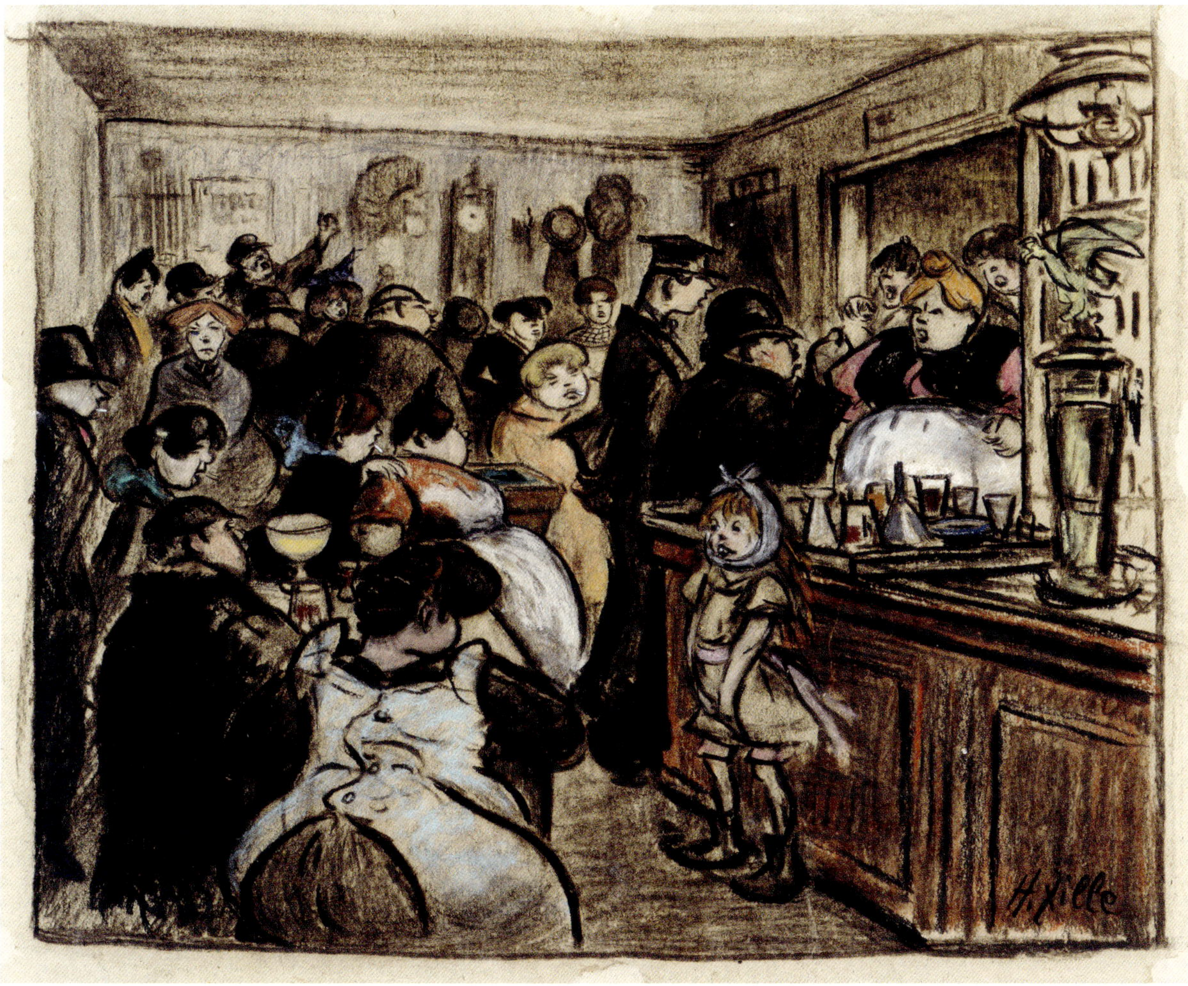

Krach in der Destille, o. J.
Schwarze und farbige Kreiden, 29,5 x 37 cm

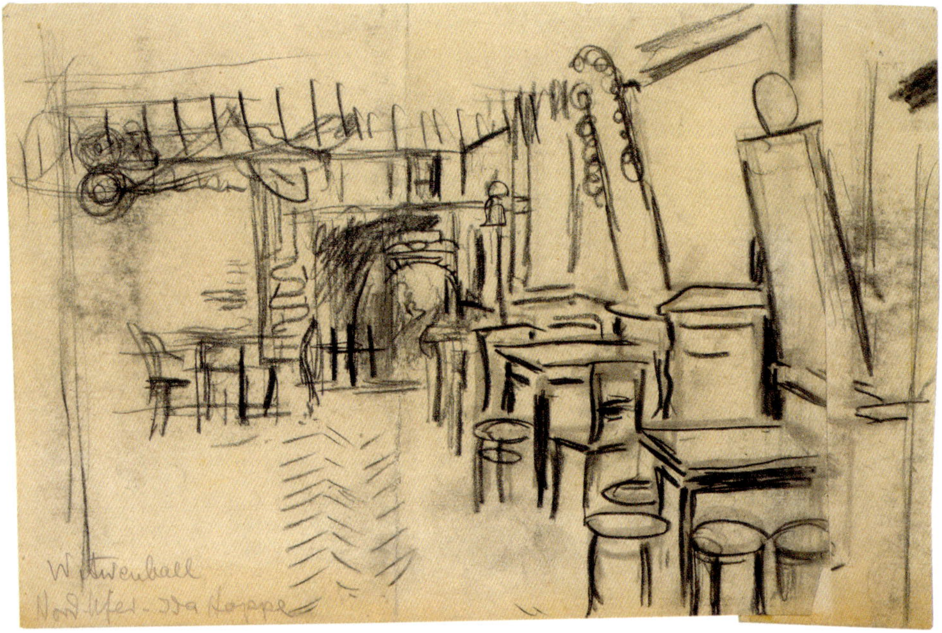

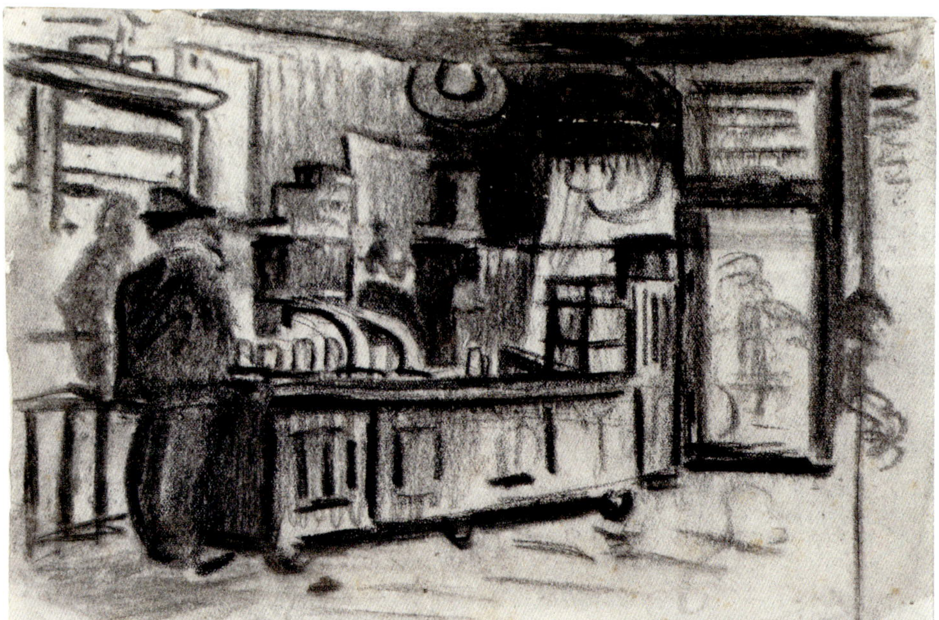

Im Ballhaus, o. J.
Graphit und schwarze Kreide, 18,5 x 28 cm

Kneipeninterieur mit Mann, o. J.
Graphit und schwarze Kreide, 18,5 x 28 cm

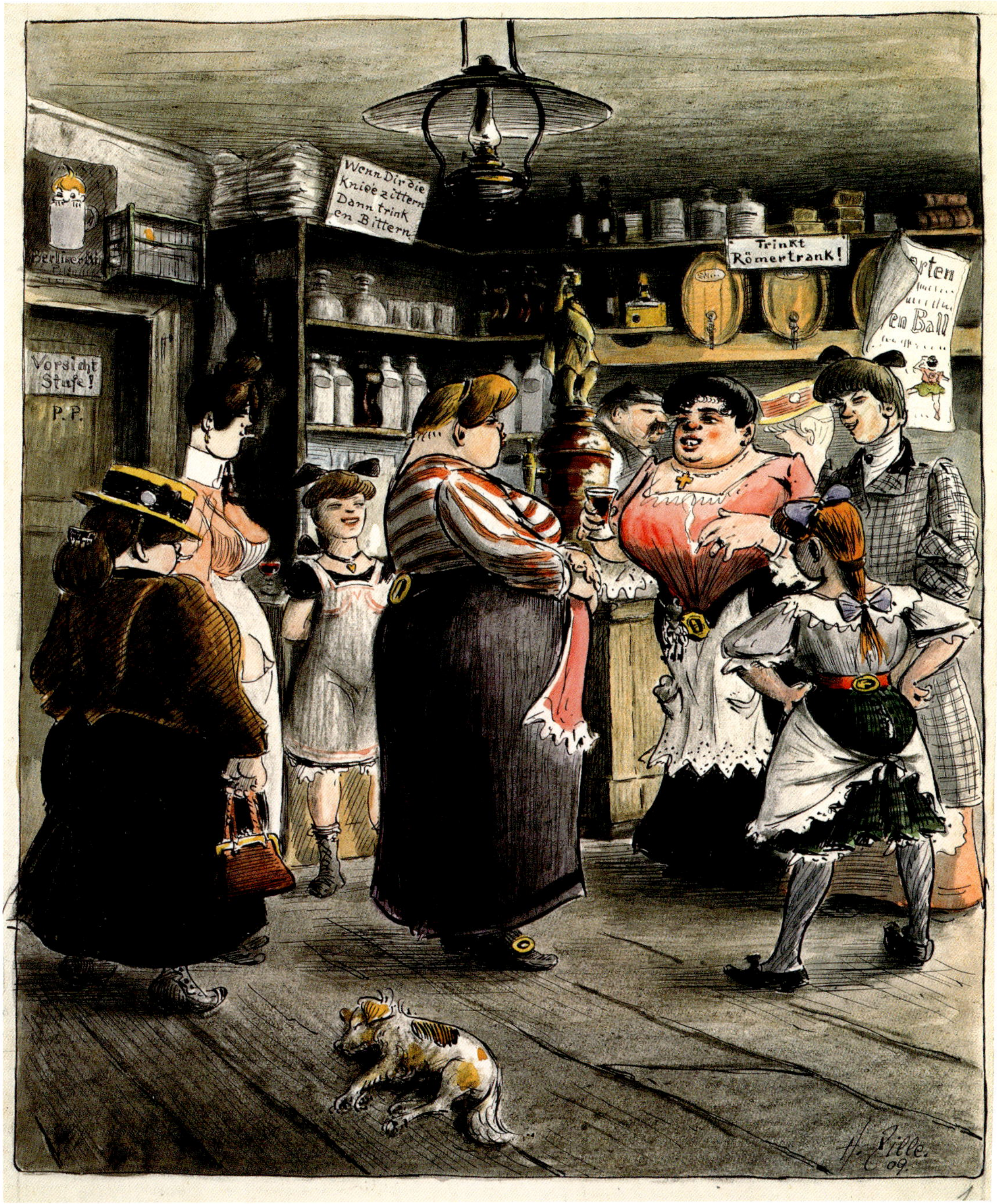

Frauen in der Kneipe, 1909
Feder und Aquarell, 35 x 25,5 cm

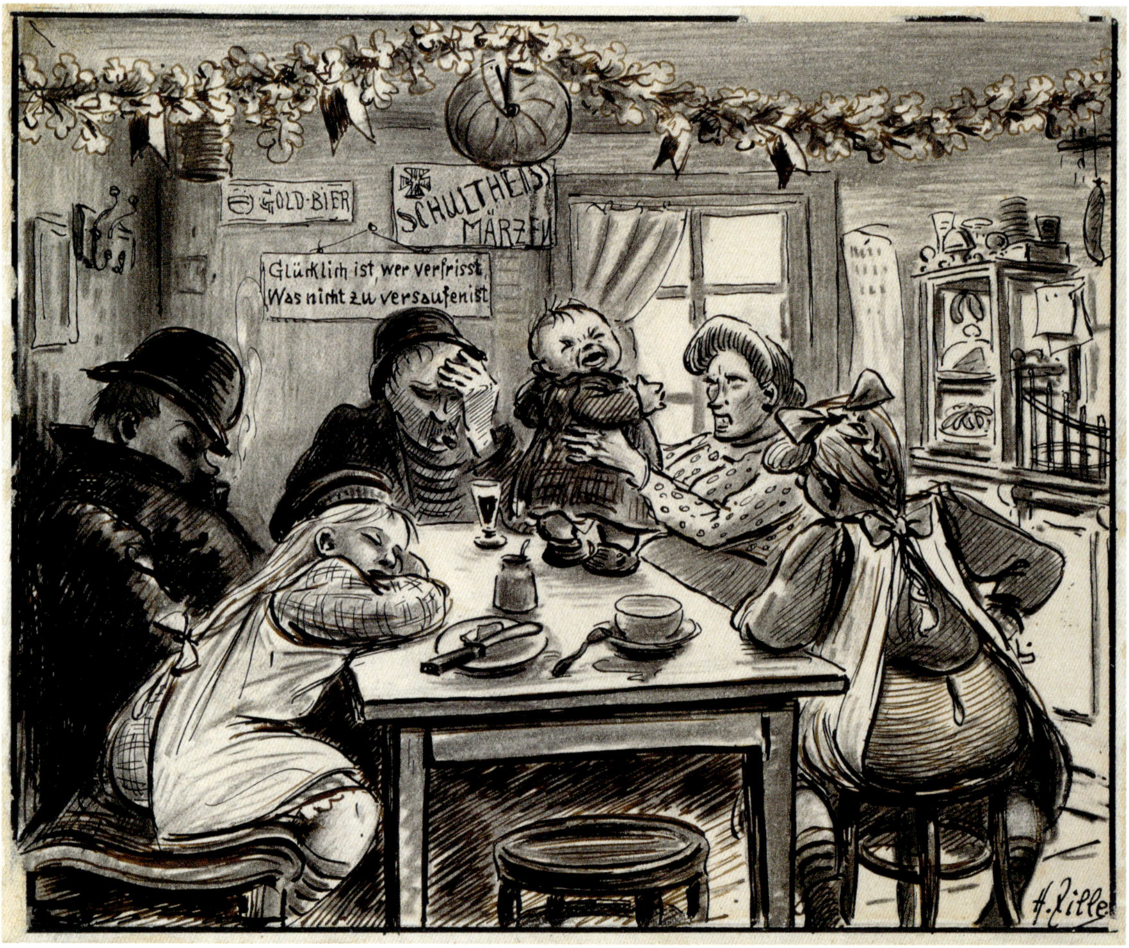

Familie in der Kneipe, o. J.
Graphit und Feder, 17,5 x 26 cm

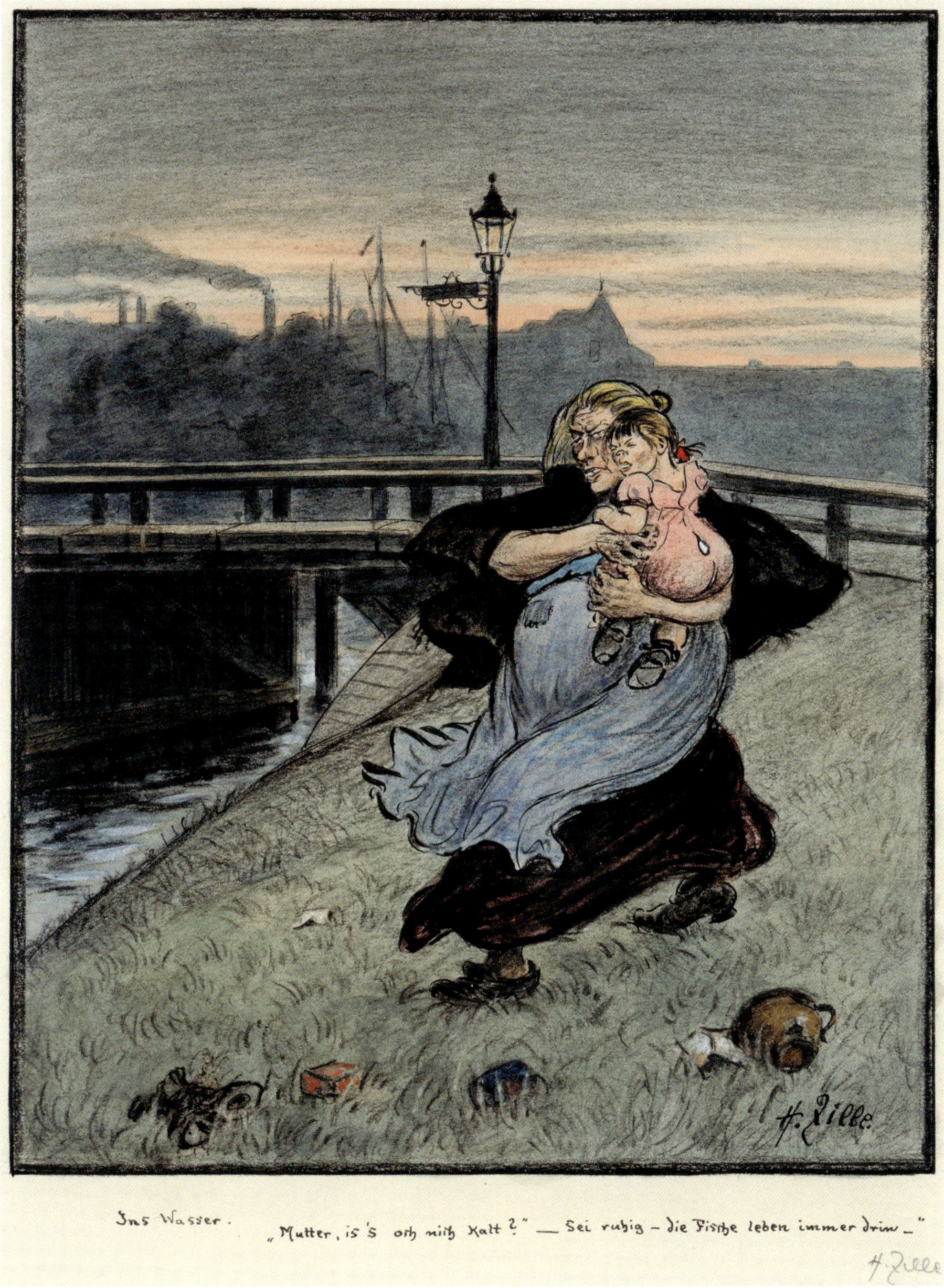

Ins Wasser, um 1907
Feder, schwarze und farbige Kreiden, 33,5 x 25 cm

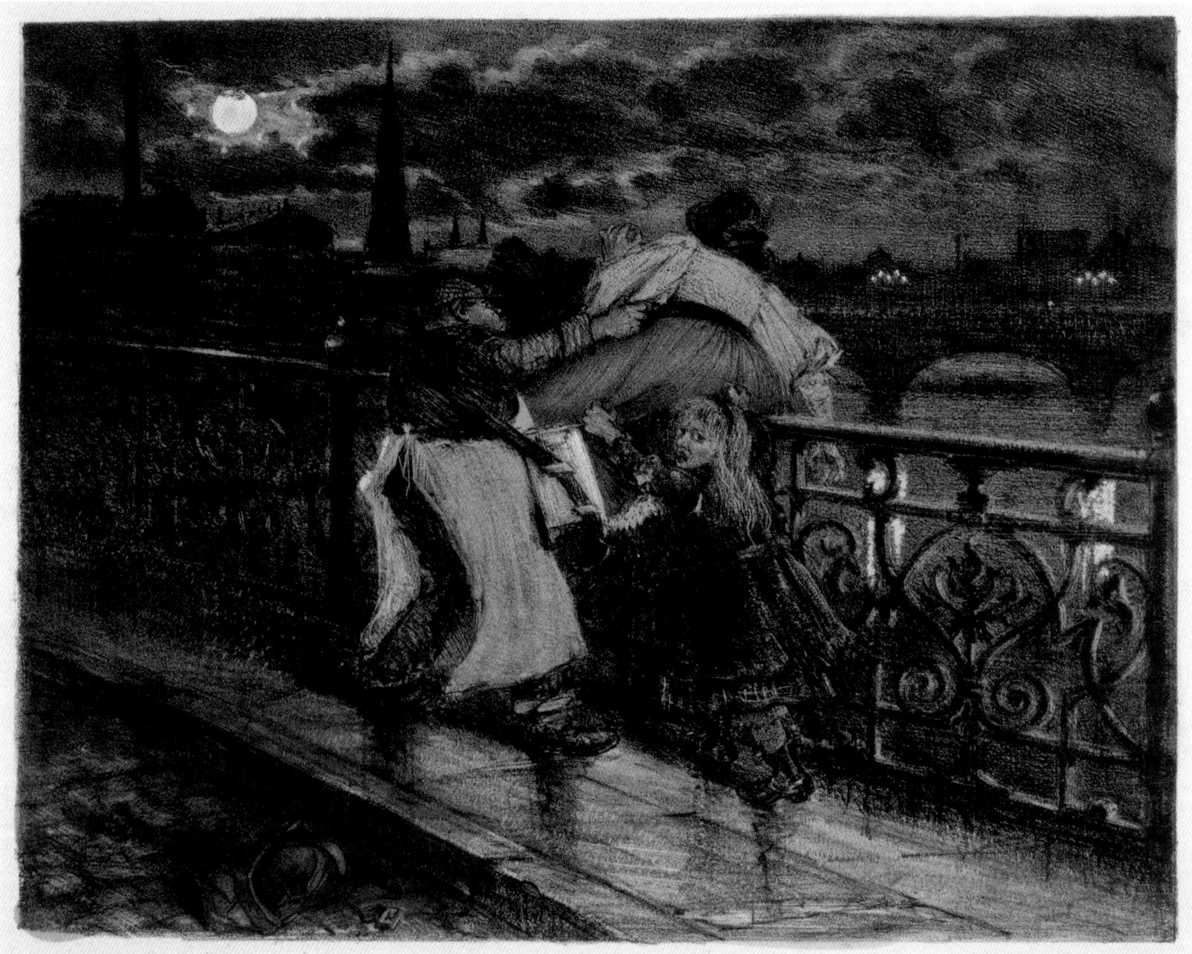

Des Lebens satt, um 1899
Kreidelithographie, aquarelliert, 18,5 x 23,5 cm. WV 23

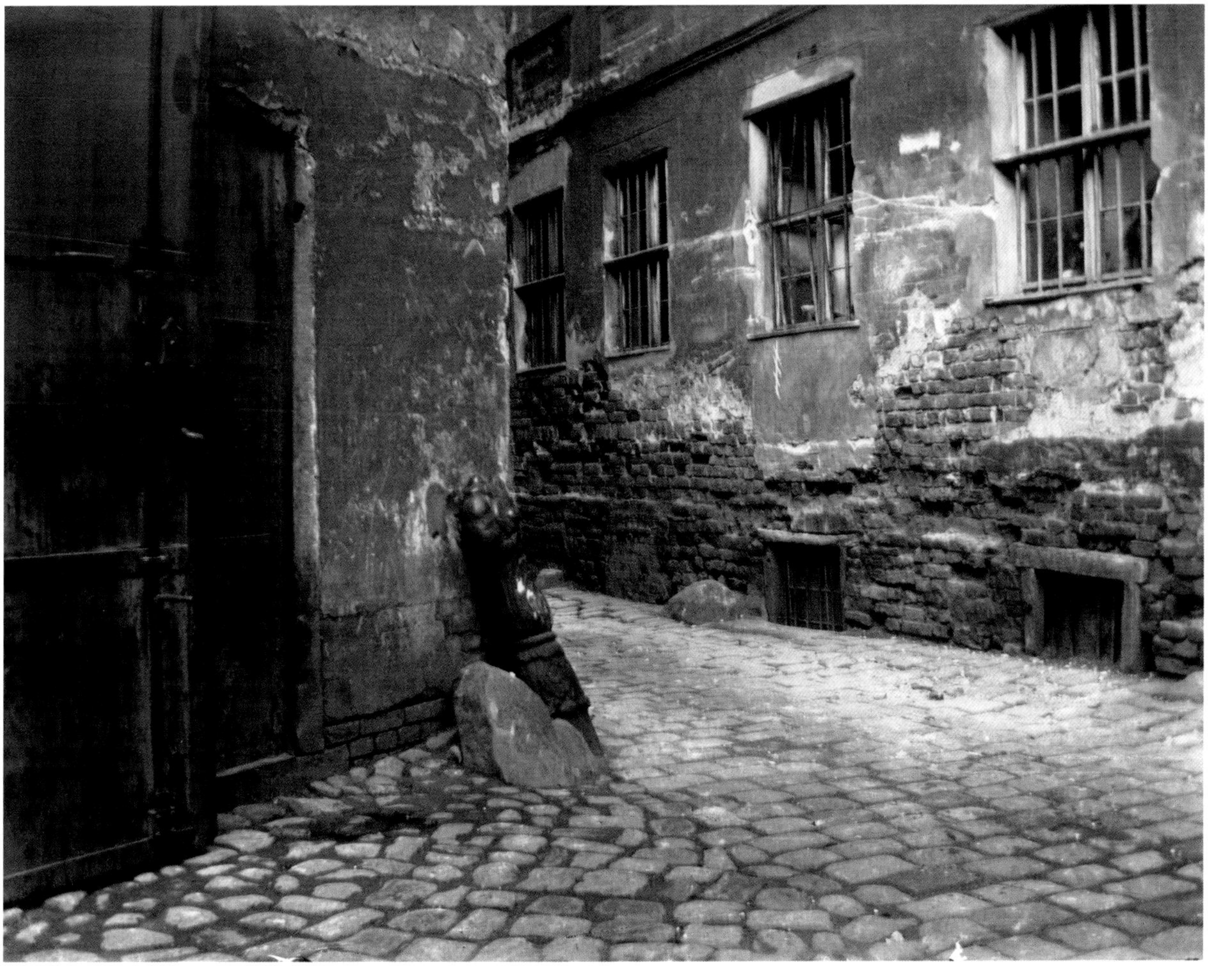

Hausecke und Mauer am Krögel, 1902
WV 462

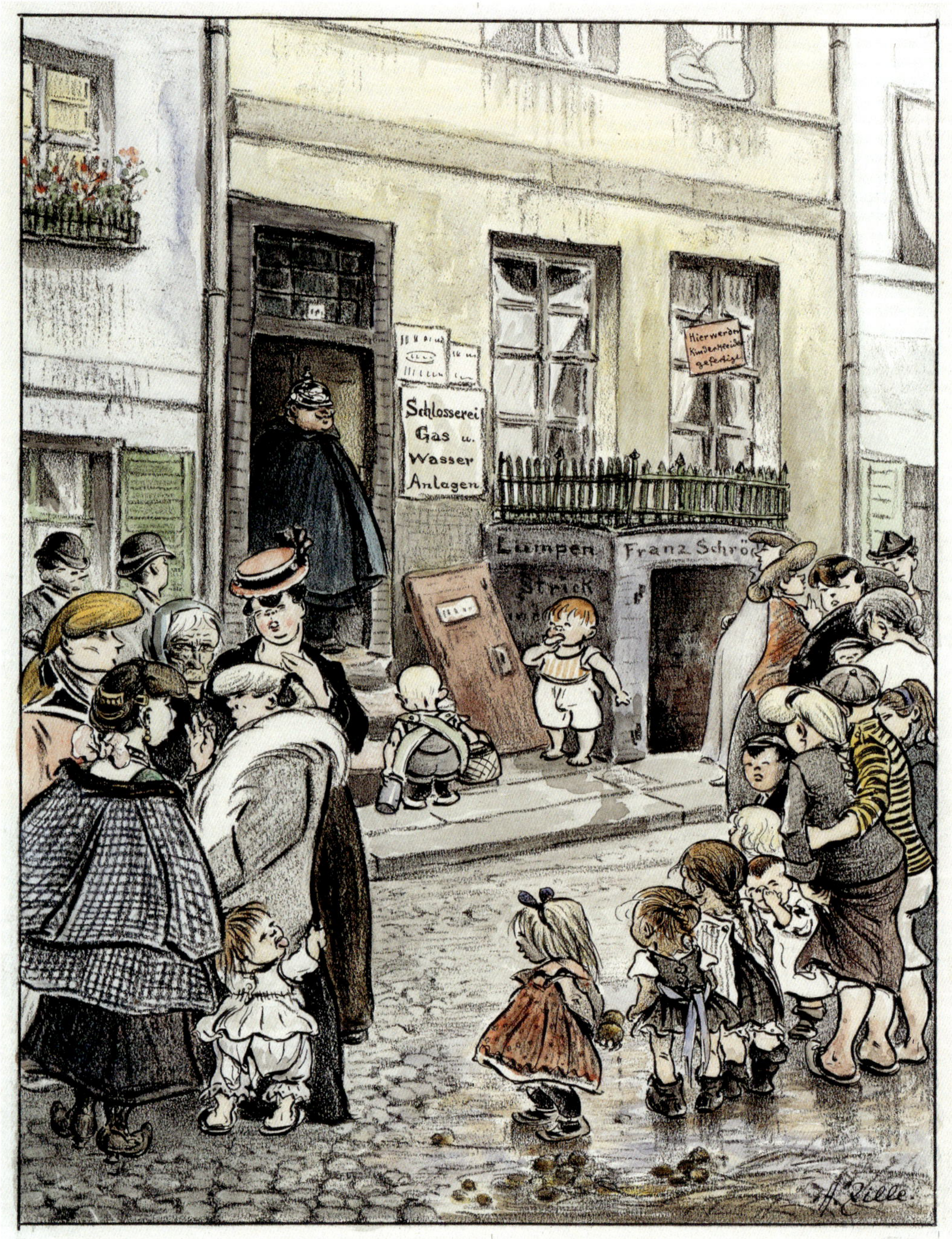

Straßenauflauf (Lysol), o. J.
Schwarze Kreide, Feder und Aquarell, 36,5 x 28,5 cm

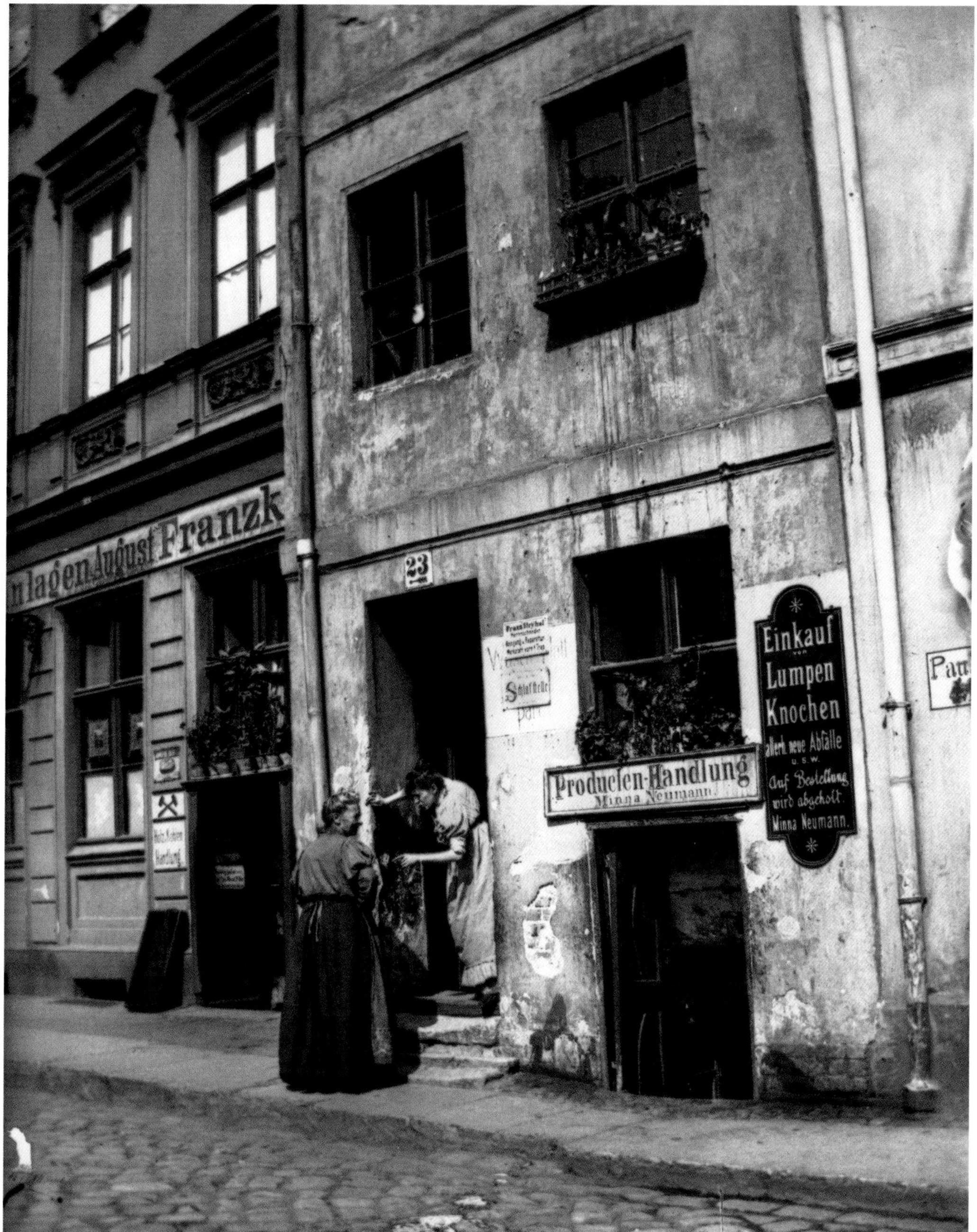

Parochialstraße 23 und 24, zwischen Jüden- und Klosterstraße, Nordseite, 1902/1903
WV 470

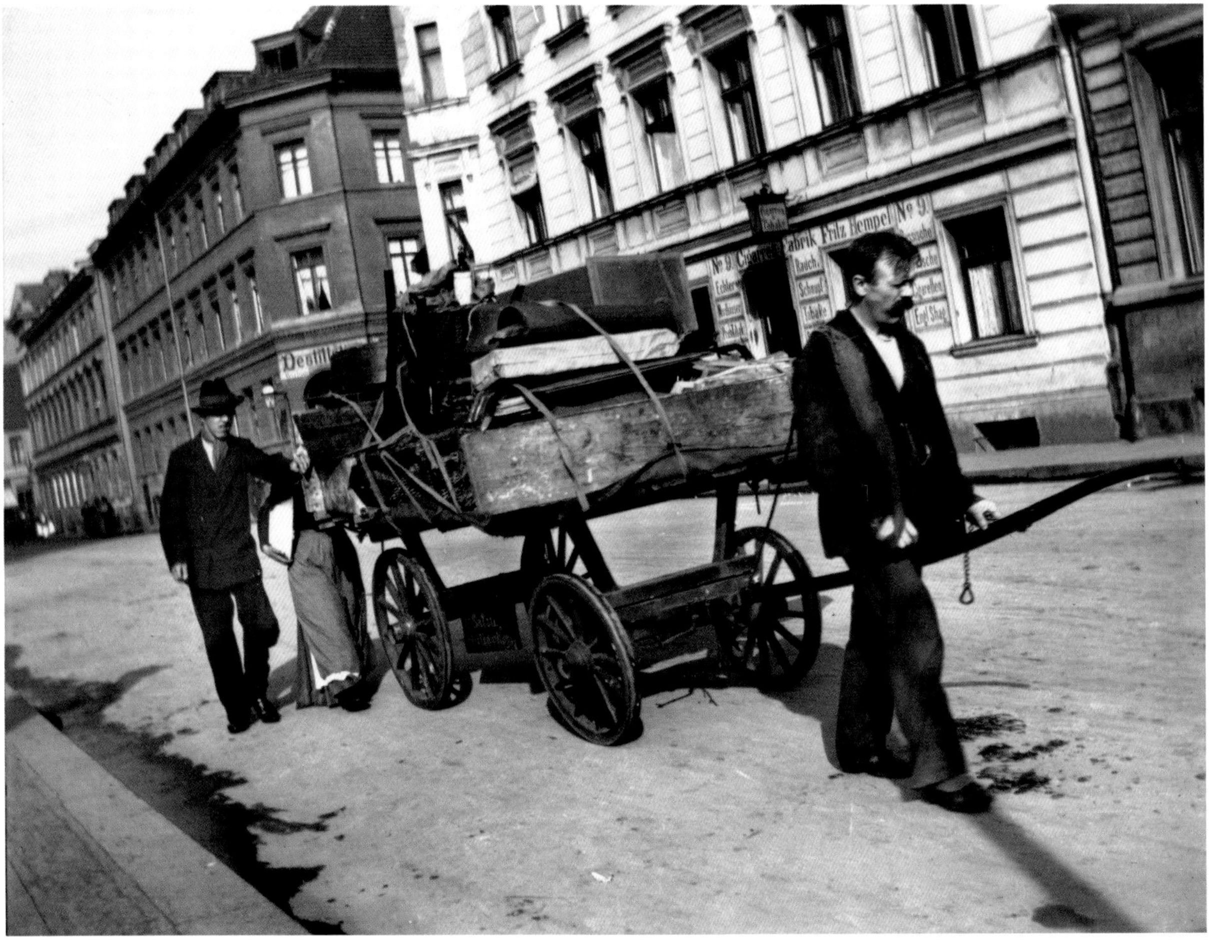

Umzug in der Hirtenstraße, Sommer 1901
WV 390

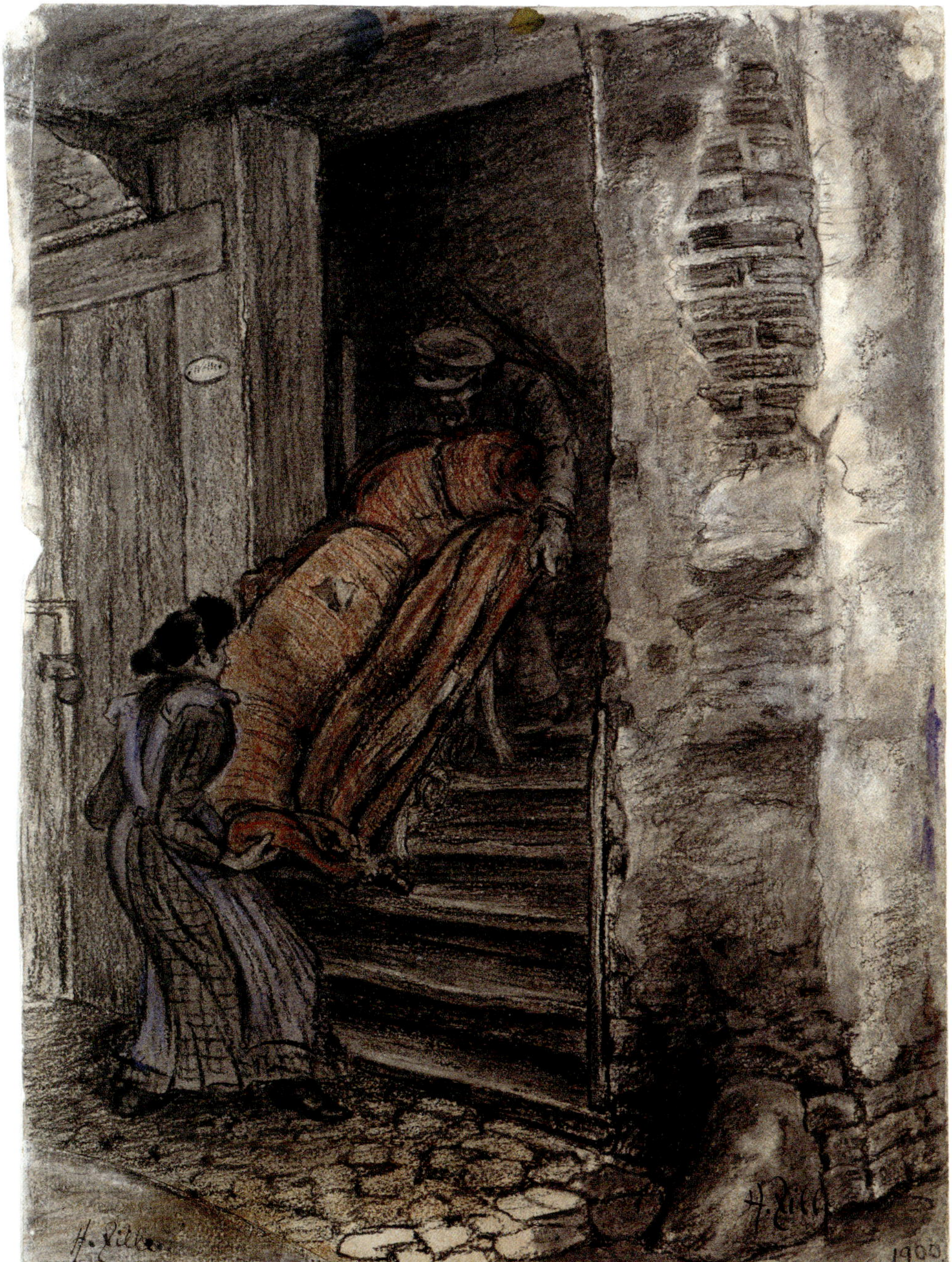

Der Umzug mit dem braunen Sofa, 1900
Schwarze und farbige Kreiden, 39 x 28,5 cm

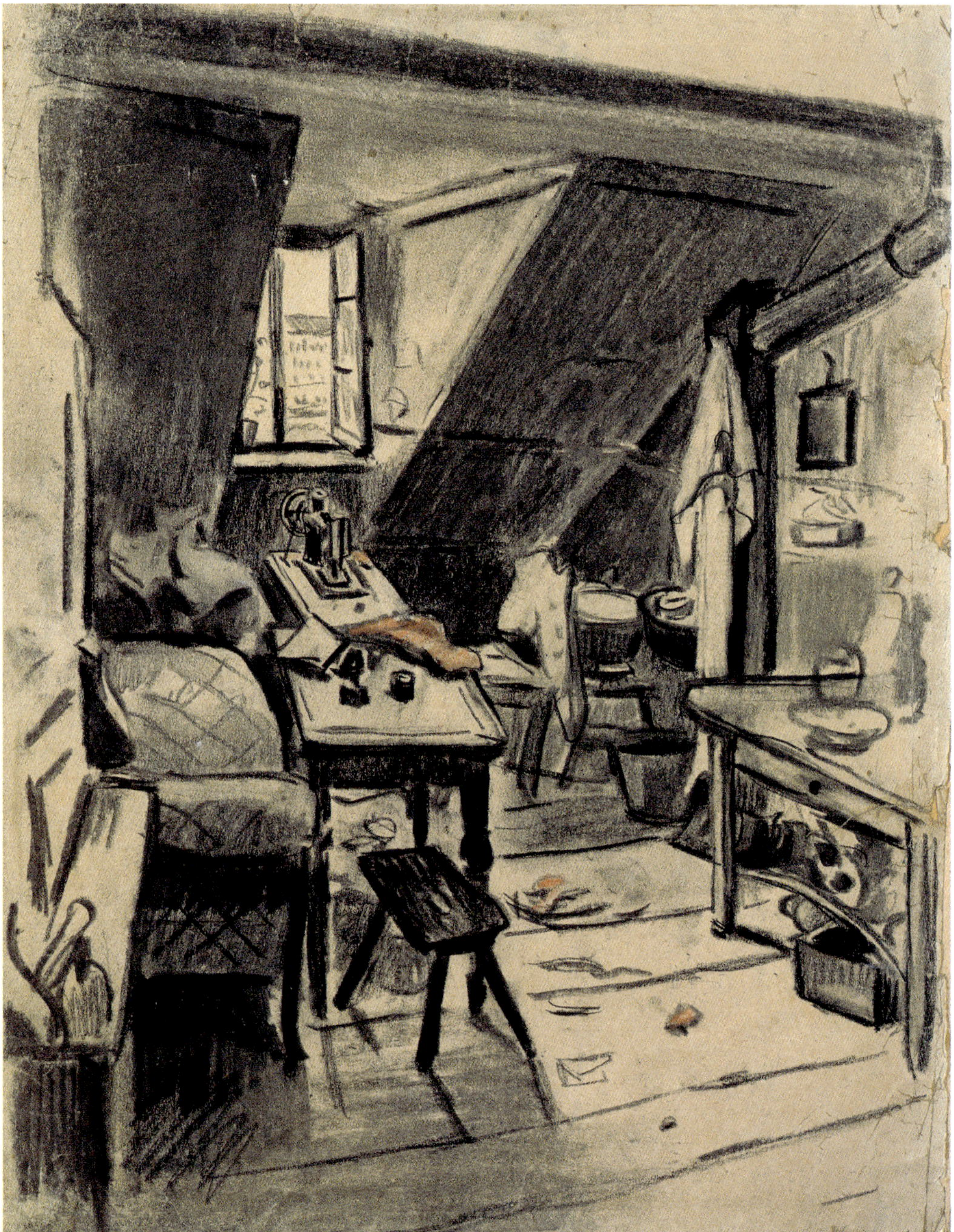

Die Stube der Näherin, o. J.
Schwarze und farbige Kreiden, 36,5 x 27,5 cm

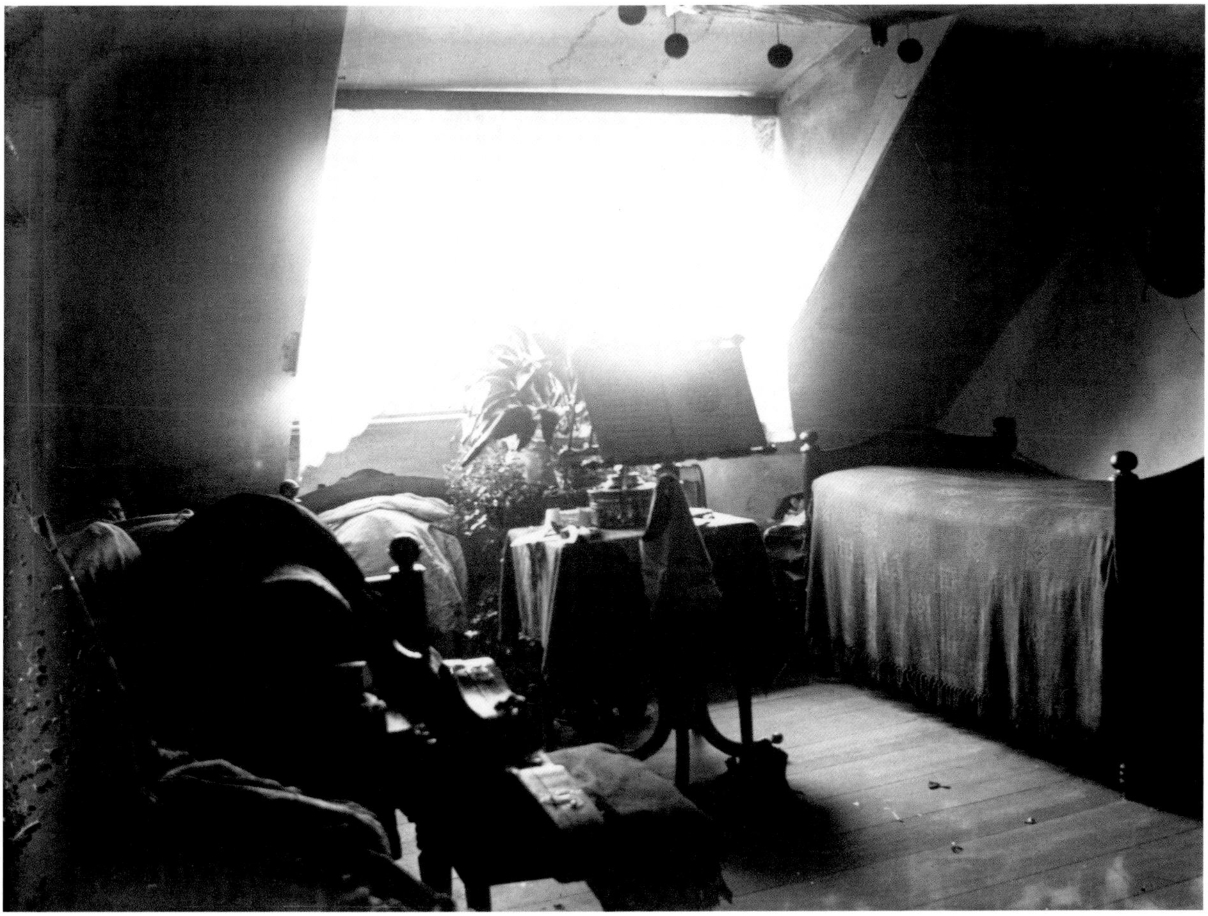

Dachkammer mit Gaubenfenster, Winter 1899/1900
WV 282

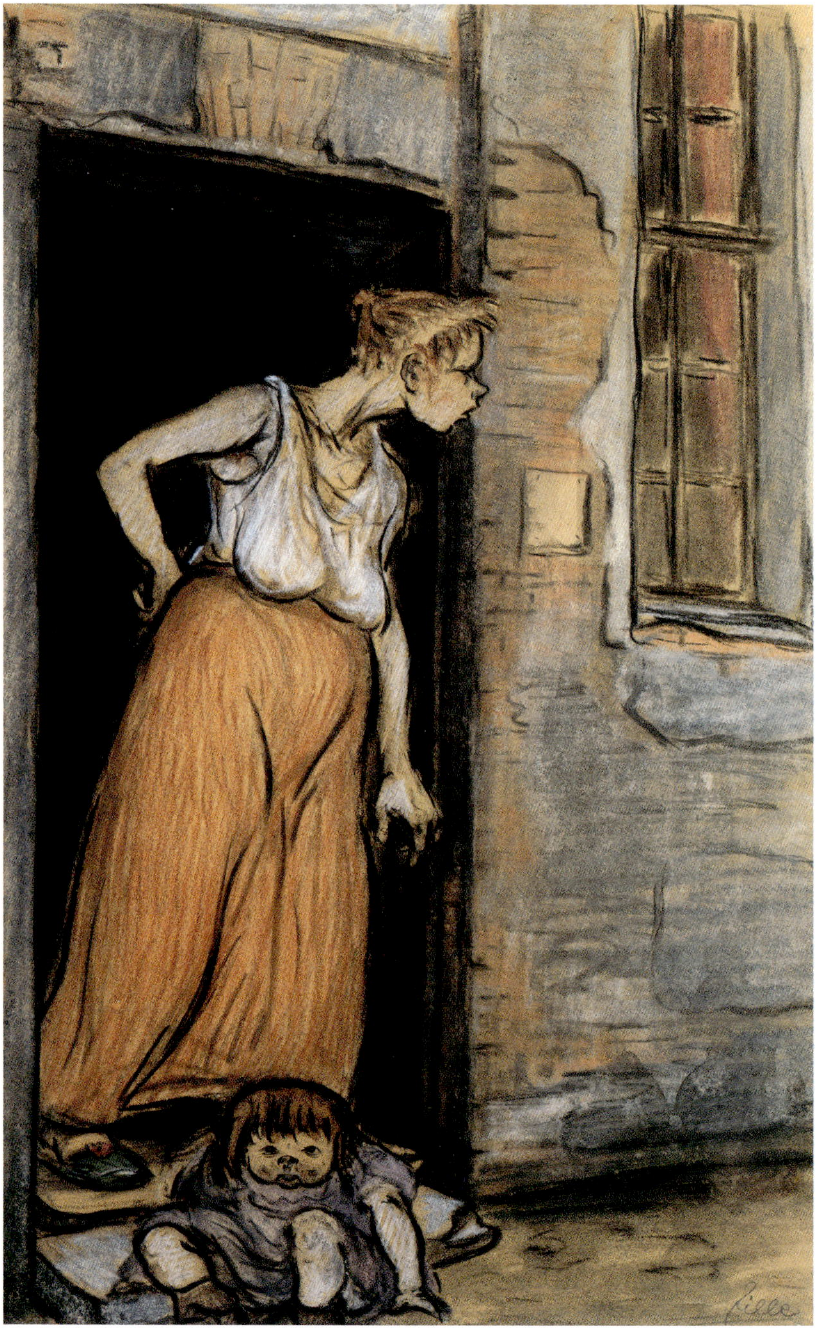

In engen Gassen, um 1904
Schwarze und farbige Kreiden, Aquarell, 43 x 26,5 cm

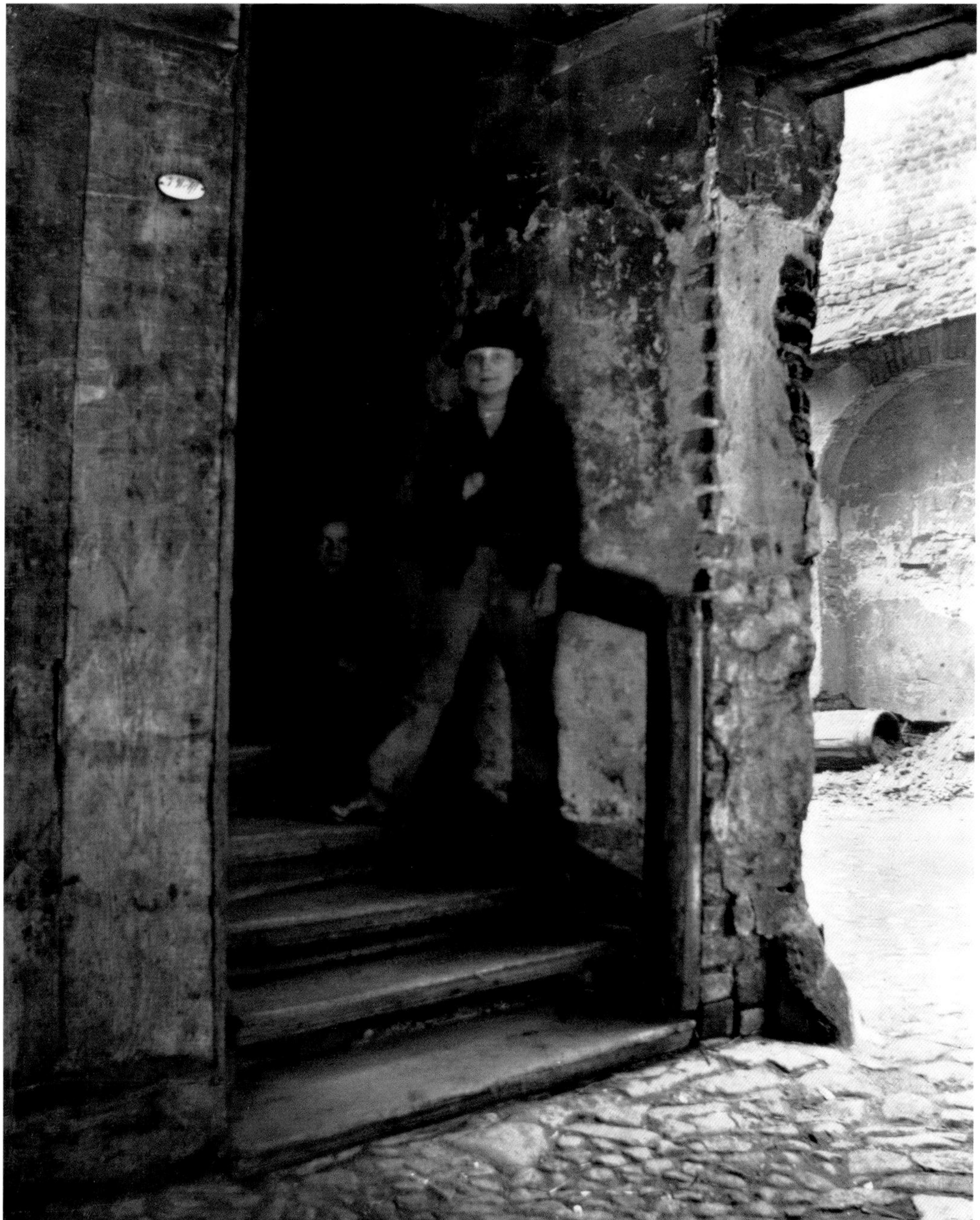

Treppenaufgang mit zwei Jungen im ersten Krögelhof, Herbst 1898
WV 176

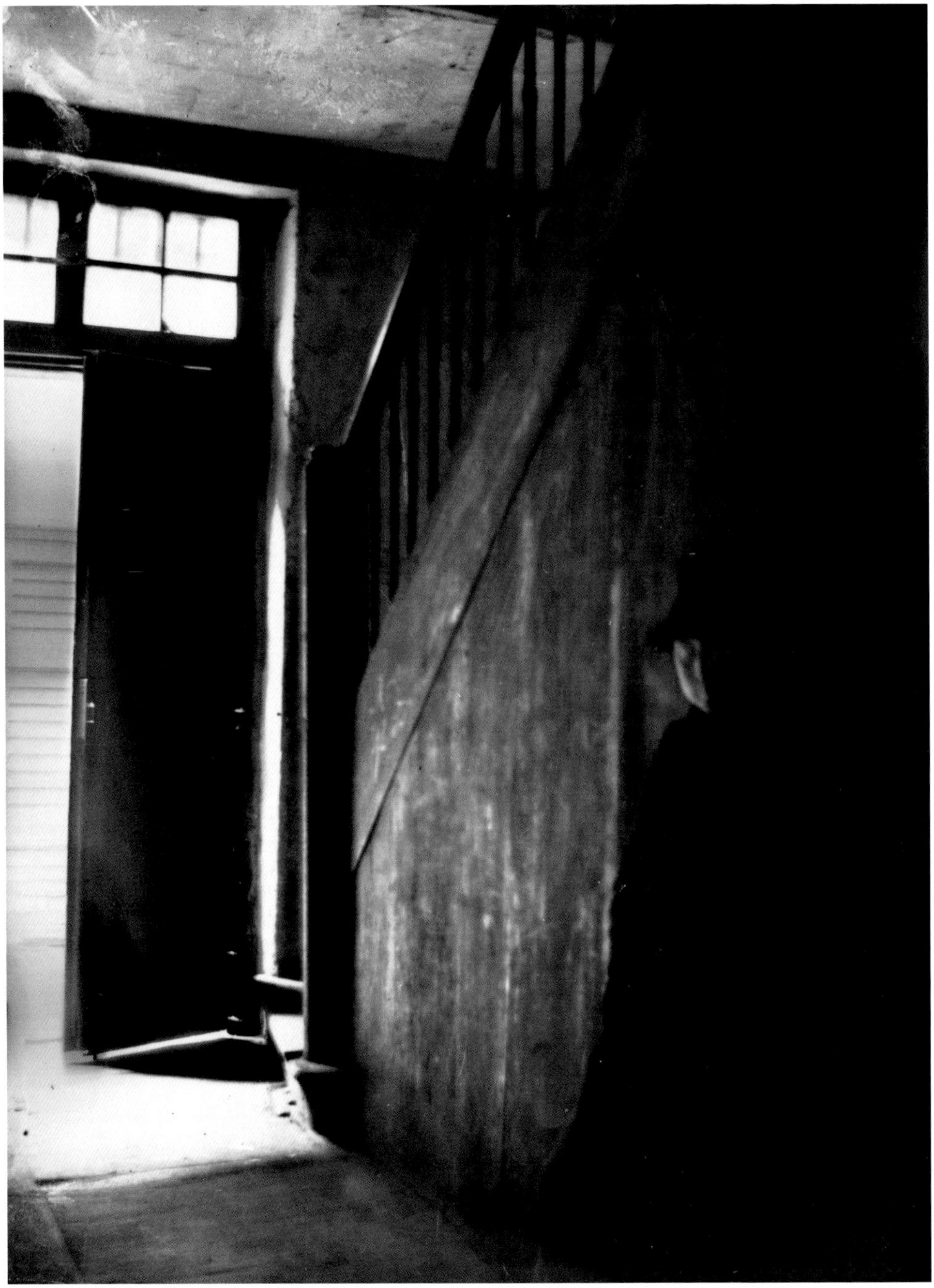

Hausflur, Herbst 1898
WV 173

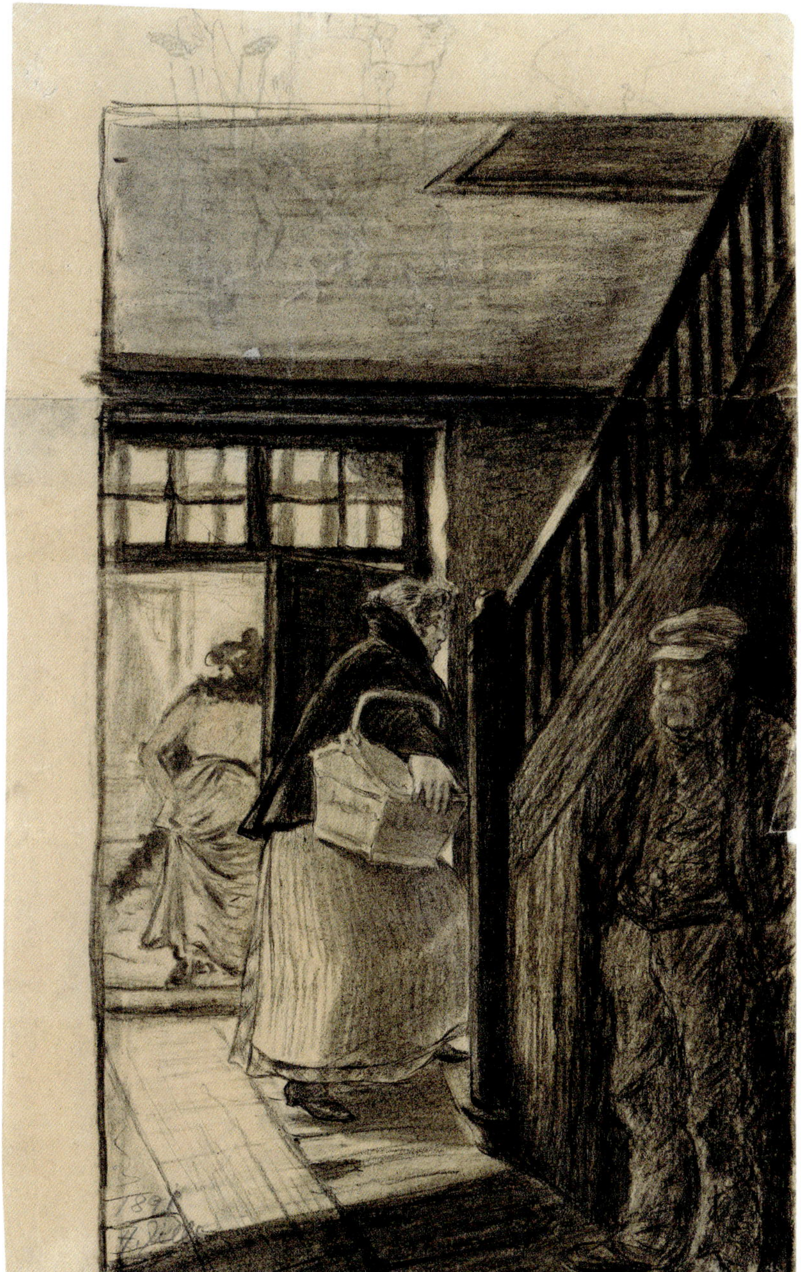

Im Hausflur, 1891
Schwarze Kreide, 37 x 22 cm

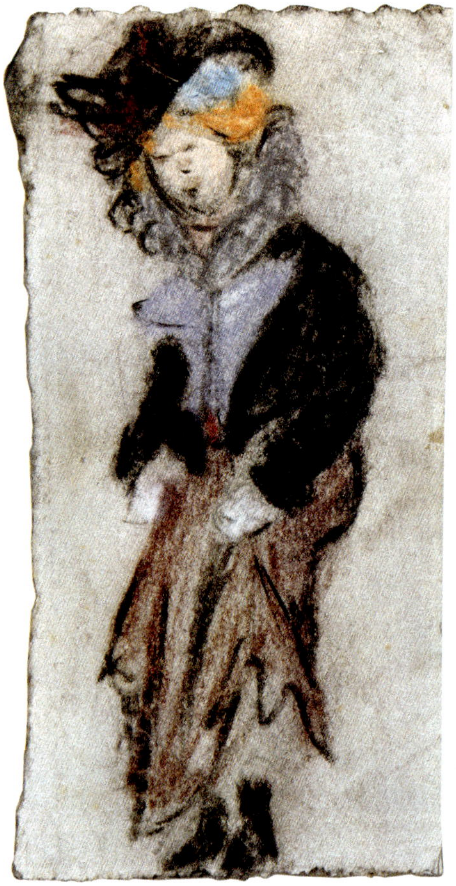

Frau im blauen Pelz, o. J.
Schwarze und farbige Kreiden, 13,5 x 6,5 cm

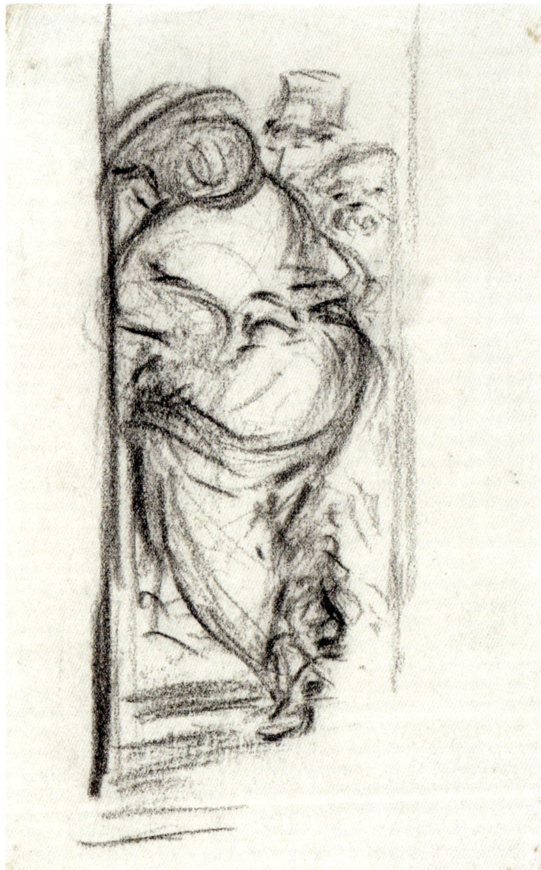

Auf der Treppe, o. J.
Schwarze Kreide, 21 x 13,5 cm

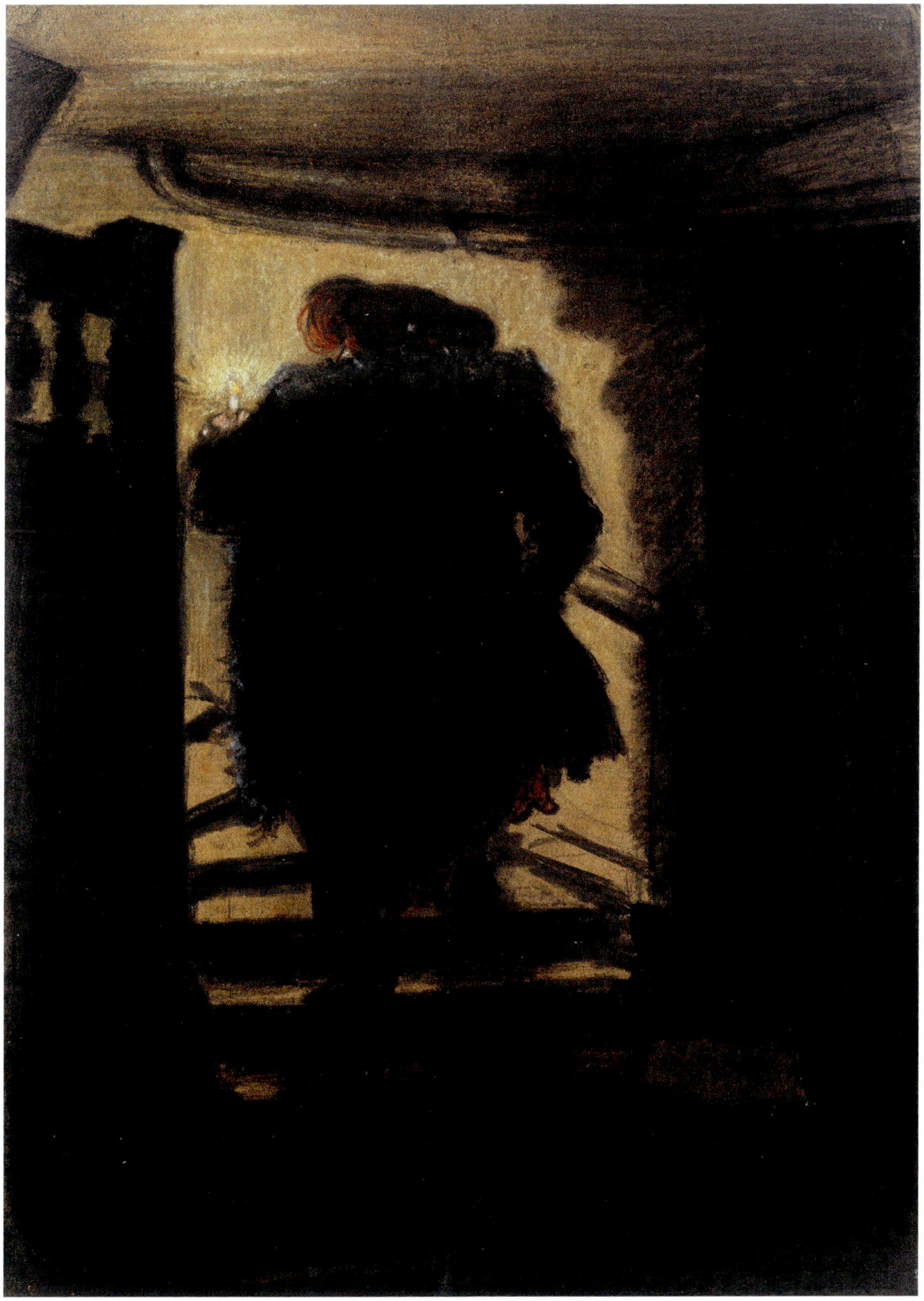

Freier im Treppenhaus, 1900
Schwarze und farbige Kreiden, 39,5 x 27,5 cm

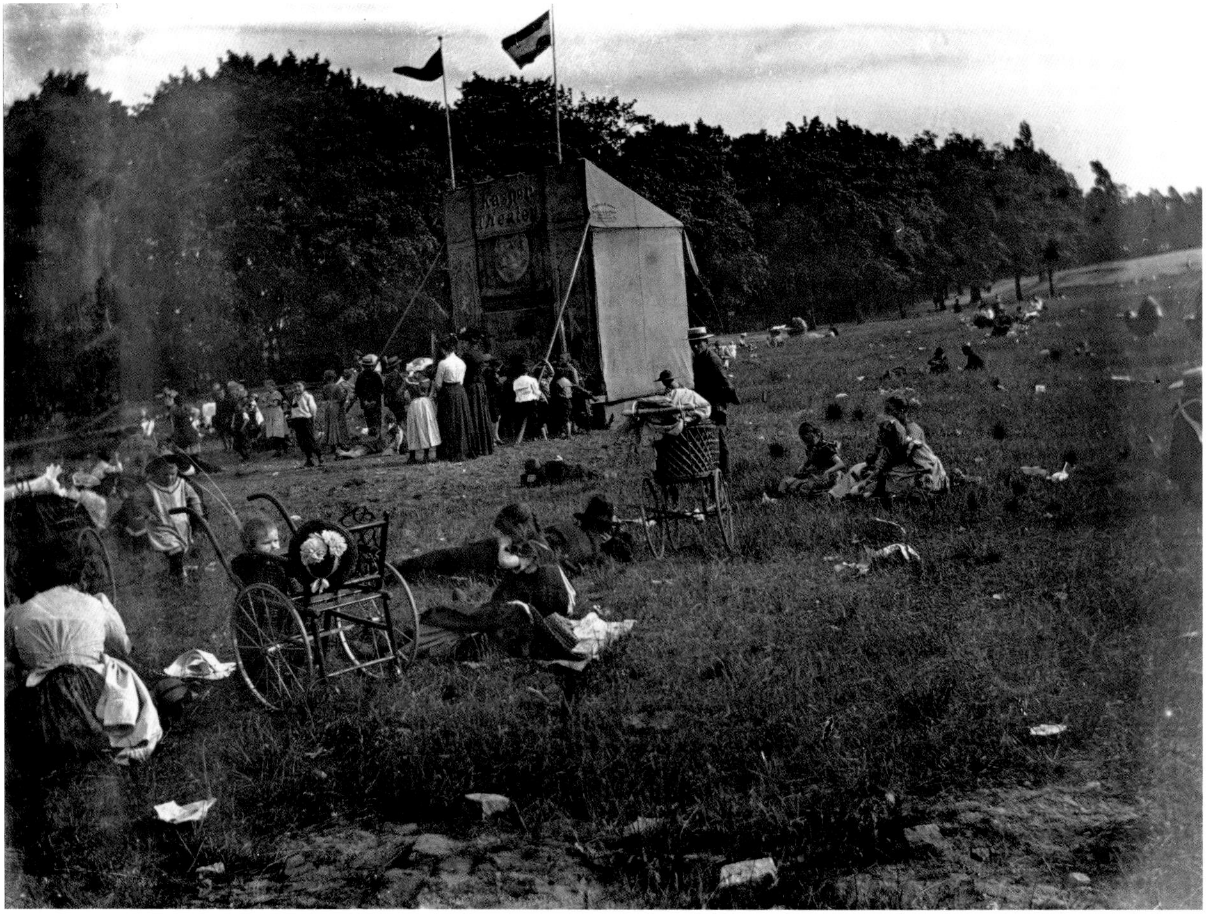

Kasperltheater am Rand des Rummelplatzes, September 1900
WV 350

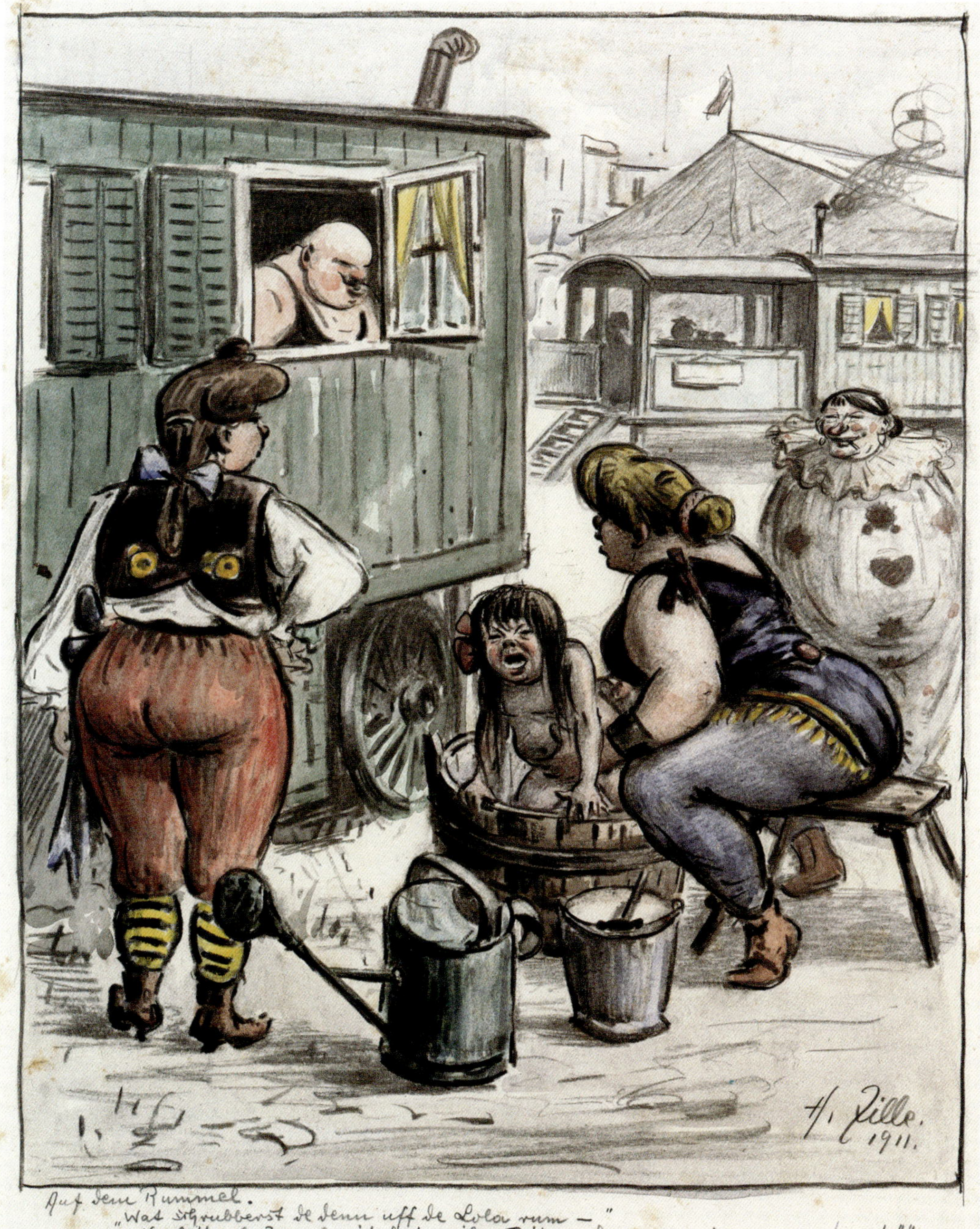

Auf dem Rummel, 1911
Schwarze und farbige Kreiden, 34 x 27 cm

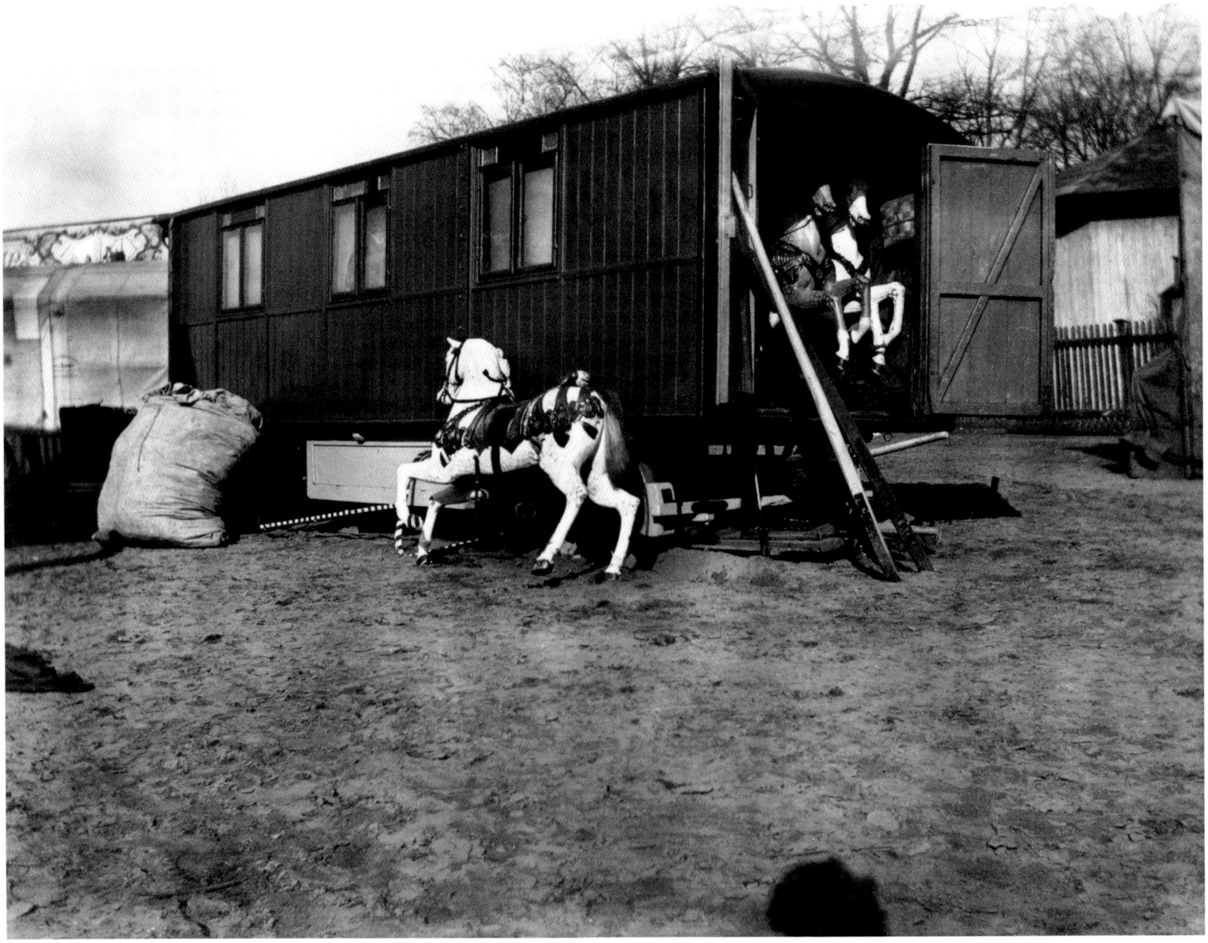

Schaustellerwagen mit Karussellpferden, 1900
WV 289

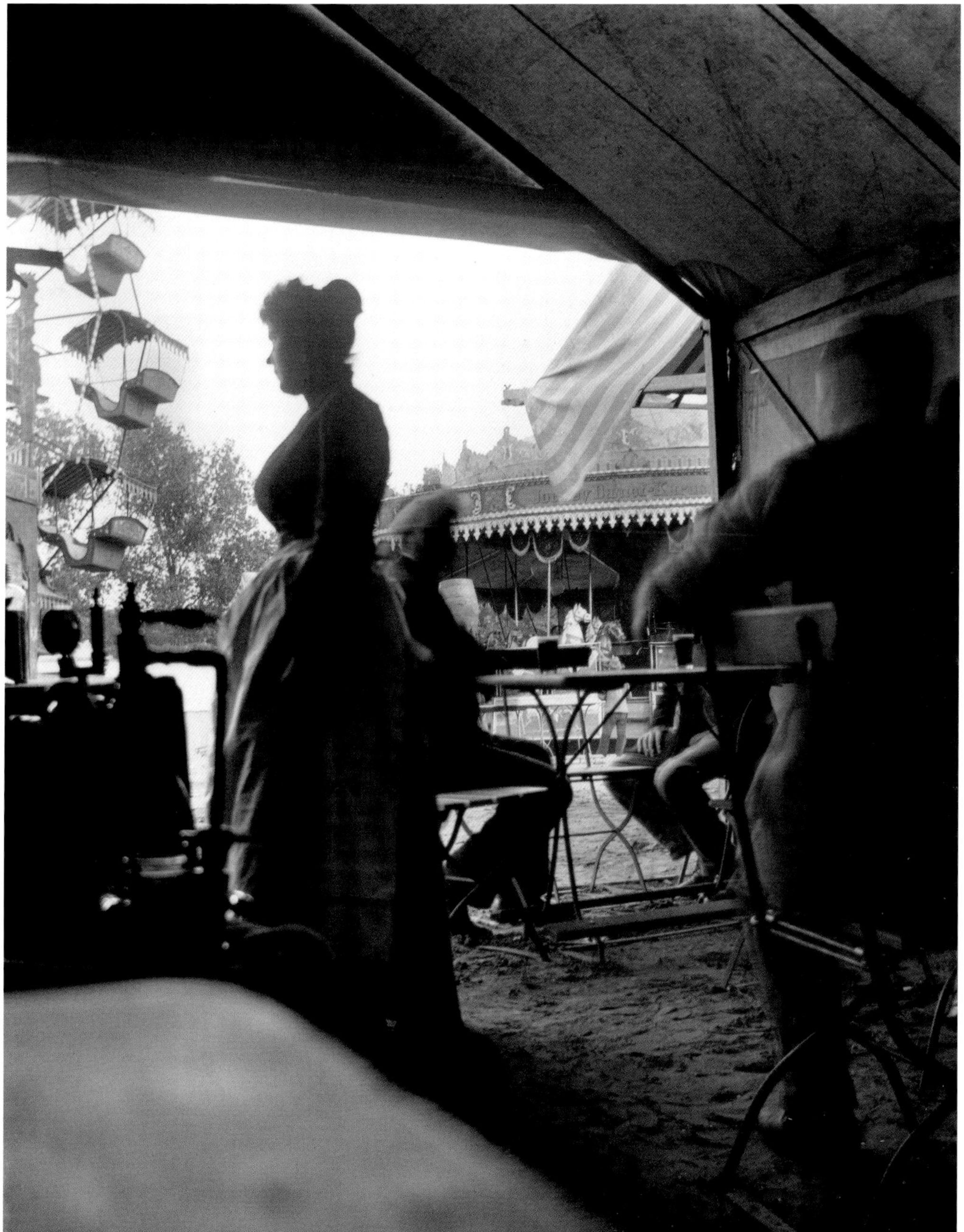

Blick aus dem Bierzelt, September 1900
WV 354

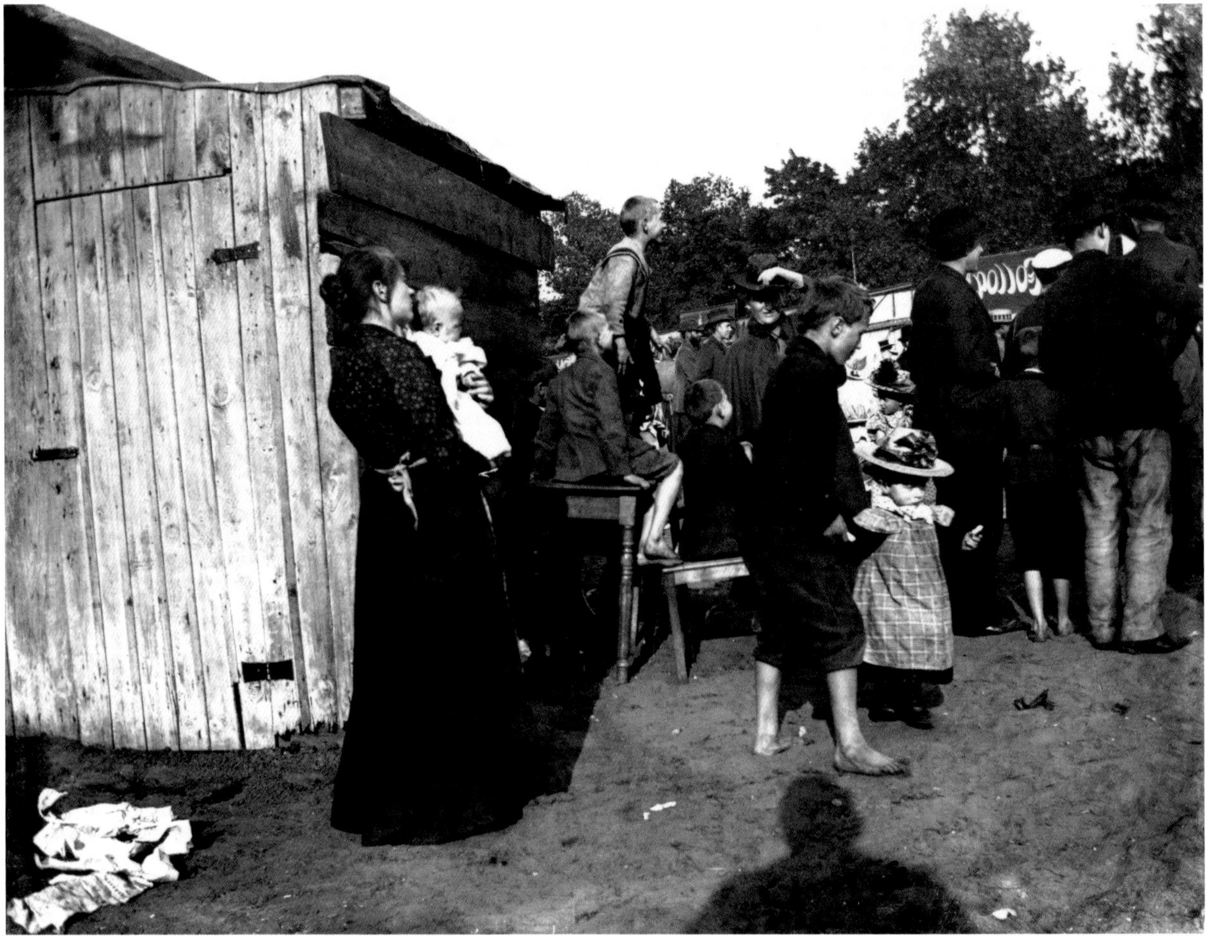

Auf dem Rummelplatz, August 1900
WV 340

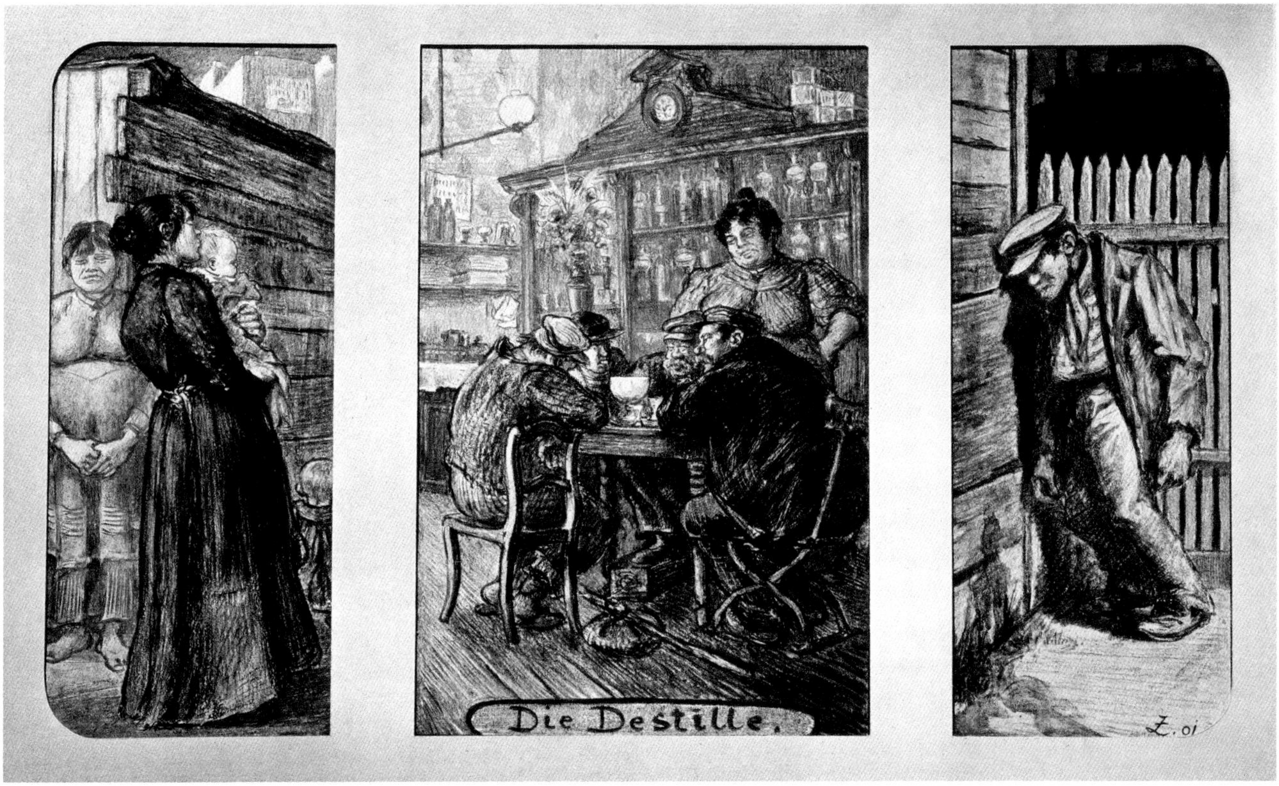

Die Destille, 1901
Heliogravüre, 23 x 34 cm. WV 25

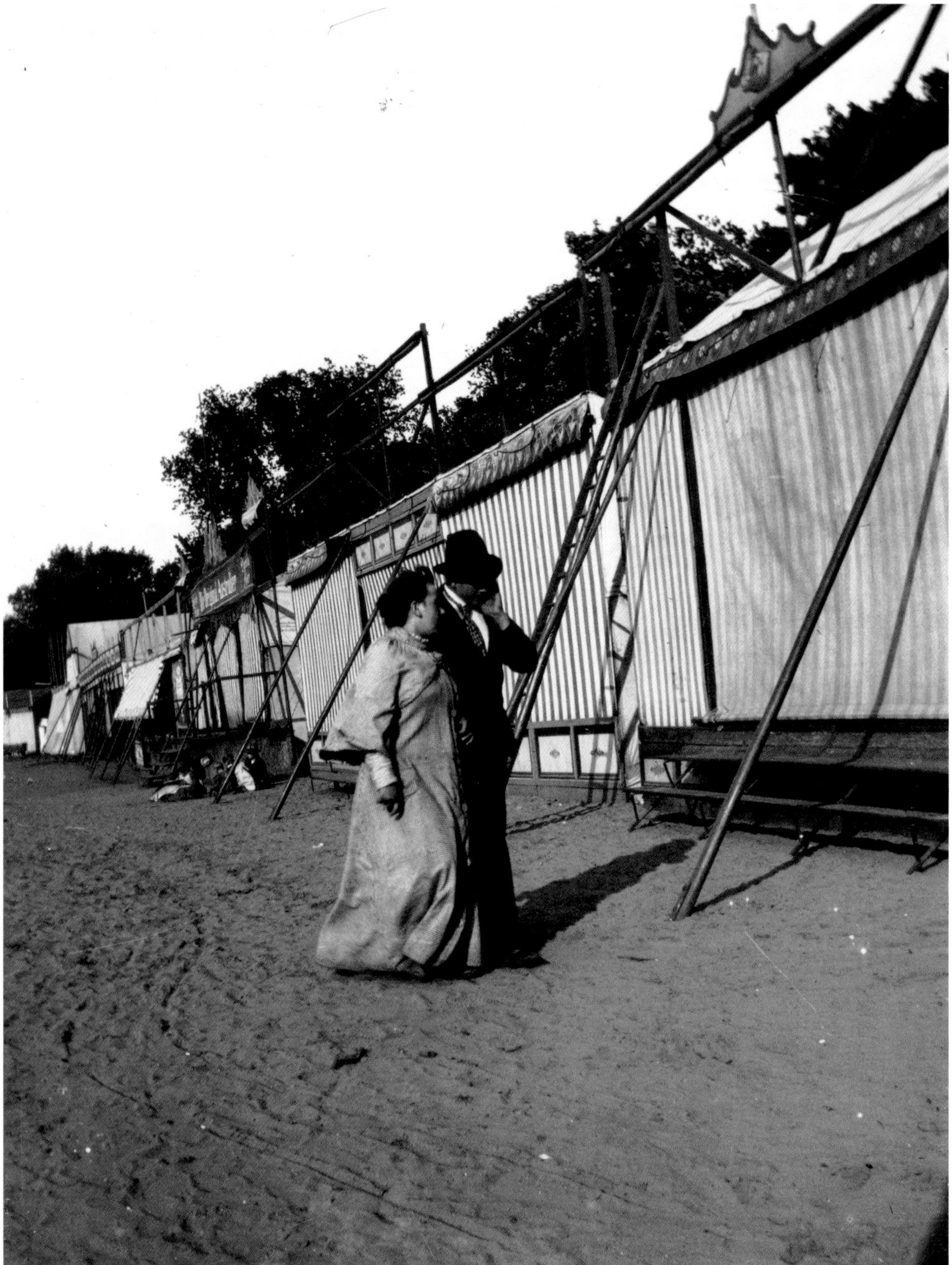

Mann und Frau auf dem Rummelplatz, Juli/August 1900
WV 316

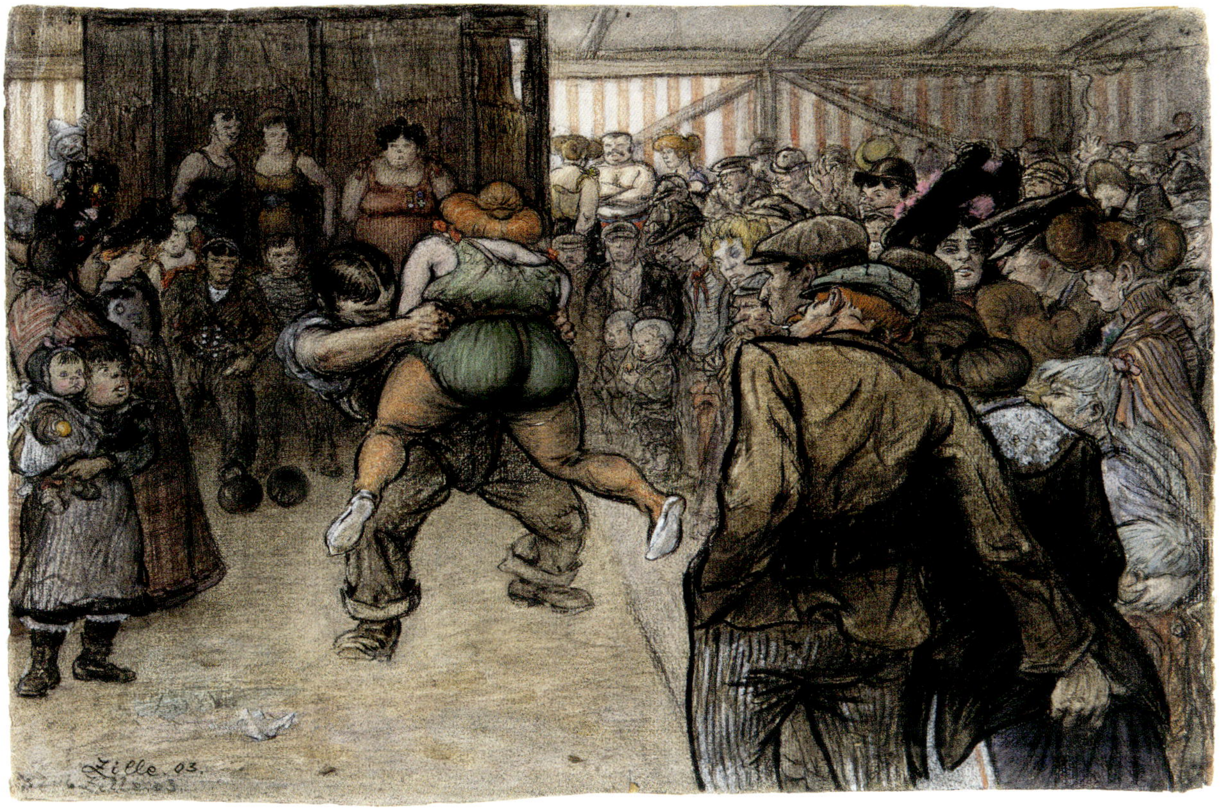

Ringkampf in der Schaubude, 1903
Kohle, Farbstift und Aquarell, 33 x 50,5 cm

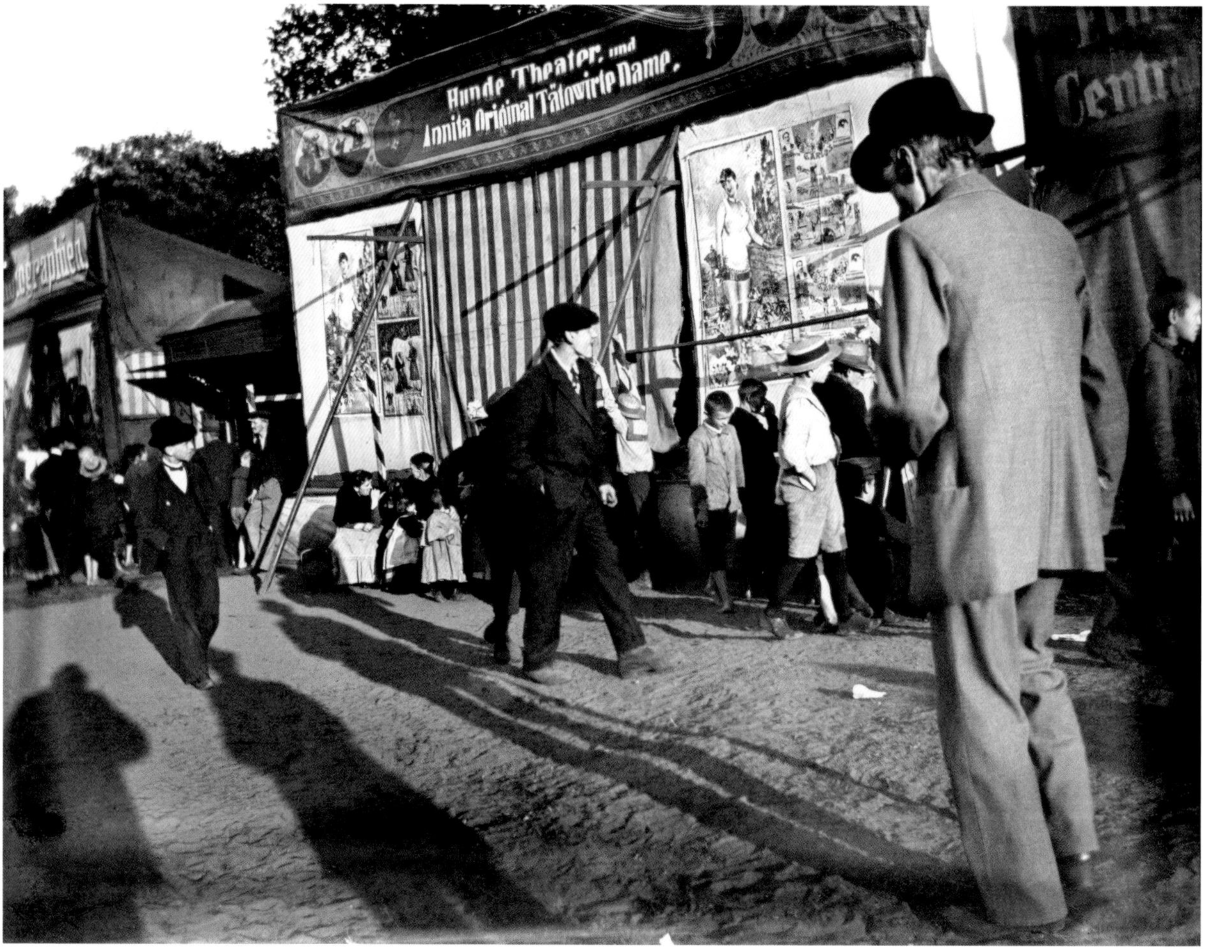

Besucher vor einer Schaubude, August 1900
WV 346

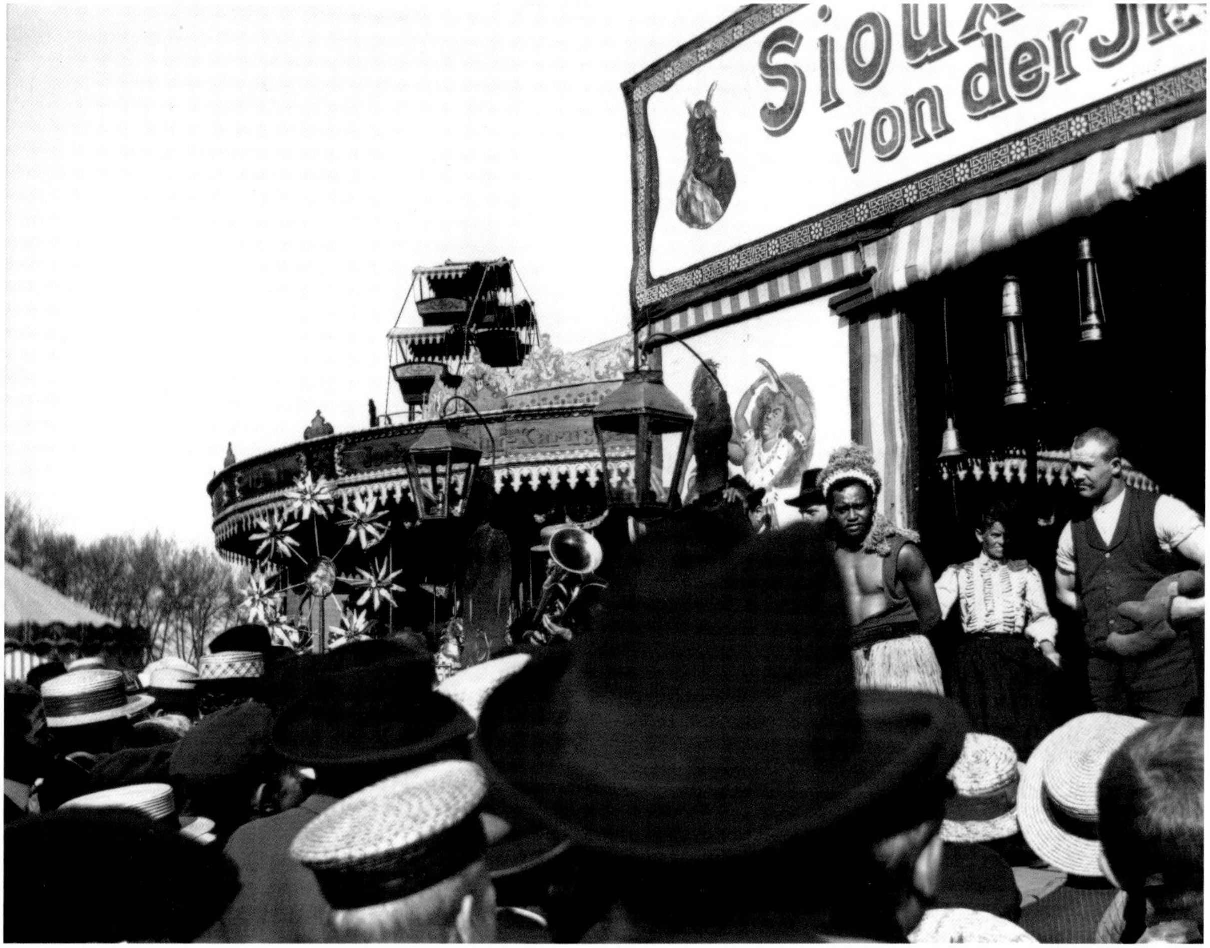

Zuschauer vor der Schaubude mit „Sioux-Indianern“, August 1900
WV 331

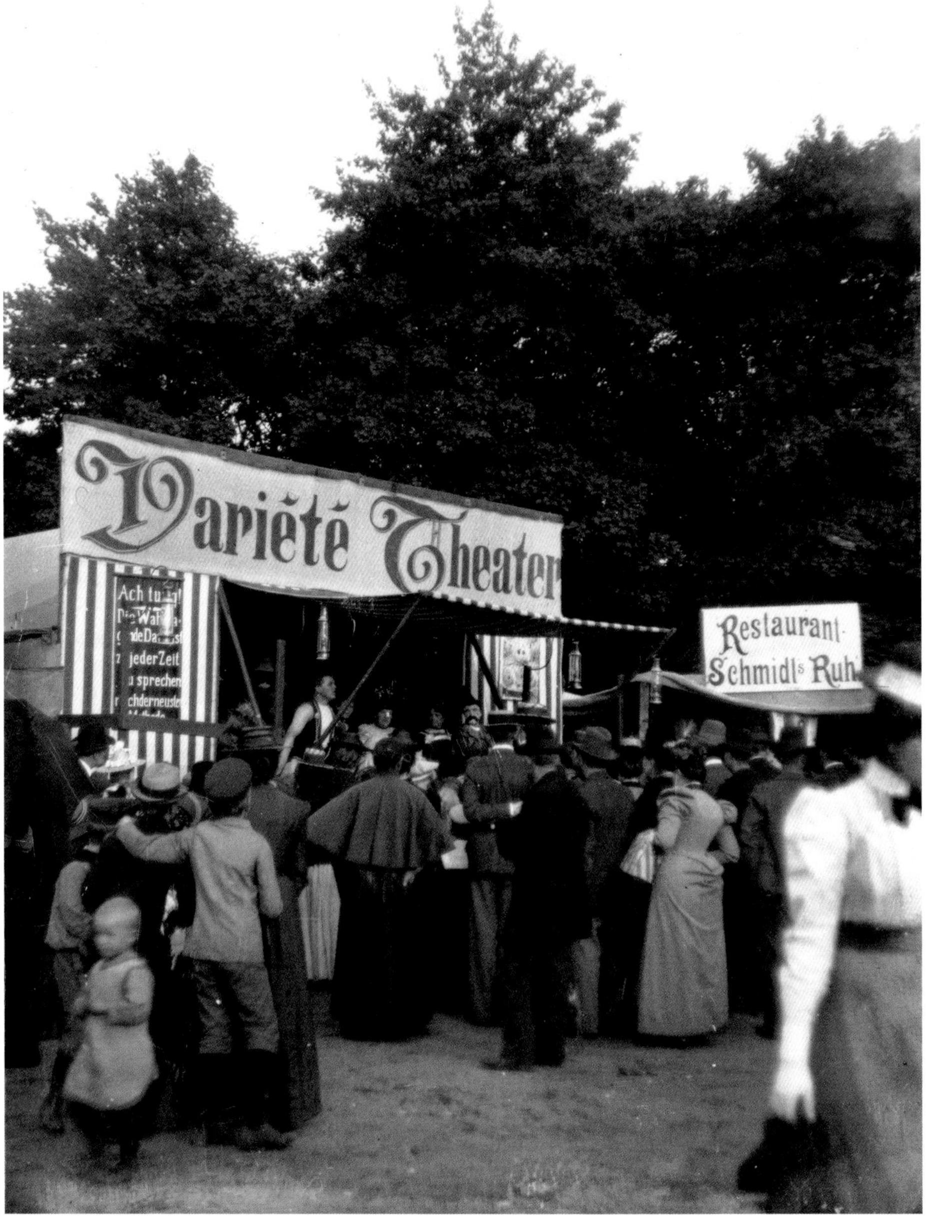

Zuschauer vor dem „Varieté-Theater“, Sommer 1897
WV 60

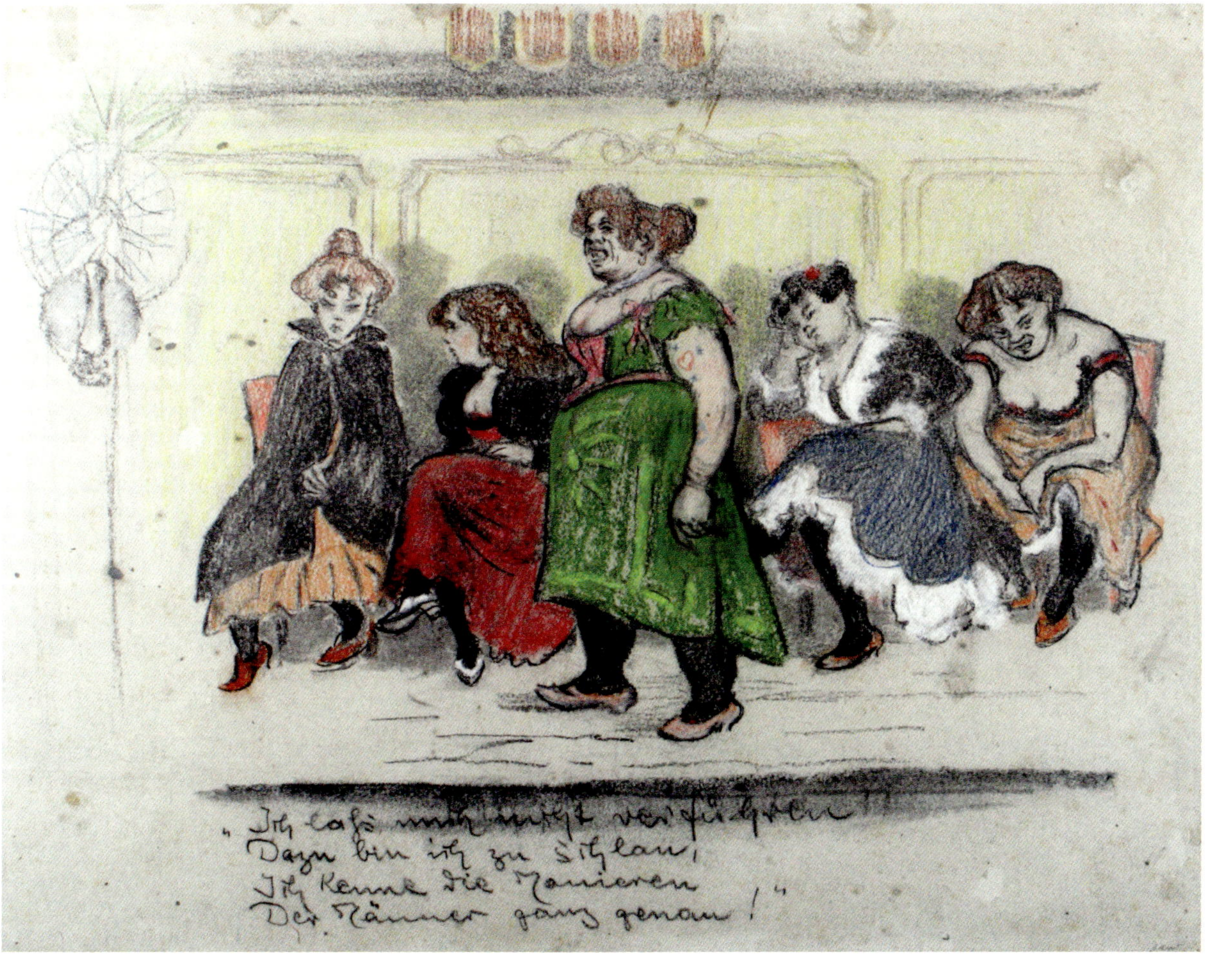

Ich lass mich nicht verführen, o. J.
Schwarze und farbige Kreiden, 32 x 41 cm

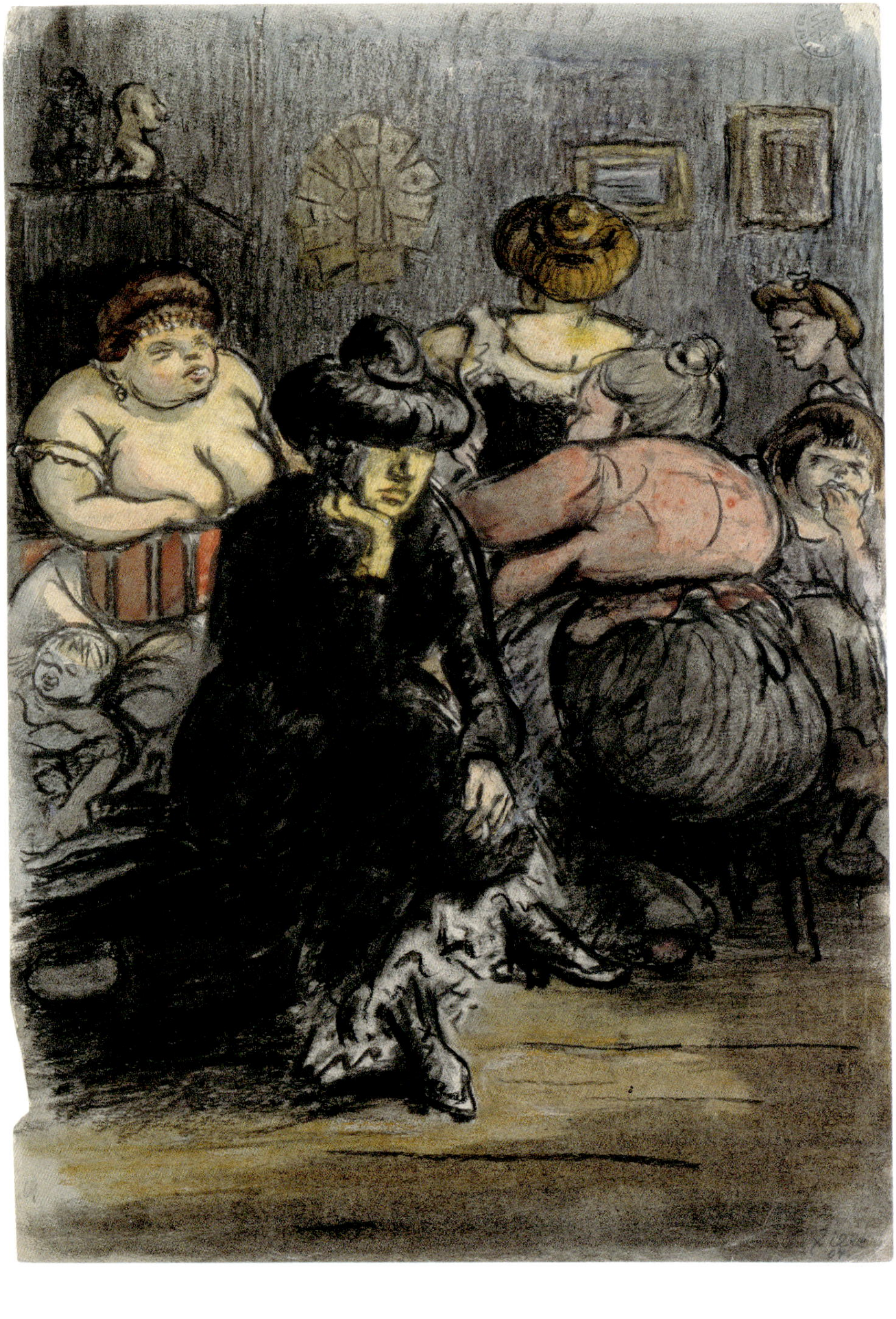

Garderobe in einem Vorstadtvarieté, 1904
Pastell, Kreide über Aquarell, 45,0 x 31,7 cm

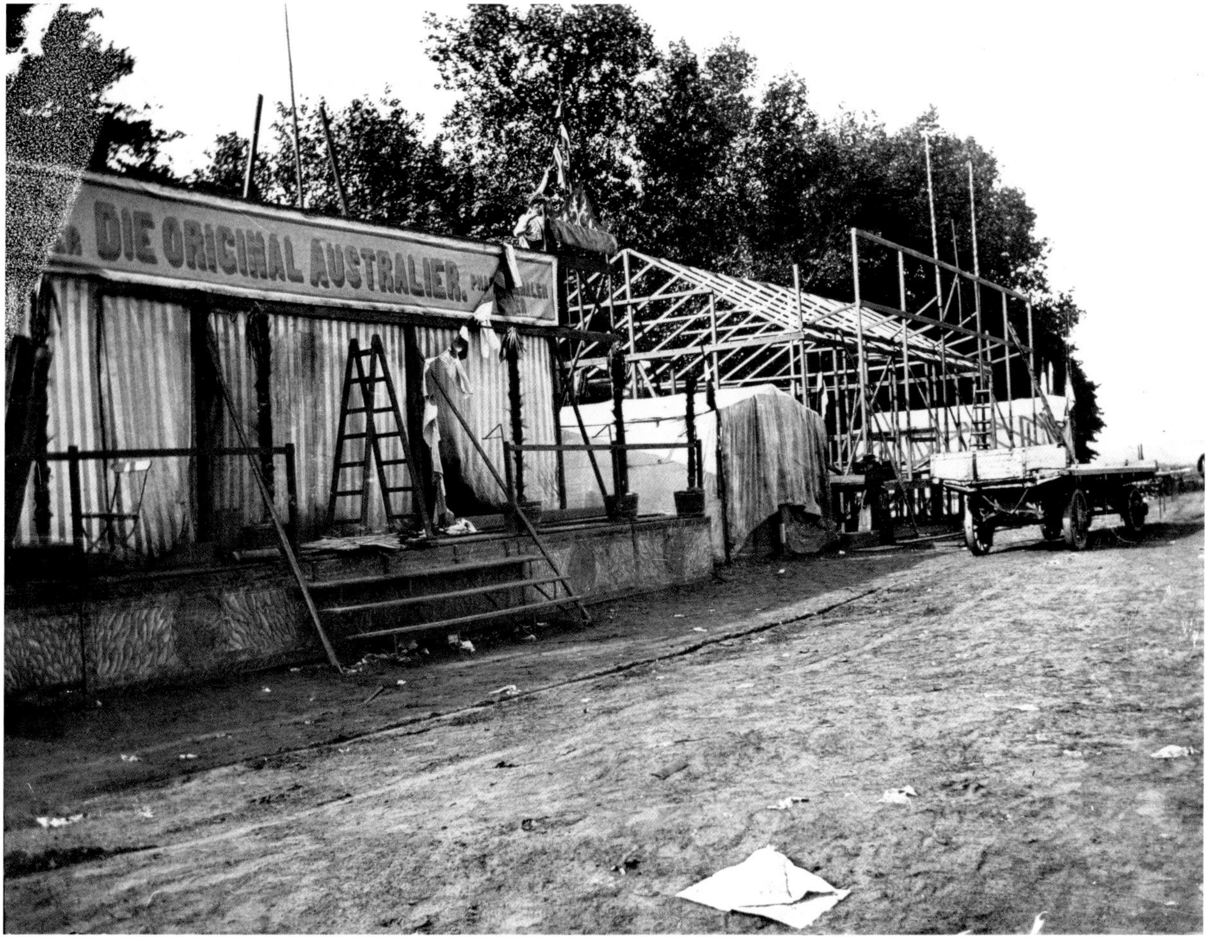

Schaubuden- und Zeltabbau, September 1900
WV 365

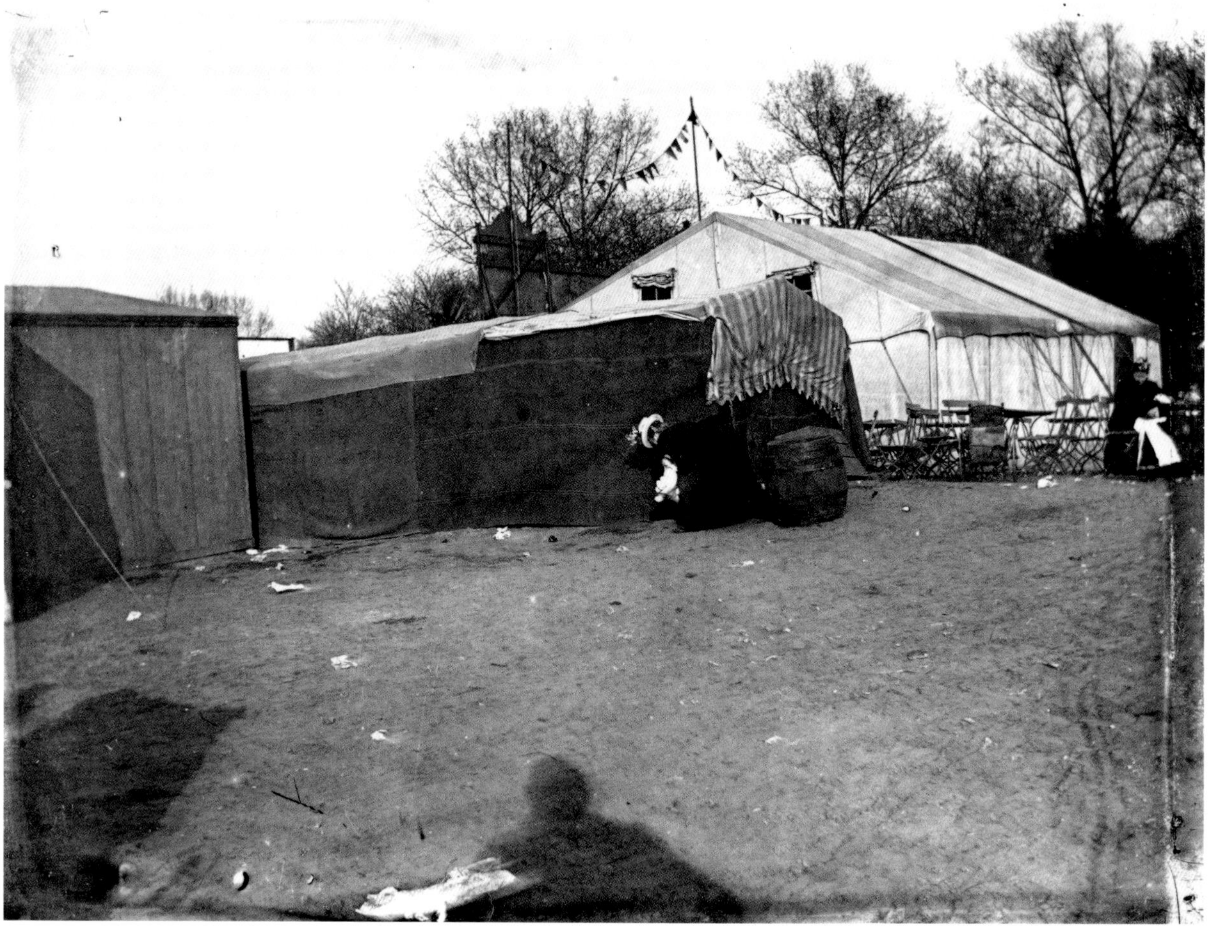

Buden und Zelte mit einer Frau, die ihr Kind abhält, 1900
WV 302

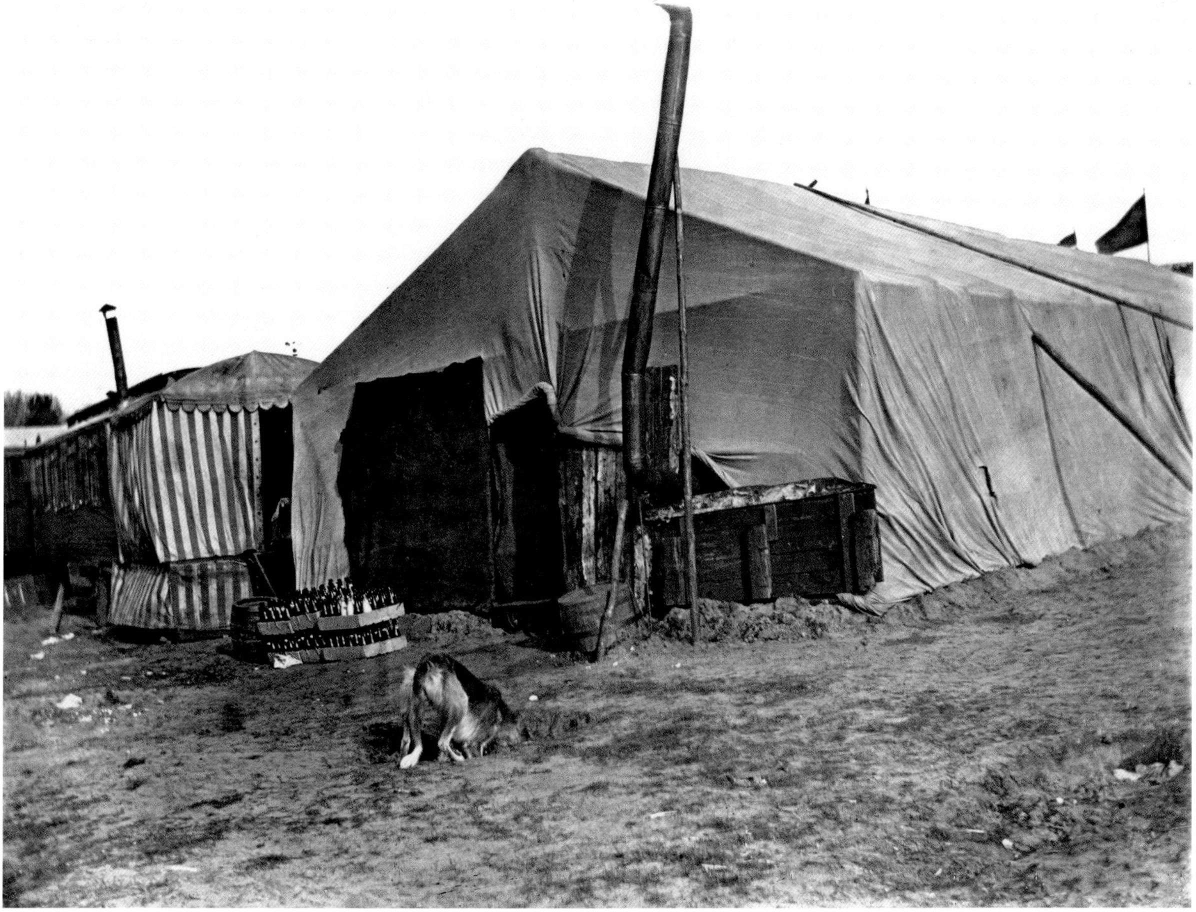

Schäferhund vor Zelten, September 1900
WV 362

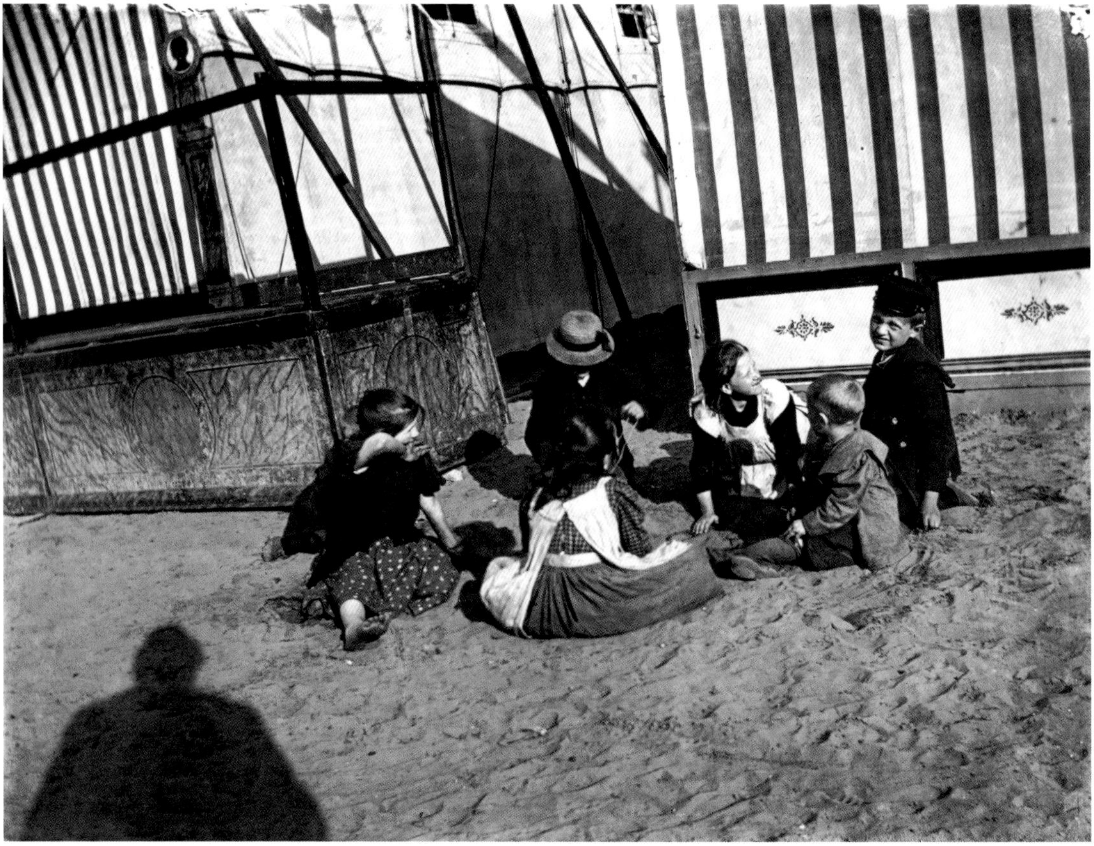

Jungen und Mädchen zwischen den Schaubuden, Juli/August 1900
WV 317

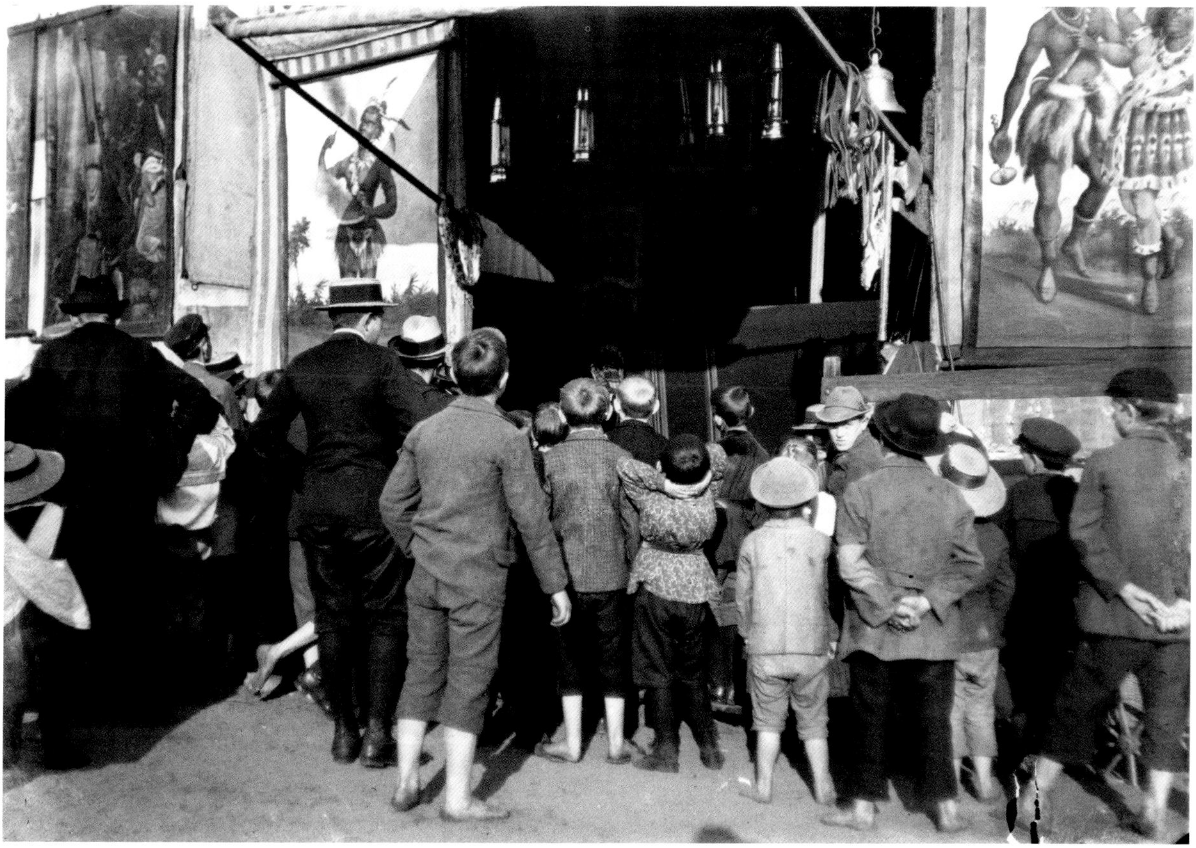

Kinder vor der Schaubude mit „Sioux-Indianern“, Sommer 1897
WV 59

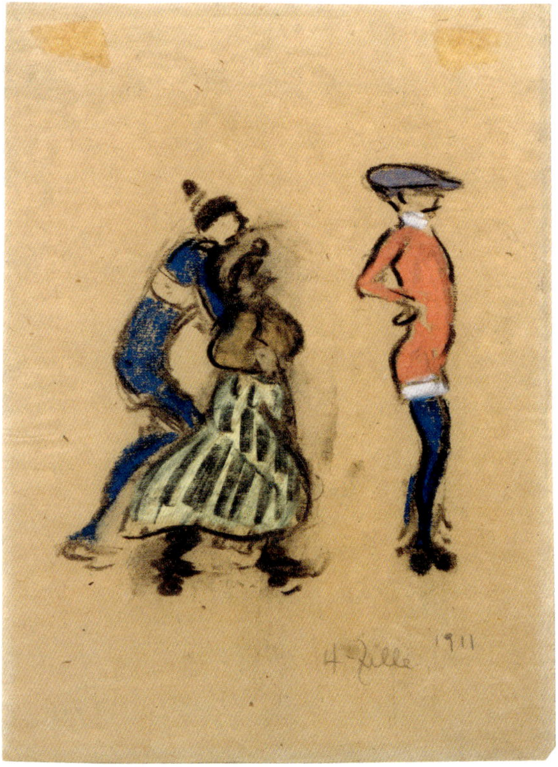

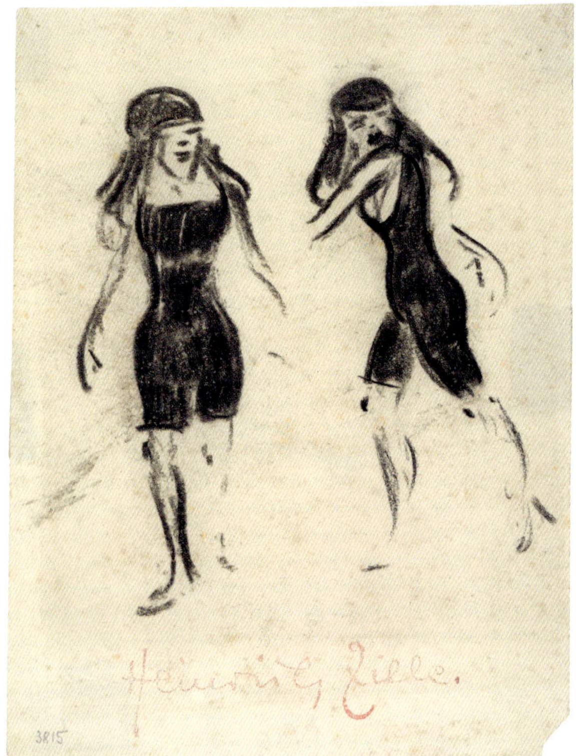

Rollschuhläufer, 1911
Schwarze und farbige Kreiden, 27 x 20 cm

Zwei Mädchen im Badeanzug, o. J.
Schwarze Kreide, 20 x 15 cm

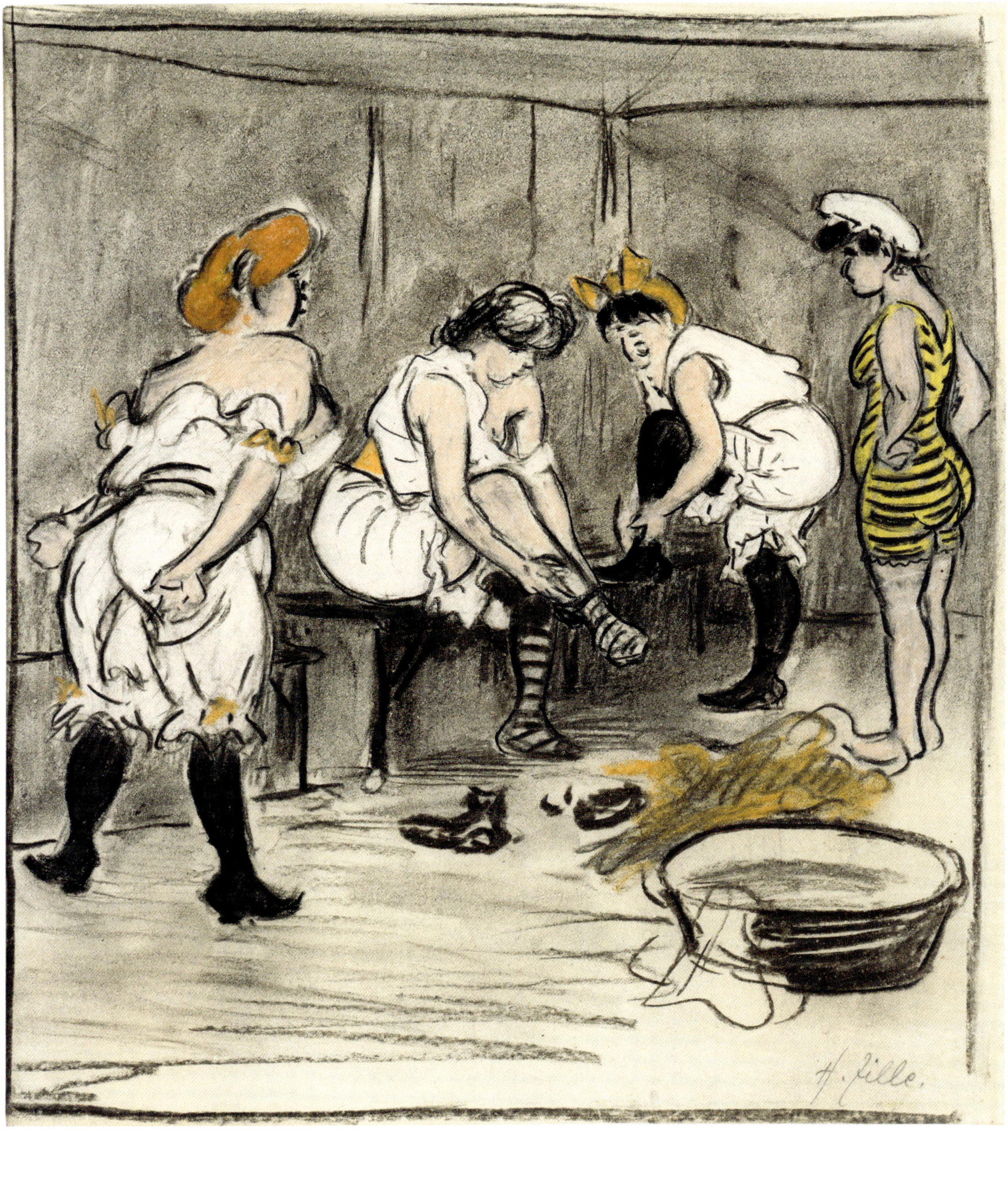

Vier Frauen in der Garderobe, o.J.
Schwarze und farbige Kreiden, Aquarell, 34,5 x 31,5 cm

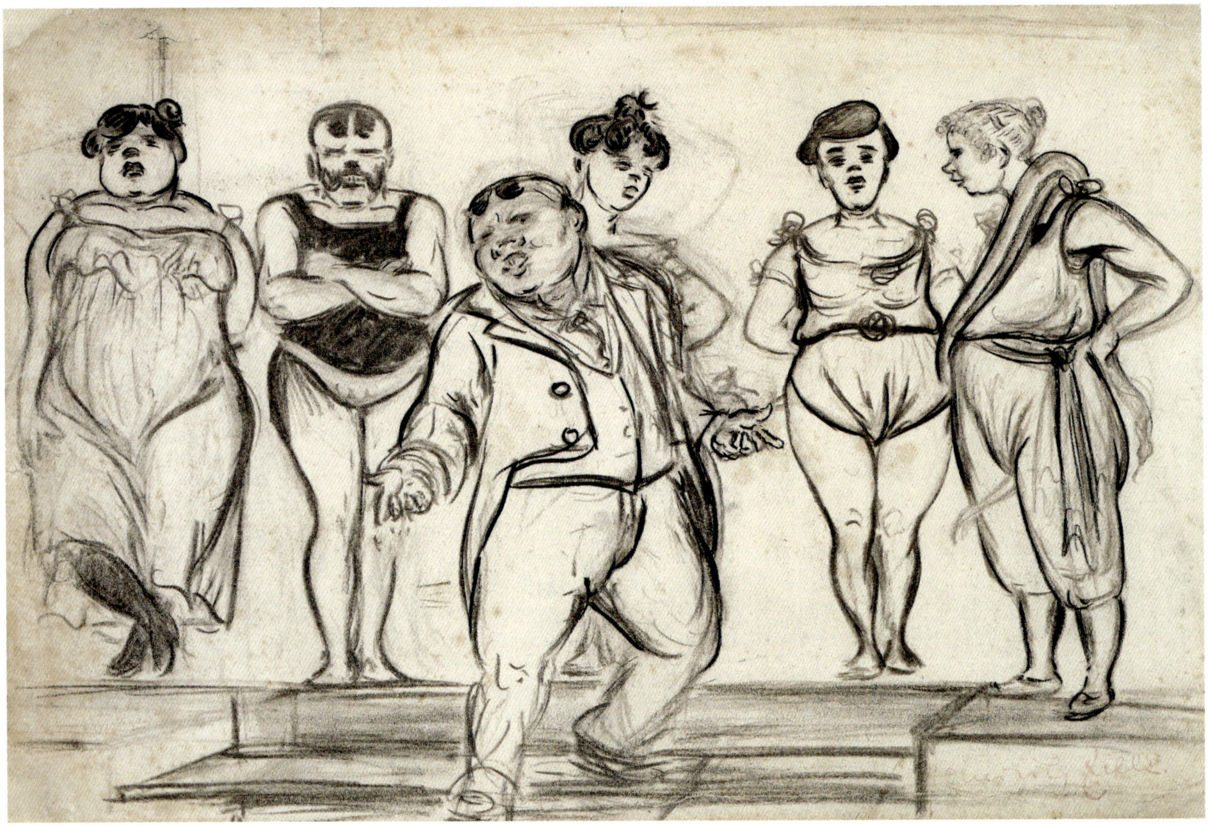

Vor der Schaubude, o. J.
Schwarze Kreide, Kohle, 29,5 x 44 cm

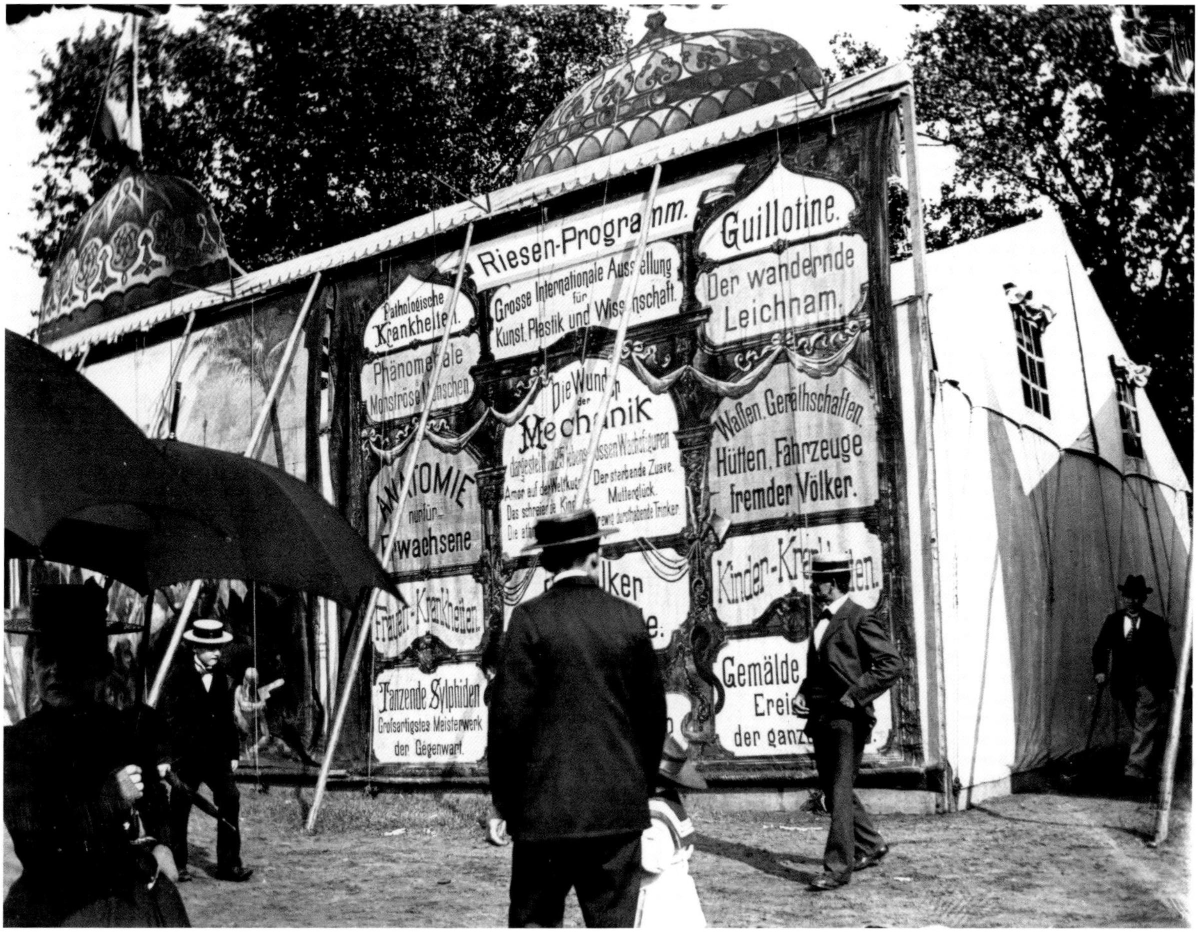

Reklamewand „Riesen-Programm", August 1900
WV 342

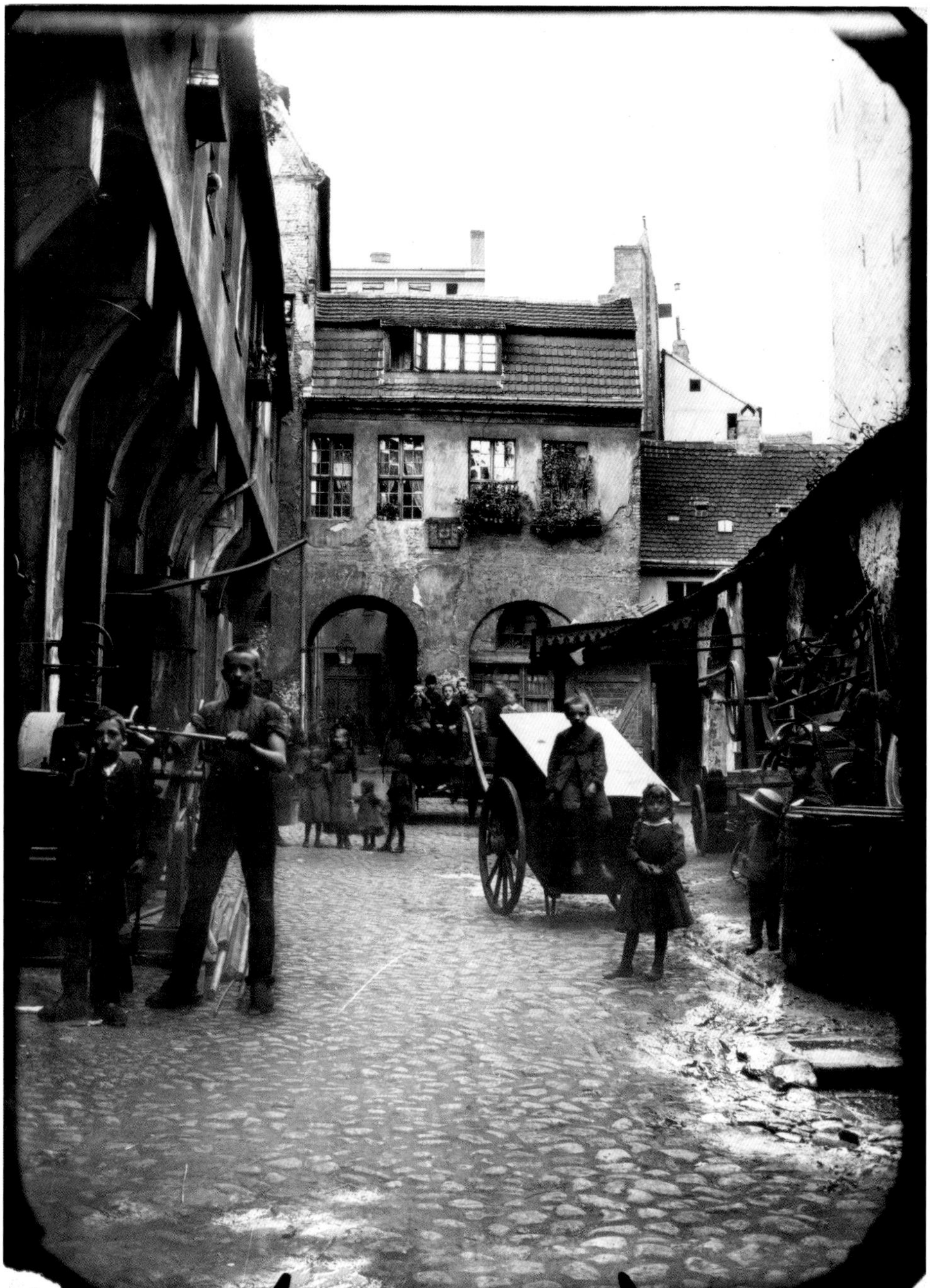

Erster Hof im Krögel mit Kindern, Blick in den zweiten Hof, um 1896
WV 31

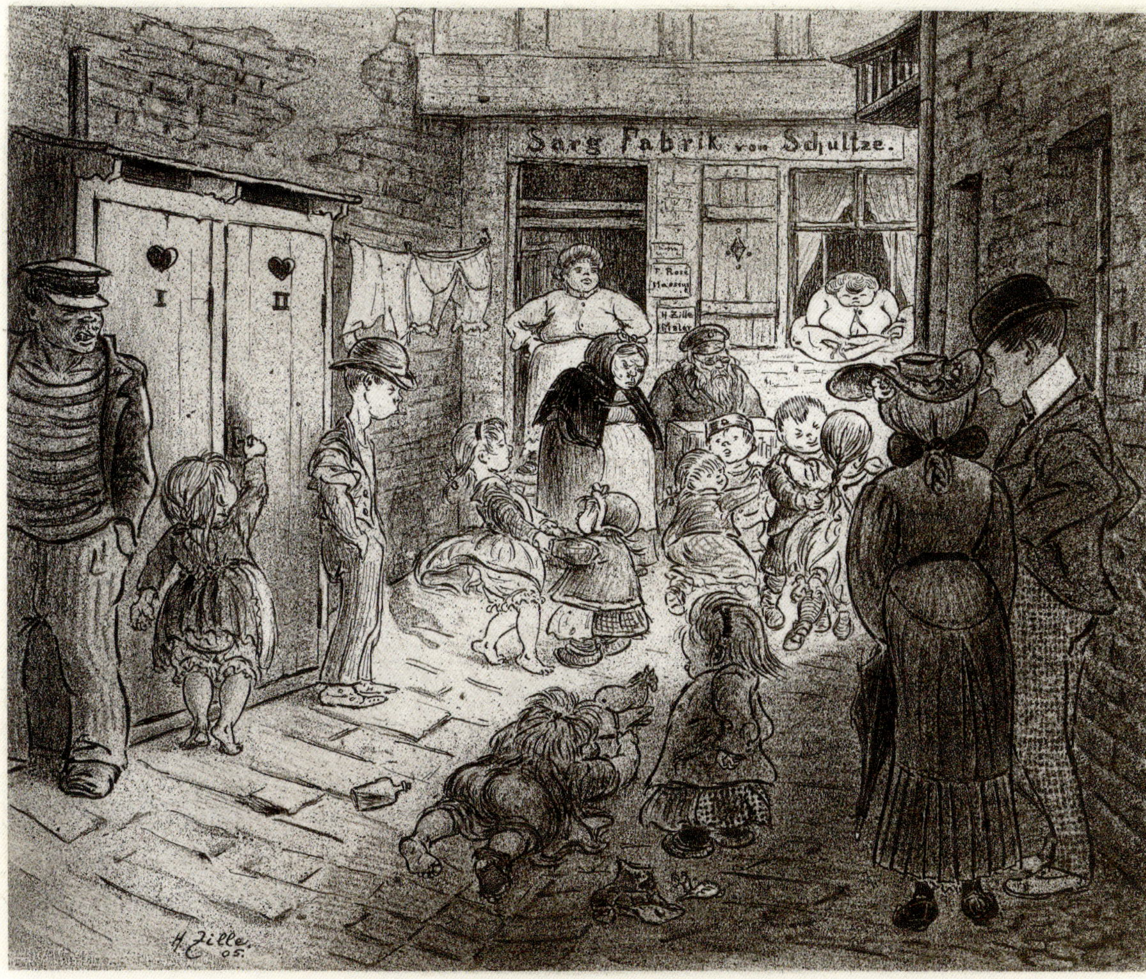

Berlin-Ackerstraße, 1905
Heliogravüre nach einer farbigen Zeichnung, 23,5 x 27 cm. WV 37

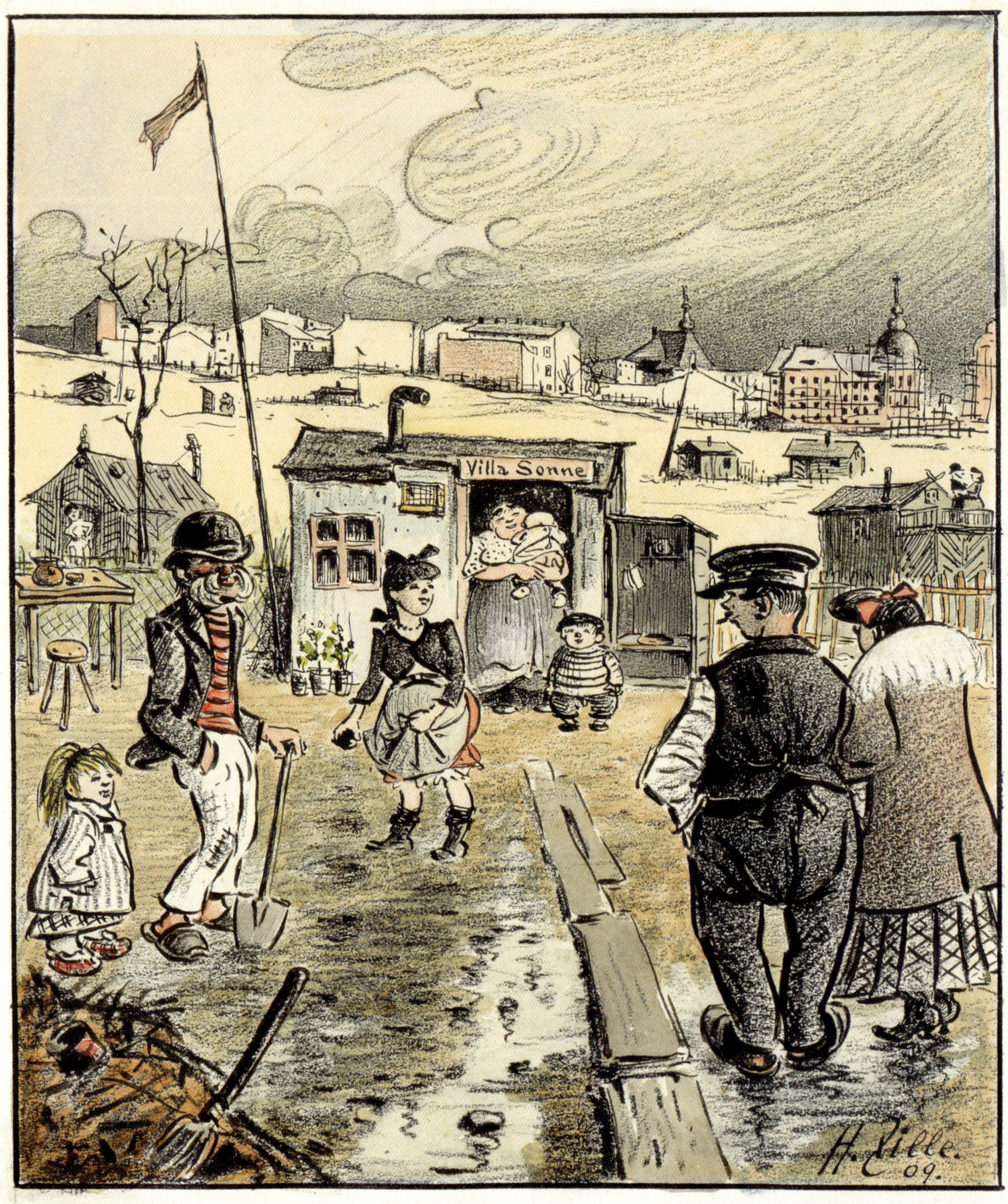

In der Laubenkolonie, 1909
Schwarze Kreide, Feder und Aquarell, 33 x 25,5 cm

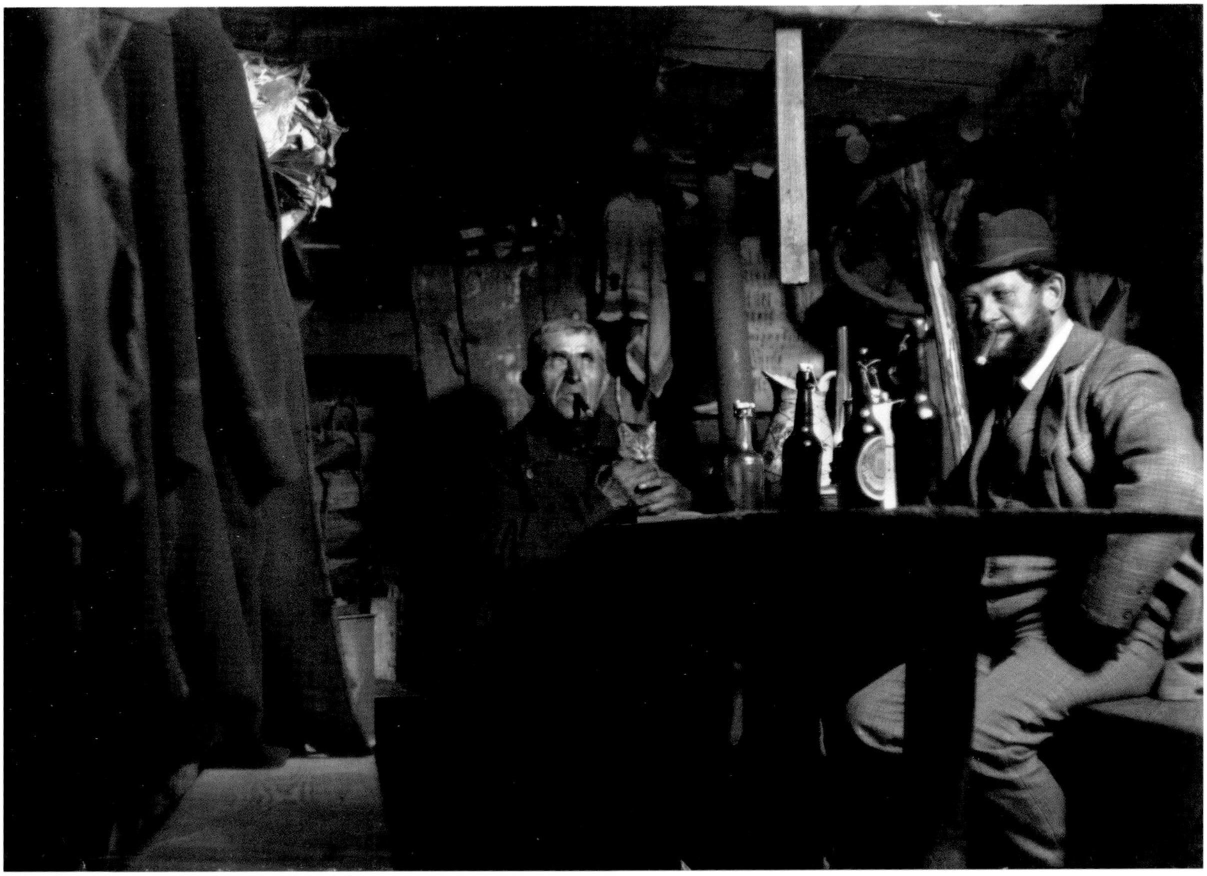

Heinrich Zille in der Hütte des Kiesgrubenwärters, Herbst 1897
WV 93

Biographie

1858 10. Januar: Rudolf Heinrich Zille wird als Sohn des Uhrmachers und Feinschlossers Johann Traugott Zill (ab 1854: Zille, später auch wieder Zill) und dessen Frau Ernestine Louise (geb. Heinitz) in Radeburg bei Dresden geboren.

1862 Umzug der Familie nach Dresden. Der Vater kommt in Schuldhaft im Dresdner Gerichtsgebäude, die Mutter verdient als Putzmacherin in Heimarbeit mit Hilfe von Heinrich und seiner Schwester Fanny kaum das Nötigste. Umzug der Familie zum Großvater Heinitz in das Bergarbeiterdorf Potschappel, wo Heinrich Zille von 1865 bis 1867 die Dorfschule besucht.

1867 Auf der Flucht vor seinen Gläubigern ändert der Vater seinen Namen wieder in Zill. Im November zieht die hochverschuldete Familie nach Berlin und versucht sich zunächst mit Heimarbeit durchzubringen, bis der Vater 1869 Arbeit als Mechaniker bei der Firma Siemens & Halske findet.

1872 Die Familie kauft mit Hilfe einer Erbschaft für ca. 500 Thaler ein Grundstück am Grenzweg im Lichtenberger Kiez und baut 1873 ein bescheidenes Haus. Zille beendet seine Schulzeit und beginnt auf Anraten seines Zeichenlehrers Spanner in Berlin eine Ausbildung als Lithograph bei der Firma Hecht. Als Geselle wechselt er mehrfach die Werkstätten. Gleichzeitig studiert er als Abendschüler an der „Königlichen Kunstschule“ bei Carl Domschke und Theodor Hosemann.

1877 1. Oktober: Zille wird als Reproduktionstechniker bei der „Photographischen Gesellschaft“ in Berlin angestellt.

1880–1882 Militärdienst in Frankfurt/Oder und Sonnenburg. Aus dieser Zeit ist ein Skizzenbuch mit 96 Zeichnungen erhalten.

1883 15. Dezember: Heirat mit Hulda Frieske, der Tochter eines Lehrers aus Fürstenwalde. Die junge Familie nimmt zunächst eine Wohnung auf dem Lichtenberger Kiez, Grenzweg (ab 1889 Boxhagen-Rummelsburg, Fischerstraße). Aus der Ehe gehen drei Kinder hervor: 1884 Margarete Zille, 1888 Hans Zille und 1891 Walter Zille. Die größer werdende Familie zieht zweimal, 1887 und 1890, in Lichtenberg um.

1892 Nachdem die „Photographische Gesellschaft“ ihre Werkstätten nach Charlottenburg verlegt hat, zieht Heinrich Zille mit seiner Familie ebenfalls nach Charlottenburg in das Mietshaus Sophie-Charlotte-Straße 88, 4. Stock, wo er für den Rest seines Lebens wohnt.
Zilles Tätigkeit bringt ihn in freundschaftlichen Kontakt mit vielen Künstlern, die ihre Graphiken in der „Photographischen Gesellschaft“ drucken lassen, insbesondere auch mit den Mitgliedern der Berliner Secession, an deren Kegelabenden er teilnimmt.

1899 Zille steht dem befreundeten Bildhauer August Kraus Modell für die (heute verschollene) Steinplastik des Ritters Wedigo von Plotho für die Sieges-Allee im Tiergarten.

1901 Arbeiten von Zille werden bei der „IV. Kunstausstellung der Berliner Secession – Zeichnende Künste" im Ausstellungsgebäude in der Kantstraße 12 gezeigt.

1903 Aufnahme in die „Berliner Secession" mit zwei Gegenstimmen. Zeichnungen von Zille werden erstmals im *Simplicissimus* veröffentlicht.

1904 Mitarbeit an der in Wien erscheinenden Zeitschrift *Der liebe Augustin*, Redaktion Gustav Meyrink.

1905 Beginn der Arbeit für die Zeitschriften *Jugend* und *Lustige Blätter*. Er unternimmt Reisen und Wanderungen mit Künstlerfreunden.

1907 Nach 30-jähriger Anstellung wird Zille von der „Photographischen Gesellschaft" entlassen und lebt nun als freischaffender Künstler.

1908 Veröffentlichung des Buches *Kinder der Straße* sowie des Künstlerheftes *Berliner Rangen* im Verlag der *Lustigen Blätter*.

1909 Die Mappe „Zwölf Künstlerdrucke" erscheint im Verlag M. Lilienthal.

1910 Zille gewinnt auf Betreiben Max Liebermanns den Menzelpreis des Ullstein-Verlags gemeinsam mit Fritz Koch-Gotha.

1913 Er wird Vorstandsmitglied der „Freien Secession", nachdem sich diese von der „Berliner Secession" abgespalten hat.

1914 Im Verlag der *Lustigen Blätter* erscheint *Mein Milljöh. Neue Bilder aus dem Berliner Leben*. Für den *Ulk*, die Beilage des *Berliner Tageblatts*, entsteht die „Korl und Vadding"-Serie, deren 200 Zeichnungen in vier Folgen bis Juli 1918 erscheinen.

1916 Die Lithographie *Das Eiserne Kreuz* wird in *Der Bildermann* veröffentlicht.

1916–1919 Unter dem Titel „Kriegsmarmelade" entsteht eine Sammlung kritischer Zeichnungen.

1919 9. Juni: Hulda Zille stirbt.
Der Bildband *Zwanglose Geschichten* erscheint im Gurlitt-Verlag und wird wegen zu großer Freizügigkeit beschlagnahmt, der Verleger wird zu einer Geldstrafe verurteilt, mehrere der Blätter dürfen nicht mehr verkauft werden.

1920 Zille gibt im Selbstverlag *Die Landpartie. Aus meiner Jungszeit* heraus.
Mitarbeit an dem chauvinistischen Witzblatt *Pieron*, Chefredakteur Kurt Tucholsky.

1921 Der lithographische Zyklus *Hurengespräche*, der unter dem Titel „Hetärengespräche" bereits 1919 angekündigt war, erscheint im Verlag von Fritz Gurlitt.

Wegen der freizügigen Darstellungen löscht Zille die Signaturen auf den Steinen. Das Buch wird unter dem Pseudonym „W. Pfeifer", mit der falschen Jahreszahl 1913 und ohne Verlagsangabe veröffentlicht.

1922 Bekanntschaft mit Otto Nagel.

1924 Aufnahme in die Preußische Akademie der Künste auf Vorschlag von Max Liebermann, zugleich Verleihung des Professorentitels.
Es erscheinen Heinrich Zilles Buch *Berliner Geschichten und Bilder* mit einem Vorwort von Max Liebermann und der Band *Die Zeichner des Volkes: Käthe Kollwitz, Heinrich Zille* von Adolf Heilborn.

1925 Der Film *Die Verrufenen. Der fünfte Stand*, Regie Gerhard Lamprecht, hat in Berlin mit großem Erfolg Premiere.
21. März: Erster „Hofball bei Zille" im Großen Schauspielhaus mit dem Einakter *Mein Milljöh* von Hans Brennert und Hans May und anschließendem Wohltätigkeitsball in Zille-Kostümen. Der fünfte und letzte Zille-Ball findet am 19. Januar 1929 im Sportpalast statt.
Der *Simplicissimus* druckt die Lithographie *Modellpause* ab. Trotz der Gutachten von Liebermann, Slevogt, Stuck, Lederer und Kubin wird Zille wegen Pornographie zu einer Geldstrafe verurteilt, die Druckplatten müssen zerstört werden.

1926 *Die da unten*, Regie Victor Jansen, kommt, als „Zille-Großfilm" angekündigt, in die Kinos, ohne von Zille autorisiert zu sein.

1927 Carl Boese bringt den Film *Schwere Jungen – leichte Mädchen* heraus, und 1929 folgt der Film *Großstadtkinder*.

1928 Zilles Popularität findet ihren Höhepunkt in großen Feierlichkeiten zu seinem 70. Geburtstag. Das Märkische Museum zeigt die Retrospektive „Zilles Werdegang".
Durch Otto Nagel veranlasst, gibt er dem Wochenblatt *Lachen Links* Zeichnungen zum Abdruck. Sein Name erscheint als der eines Mitbegründers der satirischen Zeitschrift *Eulenspiegel*.

1929 9. August: Heinrich Zille stirbt in Berlin-Charlottenburg und erhält ein Ehrenbegräbnis in Stahnsdorf. Mehr als 2000 Menschen, darunter Käthe Kollwitz und Erich Mühsam, nehmen an der Beisetzung teil. Reden halten unter anderem der Oberbürgermeister Gustav Böß und Zilles Freund, der Bildhauer August Kraus.
Piel Jutzis Film *Mutter Krausens Fahrt ins Glück*, im Vorspann „Dem großen Menschen und Künstler Heinrich Zille gewidmet", wird unter dem Protektorat von Otto Nagel, Käthe Kollwitz und Hans Baluschek nach seinem Tod fertiggestellt.

Auswahlbibliographie

1. Heinrich Zille: Bücher, Mappenwerke und illustrierte Schriften

Kinder der Straße. Berlin: Verlag der *Lustigen Blätter* (Dr. Eysler & Co.) 1908, weitere Aufl. 1914[6], 1916, 1918, 1920, 1922, 1923 und 1925

Berliner Rangen. Berlin: Verlag der *Lustigen Blätter* (Dr. Eysler & Co.) 1908

Zwölf Künstlerdrucke. Mappenwerk mit 10 Heliogravüren und 2 Radierungen. Berlin: M. Lilienthal 1909

Erholungsstunden. Künstleralbum. Berlin: Verlag der *Lustigen Blätter* (Dr. Eysler & Co.) 1912

Berliner Luft. Künstler-Album. Berlin: Verlag der *Lustigen Blätter* (Dr. Eysler & Co.) 1913

Mein Milljöh. Neue Bilder aus dem Berliner Leben. Vorwort von Georg Hermann. Berlin: Verlag der *Lustigen Blätter* (Dr. Eysler & Co.) 1914. Weitere Aufl. 1916, 1918, 1919, 1920, 1925 und 1927

Hans Hyan: *Auf der Kippe. Geschichten*. Mit einem Buchschmuck von Heinrich Zille. Berlin: Verlag der *Lustigen Blätter* (Dr. Eysler & Co.) 1917

Zwanglose Geschichten und Bilder. Buch mit 49 Lithographien. Berlin: Verlag Fritz Gurlitt 1919

220 *Berliner Bilder. Kinder der Straße. Mein Milljöh*. Berlin: Verlag der *Lustigen Blätter* (Dr. Eysler & Co.) 1920

Die Landpartie. Aus meiner Jungszeit. Heft mit 8 Lithographien. Berlin: Selbstverlag 1920

Hurengespräche. Gehört, geschrieben und gezeichnet von W. Pfeifer. Buch mit 42 Lithographien. Berlin: ohne Verlagsangabe (Verlag Fritz Gurlitt) 1921

Berliner Geschichten und Bilder. Mit einer Einleitung von Max Liebermann. Dresden: Carl Reissner-Verlag 1924

Zwischen Spree und Panke. Neue Folge der Berliner Geschichten und Bilder. Dresden: Carl Reissner-Verlag 1925. Weitere Aufl. 1930

Alfred Richard Meyer: *Komm, Karlineken, komm! Alte und neue Berliner Kinder-Reime*. Mit Lithographien von Heinrich Zille. Berlin: Verlag Fritz Gurlitt 1925

Rund um's Freibad. Berlin: Verlag der *Lustigen Blätter* (Dr. Eysler & Co.) 1926 Weitere Aufl. 1928.

Rings um den Alexanderplatz. Dresden: Carl Reissner-Verlag 1926

Bilder vom alten und neuen Berlin. Dresden: Carl Reissner-Verlag 1927

Vier Lebensalter. Berlin: Verlag der *Lustigen Blätter* (Dr. Eysler & Co.) 1929

Zahlreiche Veröffentlichungen in den Zeitschriften *Jugend, Lachen Links, Lustige Blätter, Simplicissimus, Ulk, Der lustige Augustin* u.a.

2. ausgewählte Literatur über Heinrich Zille

Ausstellungskatalog zur 115. Ausstellung der Kestner-Gesellschaft Hannover: *Heinrich Zille*. Hannover: Verlag Edler & Krische 1931

Ausstellungskatalog der Deutschen Akademie der Künste Berlin: *Heinrich Zille zu seinem hundertsten Geburtstag*. Mit einer Einführung von Otto Nagel. Berlin 1958

Ausstellungskatalog Kunstamt Wedding: *Heinrich Zille. Zeichnungen, Radierungen, Lithographien*. Berlin 1966

Ausstellungskatalog Märkisches Museum: *Heinrich Zille. Aquarelle, Zeichnungen, Druckgraphik*. Berlin 1969

Ausstellungskatalog Städtisches Museum Mülheim an der Ruhr: *Heinrich Zille. Ausstellung von Zeichnungen und Druckgraphik aus einer Privat-Sammlung*. Mülheim 1972

Ausstellungskatalog Berlin-Museum: *Heinrich Zille. Aus der Sammlung des Berlin Museums*. Berlin 1978

Ausstellungskatalog Galerie Koch, Hannover: *Heinrich Zille. Seine Zeichnungen. Sein Milljöh*. Hannover 1978

Ausstellungskatalog Galerie Pels-Leusden Berlin: *Heinrich Zille zum 50. Todestag*. Berlin 1979

Ausstellungskatalog Berlin Museum: *Heinrich Zille und sein Berliner Volk. Bilder, Photographien, Dokumente*. Text Irmgard Wirth. Berlin 1979

Ausstellungskatalog Märkisches Museum Berlin: *Heinrich Zille 1858-1929*. Autorenkollektiv des Märkischen Museums, Leitung Renate Altner. Berlin 1980

Ausstellungskatalog Galerie am Gendarmenmarkt Berlin: *Heinrich Zille. Aus den Beständen des Berliner Zille-Museums*. Berlin 1995

Behne, Adolf: „Heinrich Zille". In: *Jahrbuch der jungen Kunst*. Jg. 1, 1920. S. 110-116

Behne, Adolf: *Graphiker der Gegenwart.* Berlin: Verlag Neue Kunsthandlung 1925

Behne, Adolf: „Heinrich Zille". In: *Graphik der Gegenwart.* Berlin: Verlag Paul Cassirer 1928. S. 147-159

Behne, Adolf: *Heinrich Zille – Studien.* Eingeleitet von Adolf Behne. Berlin: Verlag Das Neue Berlin 1949

Danke, Rudolf: *Heinrich Zille erzählt. Gespräche und Erlebnisse mit dem Meister.* Dresden: Carl Reissner-Verlag 1928

Fischer, Lothar: *Heinrich Zille.* Reinbek bei Hamburg 1979 und 1991 (rowohlts monographien 276)

Flügge, Gerhard: *Mein Vater Heinrich Zille. Nach den Erinnerungen von Margarete Köhler-Zille.* Berlin: Verlag Neues Leben 1955

Flügge, Gerhard (Hrsg.): *Vater der Straße.* Berlin: Verlag Neues Leben 1958

Flügge, Gerhard: *Heinrich Zille. Ernstes und Heiteres aus seinem Leben.* Rudolstadt: Greifenverlag 1960

Flügge, Gerhard (Hrsg.): *Das dicke Zillebuch.* Berlin: Eulenspiegel Verlag 1971

Flügge, Matthias (Hrsg.): *Heinrich Zille.* Berlin: Eulenspiegel Verlag 1979. (Klassiker der Karikatur 18)

Flügge, Matthias: *Heinrich Zille. Fotografien von Berlin um 1900.* Leipzig: Fotokinoverlag 1987

Flügge, Matthias: *Heinrich Zille. Berliner Photographien.* München: Schirmer/ Mosel 1993

Flügge, Matthias (Hrsg.): Heinrich Zille – Zeichner der Großstadt (Ausst. Kat.). Hannover: Wilhelm-Busch-Museum. Amsterdam, Dresden: Verlag der Kunst 1997

Glaser, Curt: „Heinrich Zille". In: *Die Graphik der Neuzeit. Vom Anfang des XIX. Jahrhunderts bis zur Gegenwart.* Berlin: Verlag Paul Cassirer 1923. S.501-508

Heilborn, Adolf: *Die Zeichner des Volks. Käthe Kollwitz, Heinrich Zille.* Berlin: Rembrandt Verlag 1924

Heilborn, Adolf: *Heinrich Zille.* Berlin: Rembrandt Verlag 1930

Kaufhold, Enno: *Heinrich Zille. Photograph der Moderne. Verzeichnis des: photographischen Nachlasses* (Ausst. Kat.). Hrsg. von der Berlinischen Galerie. München: Schirmer/Mosel 1995

Kremming, Rolf: *Heinrich Zille.* Berlin: Jaron 2002

Luft, Friedrich: *Mein Photo-Milljöh.* Hannover: Fackelträger Verlag 1967

Murmann, Geerte: *Heinrich, lieber Heinrich! Zille und seine Zeit.* Düsseldorf: Droste Verlag 1994

Nagel, Otto: *Für Alle. Ernstes und Heiteres von Heinrich Zille.* Unter Mitarbeit von Heinrich Zille. Berlin: Neuer Deutscher Verlag und Universum Bücherei [Bd. 55] 1929

Nagel, Otto: *Heinrich Zille.* Veröffentlichung der Deutschen Akademie der Künste. Berlin: Henschelverlag 1955

Oschilewski, Walther G.: *Heinrich Zille-Bibliographie. Veröffentlichungen von ihm und über ihn.* Hrsg. Gustav Schmidt-Küster. Heinrich-Zille-Stiftung e. V. Hannover: Fackelträger Verlag 1979

Ostwald, Hans: *Das Zillebuch.* Unter Mitarbeit von Heinrich Zille. Berlin: Verlag Paul Franke 1929

Ostwald, Hans: *Zilles Vermächtnis.* Unter Mitarbeit von Hans Zille. Berlin: Verlag Paul Franke 1930

Ostwald, Hans: *Zille's Hausschatz.* Unter Mitarbeit von Hans Zille. Berlin: Verlag Paul Franke 1931

Ranke, Winfried: *Heinrich Zille. Photographien Berlin 1890–1910.* Mit einem Vorwort von Klaus Honnef. München: Schirmer/ Mosel 1975 und 1979. Neu lithographierte Auflage 1985

Ranke, Winfried: *Vom Milljöh ins Milieu. Heinrich Zilles Aufstieg in der Gesellschaft.* Hannover: Fackelträger Verlag 1979

Ranke, Winfried: *Hurengespräche.* Neudruck. Mit einem Vorwort von Winfried Ranke. München: Schirmer/Mosel 1981. Taschenbuchausgabe München: Knaur 1984

Rosenbach, Detlef (Hrsg.): *Heinrich Zille. Das graphische Werk.* In Zusammenarbeit mit Renate Altner und Matthias Flügge. Berlin: Henschelverlag und Hannover: Edition Rosenbach 1984

Schmidt-Küster, Gustav/Wiechert, Karl (Hrsg.): *Zille Almanach.* Hannover: Fackelträger Verlag 1969

Schumann, Werner: *Heinrich Zille. Zille sein Milljöh.* Mit einem Vorwort von Werner Schumann. Hannover: Fackelträger Verlag 1952

Schumann, Werner: *Das Große Zille-Album.* Hannover: Fackelträger Verlag 1957

Uelsberg, Gabriele (Hrsg.): *Heinrich Zille. Zeichnungen, Graphiken und Fotografien im Berliner Milieu der Jahrhundertwende.* Sammlung Themel. Mülheim a.d. Ruhr: Kunstmuseum in der Alten Post 2003

Bildnachweis

Axel Springer AG, Berlin, S. 13, 140, 173; Akademie der Künste, Berlin, Kunstsammlung, Photo: Roman März, S. 166; Berlinische Galerie, Landesmuseum für Moderne Kunst, Fotografie und Architektur, Repro: Markus Hawlik, S. 2; Herzog Anton Ulrich-Museum Braunschweig, Kunstmuseum des Landes Niedersachsen, Miteigentum des Braunschweigischen Kloster- und Studienfonds, Photo: Bernd-Peter Keiser, S. 129; Kulturhistorisches Museum Magdeburg, Photo: Ines Sachsenweger, S. 165; Kupferstich-Kabinett, Staatliche Kunstsammlungen Dresden, Photo: Herbert Boswank, S. 50, 101; Privatbesitz S. 36, 37, 38, 46/47, 53, 59, 60, 69, 77, 80, 82, 85, 91 (oben und unten), 98, 104, 105 (oben und unten), 117, 122, 131, 136 (oben und unten), 137, 138, 148, 152 (links und rechts), 161, 172 (links und rechts), 180/181, 183; Privatbesitz, Photo: Peter Gauditz, S. 26 unten, 139; Privatbesitz, Photo: Roman März, S. 67, 74, 132, 155; Privatsammlung Lebek, Photo: Roman März, S. 64, 70, 72, 87, 95, 106, 108, 109; Privatsammlung München S. 39, 40, 41, 42, 43, 44 (oben und unten), 45, 49, 51, 52, 54, 56, 57, 58, 61, 63, 65, 66, 68, 71, 73, 75, 78, 79, 81, 83, 84, 86, 89, 92, 94, 96, 99, 100, 102, 103, 107, 111, 114, 119, 120, 121, 123, 124, 125, 126, 127, 141, 143, 144, 147, 149, 150, 154, 156, 157, 158, 160, 162, 163, 164, 167, 168, 169, 170, 171, 174, 175, 177, 178, 179, 182, 185; Sammlung Karsch/Nierendorf, Berlin, S. 115; Stiftung Stadtmuseum Berlin, Photo: Oliver Ziebe, Berlin, S. 33, 48, 97, 110, 113, 118, 159; Stiftung Stadtmuseum Berlin, Photo: Christel Lehmann, S. 62, 88; Stiftung Stadtmuseum Berlin, Photo: Archiv, S. 76, 90, 112, 116, 146; Stiftung Stadtmuseum Berlin, Photo: Bernd Kuhnert, Berlin, S. 133, 176; Staatliche Museen zu Berlin – Preußischer Kulturbesitz, Kunstbibliothek, Photo: Archiv, S. 134; Staatliche Museen zu Berlin – Preußischer Kulturbesitz, Kupferstichkabinett, Photo: Volker-H. Schneider / bpk, S. 93; Staatliche Museen zu Berlin – Preußischer Kulturbesitz, Kupferstichkabinett, Photo: Archiv, S. 55, 128, 130, 135, 142, 145, 151; The Saint Louis Art Museum, Photo: Archiv, S. 184; Villa Grisebach, Berlin, S. 153.
Alle nicht aufgeführten Abbildungen sind aus dem Archiv des Verfassers.

© 2008 by Schirmer/Mosel München und Akademie der Künste, Berlin

Dieses Werk einschließlich aller seiner Teile ist urheberrechtlich geschützt. Sämtliche Arten der Vervielfältigung oder der Wiedergabe dieses Werkes sind ohne vorherige Zustimmung des Verlages unzulässig und strafbar. Dies gilt für alle Arten der Nutzung, insbesondere für den Nachdruck von Texten und Bildern, deren Vortrag, Aufführung und Vorführung, die Übersetzung, die Verfilmung, die Mikroverfilmung, die Sendung und die Einspeicherung und Verarbeitung in elektronischen Medien. Zuwiderhandlungen werden verfolgt.

Lektorat: Julia Bernhard und Birgit Mayer
Gestaltung und Satz: Klaus E. Göltz, Halle
Lithographie: bayermedia, München
Druck und Bindung: Passavia, Passau

ISBN 978-3-8296-0332-4

Eine Schirmer/Mosel-Produktion
www.schirmer-mosel.com

Heinrich Zille *Berliner Leben*

ZEICHNUNGEN, PHOTOGRAPHIEN UND DRUCKGRAPHIKEN 1890–1914

HEINRICH ZILLE (1858–1929), mit seinen „Milljöh"-Studien der populärste Berliner Künstler, Graphiker und Photograph, der die Lebenswirklichkeit der kleinen Leute – der Helden des Alltags sozusagen – zu seinem großen Thema machte, war am Ende seines Lebens selbst zu einem Berliner Original und einer Berliner Zelebrität geworden. So war seine Berufung in die Preußische Akademie der Künste nur eine Frage der Zeit. Sie erfolgte 1924.

Heinrich Zille wäre am 10. Januar 2008 hundertfünfzig Jahre alt geworden. Die Berliner Akademie der Künste richtet ihrem nach wie vor berühmtesten Mitglied zu diesem Geburtstag eine große Retrospektive aus, die erstmals alle künstlerischen Techniken zusammenbringt, in denen Zille gearbeitet hat: Zeichnungen, Aquarelle, Graphiken und Photographien aus seinen besten, kreativsten Jahren 1890 bis 1914. Der vor einiger Zeit aufgeflammte Streit, ob seine später entdeckten Photographien bedeutender seien als seine graphische Kunst, ist müßig. In beiden Medien ist Zille der einzigartige Chronist des Alten Berlin und seiner sozialen Verhältnisse. Wer die wortlose Eindringlichkeit seiner Photographien dem sarkastischen Humor seiner selbstkommentierten Graphiken vorzieht, möge sich an die Photographien halten. Außer Frage steht jedenfalls, dass die Vereinigung von Graphik und Photographie in Ausstellung und Buch eine starke, in dieser Form bisher nicht wahrgenommene Gesamtschau ergibt.

In der Gegenüberstellung wird einmal mehr Zilles erstaunliche Beobachtungsgabe und seine geniale Umsetzung der vorgefundenen Realität in Bilder deutlich. Auf Streifzügen durch die Randgebiete Berlins hielt er in Schnappschüssen oder schnellen Bleistiftskizzen fest, was er dann zu farbigen Blättern und Lithographien weiterverarbeitete. Formal verdichtet, satirisch zugespitzt, aber immer hart an der Wirklichkeit erzählt Zilles Kunst vom Alltag in den Berliner Elendsvierteln mit ihren berüchtigten Hinterhöfen, Destillen und derben Volksbelustigungen, von Künstlerkollegen und der eigenen Familie. Dass er auch ein begnadeter Wanderer zwischen den Welten von Leben und Kunst, Handwerk und Technik, Berlin-Mitte und Vorstadt war, belegt dieser Band, der die Ausstellung begleitet. Er ist beides: maßgebliche Biographie und maßgebliche Darstellung des künstlerischen Werks aus Zilles schöpferischsten Jahren. Mit insgesamt 192 Seiten und 181 Abbildungen ist *Heinrich Zille: Berliner Leben* der unentbehrliche Bildband über Berlin an der Schwelle zum 20. Jahrhundert.

MATTHIAS FLÜGGE, geb. 1952, studierte Kunstgeschichte an der Humboldt-Universität, Berlin. Er war lange Zeit Redakteur, dann Chefredakteur der Zeitschriften *Bildende Kunst* bzw. *neue bildende kunst* und ist seit 2000 freiberuflich als Publizist und Ausstellungsmacher tätig. Seit 1994 ist er Mitglied der Akademie der Künste, deren Vizepräsident er von 1997 bis 2006 war. Er lebt in Berlin.

192 Seiten, 181 Abbildungen in Farbe und Duotone ISBN 978-3-8296-0332-4

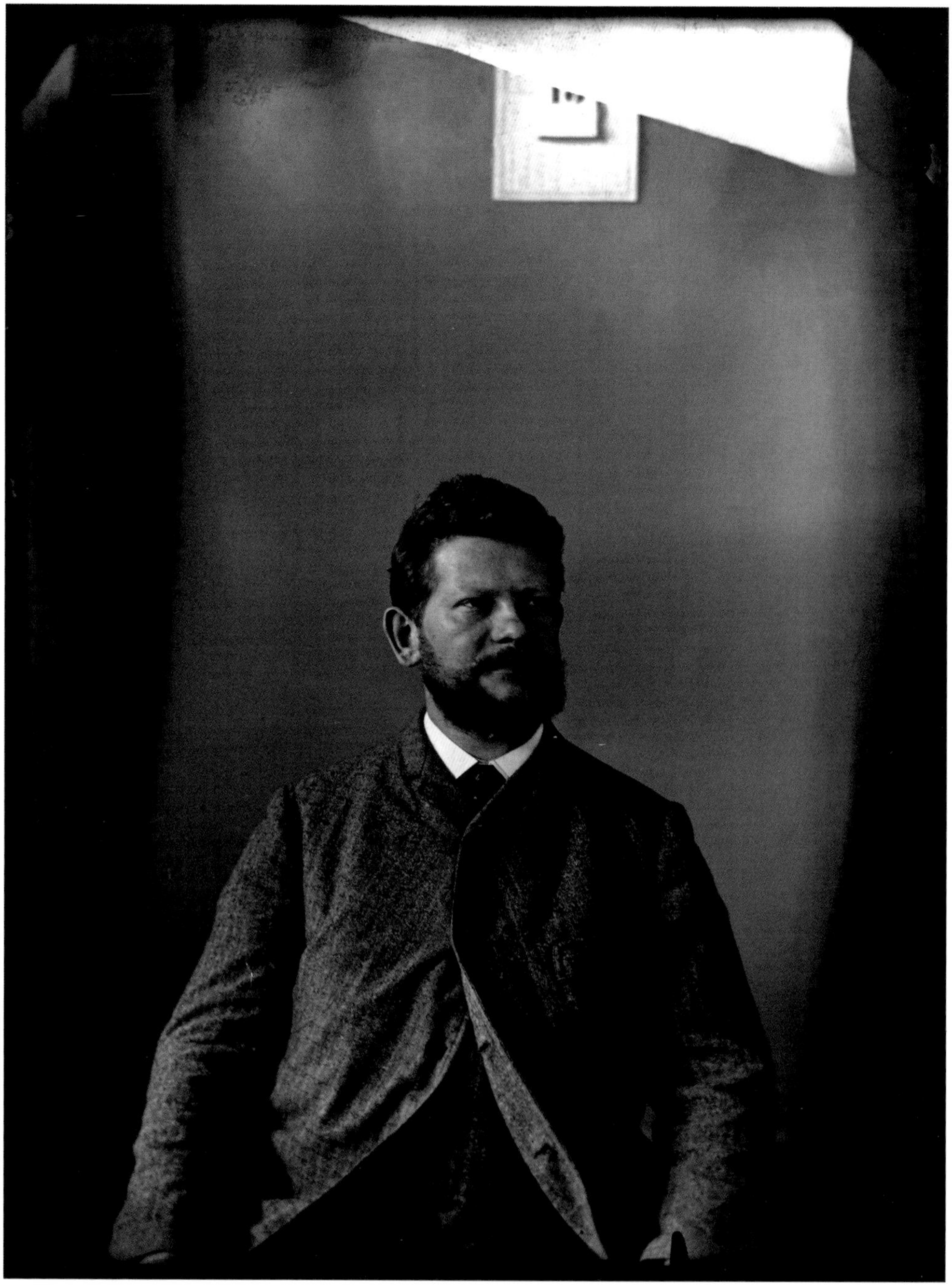

Heinrich Zille 10.1.1858 – 9.8.1929. Selbstbildnis im Atelier
der „Photographischen Gesellschaft“, 1892. WV 20